Frankfurter Studien zum Datenschutz

Veröffentlichungen der Forschungsstelle
für Datenschutz an der Goethe-Universität
Frankfurt am Main

Herausgegeben von
Prof. Dr. Dr. h.c. Spiros Simitis
Prof. Dr. Indra Spiecker genannt Döhmann, LL.M.

Band 61

Sebastian Bretthauer | Dirk Müllmann | Indra Spiecker gen. Döhmann

Datenschutzrechtliche Aspekte neuer Mobilitätskonzepte im Öffentlichen Nahverkehr

Nomos

Onlineversion
Nomos eLibrary

Die Deutsche Nationalbibliothek verzeichnet diese Publikation in der Deutschen Nationalbibliografie; detaillierte bibliografische Daten sind im Internet über http://dnb.d-nb.de abrufbar.

ISBN 978-3-8487-8216-1 (Print)
ISBN 978-3-7489-2638-2 (ePDF)

1. Auflage 2021

Vorwort

Im Bereich des Straßenverkehrs ist es bisher nicht gelungen, den Ausstoß an Treibhausgasen signifikant zu verringern. Die mittels technischen Fortschritts erreichten Einsparungen haben den steigenden Ausstoß aufgrund zunehmender individueller Mobilität und vermehrtem Warenaustausch bisher nicht ausgleichen können. Ein Ansatz zur Lösung der Verkehrsprobleme unserer Gesellschaft kann in dem passgenaueren Zuschnitt des Personennahverkehrs auf die Mobilitätswünsche und -bedürfnisse der Nutzer liegen. Durch einen bezahlbaren, verfügbaren, bequemen und sicheren Nahverkehr kann bei den Bürgern eine höhere Akzeptanz und noch wichtiger, eine tatsächliche Einbindung in die individuellen Mobilitätskonzepte erreicht werden. Der technologische Fortschritt in Form der Digitalisierung mit autonom agierenden und untereinander vernetzen Systemen ermöglicht eine Realisierung solcher Konzepte.

Die Digitalisierung von Gesellschaftsbereichen geht jedoch auch immer mit einer vermehrten Erfassung und Nutzung von Daten einher, die Rückschlüsse auf die Nutzer und ihr Leben zulassen. Im Bereich der Mobilität lassen sich aus den anfallenden personenbezogenen Daten nicht nur umfassende Bewegungsprofile der Nutzer erstellen, sie erlauben zudem Einblicke in höchst persönliche Gewohnheiten und Tagesabläufe. Dies macht die Digitalisierung der Mobilität auch zu einer zentralen Datenschutzfrage. Die datenschutzrechtskonforme Gestaltung digitaler und vernetzter Mobilitätskonzepte ist damit ein wichtiger Gegenstand von Forschungsprojekten geworden. An einigen von ihnen sind die Verfasser der hier vorgelegten Untersuchung beteiligt. Einen besonderen Anlass zur Auseinandersetzung mit datenschutzrechtlichen Aspekten neuer Mobilitätskonzepte im öffentlichen Nahverkehr bot das aus Mitteln des Bundesministeriums für Wirtschaft und Energie geförderte Projekt Urban Move. Gegenstand der Arbeit des Konsortiums war die Entwicklung eines individuellen, umweltfreundlichen und autonom agierenden Mobilitätskonzepts sowie eines das Konzept tragenden Geschäftsmodells. Die Autoren waren hieran in Form der Formulierung datenschutzrechtlicher Anforderungen und der Ausarbeitung von Handlungsempfehlungen beteiligt. Ebenso haben die Arbeiten der Autoren im Rahmen des von der Deutschen Forschungsgemeinschaft geförderten Graduiertenkollegs 2050 Privatheit und Vertrauen für mobile Nutzende wesentlich zur Entstehung der vorliegenden Untersuchung beigetragen. Das interdisziplinär ausgerichtete Kolleg ist an der Technischen Universität Darmstadt angesiedelt und vereint die Arbeiten von Forschern der drei hessischen Universitäten in Frankfurt, Darmstadt und Kassel. Es dient als Plattform für die Arbeit von Wissenschaftlern aus den Disziplinen der Informatik, Rechtswissenschaft, Wirtschaftswissenschaft, Soziologie und Psychologie, die an Fragen der Privatheit in einer digitalisierten mobilen Gesellschaft forschen. Die Erfahrungen und Vorarbeiten aus dem Kolleg mit dem inhaltlichen Fokus auf der Rolle von Intermediären und sozialen Netzen, der Interaktion zwischen Nutzern und Diensten, den Besonderheiten von Sensornetzen und der Zukunft von Nutzer-Alter-Egos bilden eine wesentliche thematische Arbeitsgrundlage für die vorliegende Untersuchung. Nicht zuletzt ist auch die interdisziplinäre Forschung der Autoren im mit Mitteln des Bundesministeriums für Bildung und Forschung initiierten Kompetenzzentrum für Angewandte Sicherheitstechnologie am Karlsruher Institut für Technologie als wesentliche Stütze der vorgelegten Untersuchung zu nennen.

Mit der nachfolgenden Untersuchung ist einerseits die Hoffnung verknüpft, die zwingend erforderliche Berücksichtigung datenschutzrechtlicher Belange bei der Entwicklung und Gestaltung neuer Mobilitätskonzepte im Nahverkehr zu erleichtern und die verschiedenen Bereiche, in denen datenschutz- und informationsrechtliche Aspekte zum Tragen kommen, zu analysieren. Andererseits soll sie zeigen, dass Datenschutz keinesfalls das große Hindernis bei der Verwirklichung digitaler Konzepte und der Implementierung neuer Technologien ist, als das er in der öffentlichen Diskussion so gerne hingestellt wird. Kluge Datenschutzkonzepte und ihre Einbindung in die technische Entwicklung stellen vielmehr eine Bereicherung technischer Entwicklungen dar, da sie den in einer digitalen Gesellschaft unerlässlichen Interessenausgleich zwischen Privatsphäre und Fortschritt sichern. Die gemeinsame interdisziplinäre Forschung unter Einbindung aller für eine Technologie relevanten Akteure stellt daher ein echtes Zukunftsmodell der Wissenschaft dar.

Ein besonderer Dank gilt dem Graduiertenkolleg zudem für die finanzielle Unterstützung bei der Druckkostenlegung, ohne die eine Publikation der vorliegenden Arbeit nicht möglich gewesen wäre. Die Autoren danken schließlich Frau stud. iur. Kübra Öztas und Herrn stud. jur. Paul Dieler für ihre Unterstützung bei der Literaturrecherche sowie dem Korrekturlesen für das vorliegende Werk.

Sebastian Bretthauer, Dirk Müllmann, Indra Spiecker gen. Döhmann
Frankfurt am Main, Mai 2021

Inhaltsverzeichnis

A. Einleitung

Die Transformation des Verkehrs – sei es zu Luft, zu Land und zu Wasser – schreitet unaufhaltsam voran. Deutschland steht dabei vor enormen verkehrs- und klimapolitischen Herausforderungen, die in den kommenden Jahrzehnten bewältigt werden müssen. Der Einsatz moderner Technologien wie etwa die Nutzung von Wasserstoff als Brennstoffzellenantrieb bei Flugzeugen, der Ausbau der Elektromobilität im Straßenverkehr und der Gebrauch von Bio-Kraftstoffen in der Schifffahrt können hierzu einen erheblichen Beitrag leisten.[1] Werden in diese Vorhaben zudem noch digitale und vernetzte Aspekte eingebunden, können Konzepte realisiert werden, die beispielsweise im Straßenverkehr eine ganzheitliche und intelligente Mobilitätssteuerung ermöglichen, sodass der Verkehr und die Verkehrsleitung insgesamt wesentlich verbessert und optimiert wird.[2] In diesem Bereich existiert bereits eine Vielzahl unterschiedlicher Lösungskonzepte, denen oftmals gemeinsam ist, dass sie Big Data Technologien für den Straßenverkehr fruchtbar machen.[3] So werden neuartige innerstädtische Mobilitätslösungen vorgeschlagen, die auf Basis einer Dienstleistungsplattform und emissionsfreier autonomer Fahrzeuge zusammenwirken.[4] Dazu soll ein integriertes, ganzheitliches Lösungskonzept beitragen, das Elektromobilität, mobile Anwendungen und autonomes Fahren in ein übergeordnetes Gesamtkonzept integriert. Um diese Integration zu ermöglichen, müssen Informationen aus unterschiedlichen Datenquellen erhoben, verarbeitet, analysiert, ausgewertet und ggf. weiterverarbeitet werden. Das betrifft insbesondere Infrastruktur-, Sensor- sowie Kundendaten. Denn,

---

1 Siehe dazu https://www.deutschlandfunkkultur.de/wasserstoff-statt-kerosin-sieht-so-die-zukunft-des-fliegens.976.de.html?dram:article_id=494973; https://www.handelsblatt.com/politik/international/elektromobilitaet-europaweit-eine-million-ladepunkte-autoindustrie-fordert-massiven-infrastrukturausbau/26900984.html?ticket=ST-37789-nQftSou0LuhYF03bgUc5-ap2; https://www.dw.com/de/tui-cruises-plant-die-klimaneutrale-kreuzfahrt/a-57016704. Alle in den Fußnoten aufgeführten Verweise auf Internetseiten wurden zuletzt am 23.07.2021 abgerufen.

2 Vgl. dazu schon *Bretthauer/Schmitt*, ZD 2020, 341; *Wagner*, Das neue Mobilitätsrecht.

3 Siehe dazu auch schon *Sackmann*, Datenschutz bei der Digitalisierung der Mobilität, S. 30 ff.

4 Vgl. hierzu etwa das BMWi-geförderte Projekt Urban Move: https://urbanmove.ac.

ohne Infrastruktur- und Sensordaten ist es Fahrzeugen nicht möglich, autonom im Straßenverkehr zu agieren. Zugleich geben Sensordaten des Fahrzeuginnenraumes aber auch wichtige Hinweise über das Verhalten und Befinden von Fahrern und Fahrgästen. Zusammen mit Kunden- und Nutzungsdaten können sie ferner als Grundlage für neue oder zur Verbesserung vorhandener Geschäftsmodelle dienen. Dafür werden die Daten oftmals in einer Dienstleistungsplattform zusammengeführt, ausgewertet und weiterverarbeitet. Die Daten lassen, isoliert oder auch aufgrund der Kombination verschiedener Datenquellen, regelmäßig Rückschlüsse auf natürliche Personen zu, sodass es sich bei ihnen in der Regel um personenbezogene Daten handelt. Daher muss sich ihre Verarbeitung in jedem einzelnen Datenverarbeitungsschritt zwingend an datenschutzrechtlichen Vorgaben messen lassen.

Der weitere Fortgang der rechtssystematischen Evaluierung derartiger datengetriebener Mobilitätskonzepte erfolgt vorliegend auf der Basis einer Unterscheidung zwischen drei Anwendungsfeldern: Infrastrukturdaten, autonomes Fahren sowie Nutzerdaten. Diese drei Bereiche werden zunächst hinsichtlich ihrer datenschutzschutzrechtlichen Herausforderungen analysiert. Dort wo es sich anbietet, wird auf die Dienstleistungsplattform abgestellt, welche die Zusammenführung der zuvor erhobenen Daten ermöglicht.

Die vorliegende rechtswissenschaftliche Ausarbeitung konzentriert sich vor diesem Hintergrund auf den Umgang mit personenbezogenen Daten sowie deren Schutzmöglichkeiten. Dabei werden die zentralen Problembereiche identifiziert und angesprochen; weitere Einzelfragen müssen aufgrund des begrenzten Umfangs allerdings außer Betracht bleiben.

Im Mittelpunkt der vorliegenden rechtlichen Betrachtung steht daher das Datenschutzrecht und mit ihm die seit Mai 2018 geltende Europäische Datenschutzgrundverordnung (DSGVO). Diese hat allgemeine Geltung, ist in allen ihren Teilen verbindlich und gilt unmittelbar in jedem Mitgliedstaat (vgl. Art. 288 AEUV). Gleichzeitig löst sie die bisher geltende Europäische Datenschutzrichtlinie aus dem Jahr 1995 ab (vgl. Art. 94 Abs. 1 DSGVO), aufgrund derer das geltende Bundesdatenschutzgesetz (BDSG a.F.) bisher Rechtsgeltung beansprucht hat. Dem nationalen Gesetzgeber verbleiben angesichts zahlreicher in der DSGVO enthaltener Öffnungs- und Spezifikationsklauseln gleichwohl verschiedene Gestaltungsmöglichkeiten.

Auf europäischer Ebene kommt dabei Normen wie Art. 5 DSGVO (Grundsätze für die Verarbeitung personenbezogener Daten), Art. 6 DSGVO (Rechtmäßigkeit der Verarbeitung), Art. 25 DSGVO (Datenschutz durch Technikgestaltung und durch datenschutzfreundliche Voreinstellungen), Art. 32 DSGVO (Sicherheit der Verarbeitung) oder Art. 35 DSGVO (Datenschutz-Folgenabschätzung) besondere Bedeutung zu. Zugleich ist das Verhältnis von DSGVO und nationalen Regelungen (etwa BDSG n.F.) zu beachten. Auf nationaler Ebene sind zudem möglicherweise das Umweltinformationsgesetz (UIG) oder die landesrechtlichen Geoinformationsgesetze von Bedeutung. Auch weitere Rechtsgebiete – etwa das Urheberrecht, Patentrecht, Wettbewerbsrecht, Kartellrecht, Strafrecht, Geheimnisschutzrecht, Telekommunikationsrecht oder Telemedienrecht – sind im Zusammenhang mit neuen Mobilitätskonzepten im öffentlichen Personennahverkehr betroffen,[5] müssen in der vorliegenden Schrift jedoch ausgeklammert werden.

Die datenschutzrechtliche Rechtslage ist derzeit in vielen Bereichen weiter unklar, da viele bis Mai 2018 geltende Regelungen des nationalen Rechts nicht ersetzt worden sind oder durch Generalklauseln weitaus offener ausgestaltet sind. Zudem treffen die Normen auf bisher unbekannte Rechtsfragen und -probleme, die sich erst aufgrund der Entwicklung neuer Mobilitätskonzepte stellen. Eine erhebliche Herausforderung besteht deshalb bereits darin, diese Problembereiche zu beschreiben und erste Lösungsansätze zu entwickeln.

Eine verbindliche und letztgültige Einschätzung der aufgeworfenen Fragen ist vor diesem Hintergrund allerdings oftmals ebenso wenig möglich wie eine generalisierende Bewertung aller, sich im Einzelfall stark unterscheidenden Mobilitätsmodelle. Die folgenden Ausführungen stellen daher Rahmenbedingungen dar, zeigen Probleme sowie offene Rechtsfragen auf und erörtern potentielle Lösungen, ohne damit eine pauschale Aussage zur Rechtmäßigkeit konkreter Gestaltungen treffen zu können. Die rechtlichen Risiken eines solchen Vorgehens aus datenschutzrechtlicher Sicht werden damit grundlegend angesprochen, ohne vollständig abgebildet werden zu können.

---

5 *Bretthauer*, PinG 2018, 66 (68).

B. Rechtliche Würdigung

Die Untersuchung gliedert sich in die folgenden Abschnitte: Zunächst werden die für eine datenschutzrechtliche Würdigung einschlägigen Rechtsgrundlagen vorgestellt (I.), um darauf aufbauend die zentralen datenschutzrechtlichen Anforderungen zu spezifizieren (II.). Anschließend erfolgt eine Darstellung der im Rahmen von Mobilitätskonzepten zu wahrenden datenschutzrechtlichen Betroffenenrechte (III.) sowie der einzuhaltenden Pflichten der Datenverarbeiter (IV.). Den rechtlichen Ausführungen werden dabei jeweils die drei wesentlichen und identifizierten Anwendungsfelder – autonomes Fahren, Infrastrukturdaten und Nutzerdaten –, unter gleichzeitiger Berücksichtigung der aus diesen Datenquellen erhobenen und in der Dienstleistungsplattform zusammengeführten Daten, zugrunde gelegt.

I. Einschlägige Rechtsgrundlagen

Neue Mobilitätskonzepte lassen aufgrund der Verarbeitung verschiedener Arten von Daten in unterschiedlichen Erhebungs- und Nutzungskontexten Berührungspunkte zu einer Mehrzahl von Gesetzen erkennen, deren einschlägiger Anwendungsbereich in der Folge ausführlich analysiert wird. Da für die Bestimmung des sachlichen Anwendungsbereiches neben der Person des Verarbeiters und dem Verarbeitungskontext des Datums regelmäßig auch die Art des verarbeiteten Datums eine zentrale Rolle spielt, müssen für die Abgrenzung der einschlägigen Gesetzesgrundlagen zunächst die unterschiedlichen Arten von Daten einander gegenübergestellt werden.

1. Abgrenzung unterschiedlicher Arten von Daten

Der Anwendungsbereich der gesetzlichen Regelungen und damit der gesetzliche Schutz von Daten richtet sich zunächst nach der Unterscheidung von zwei großen Datenkategorien: personenbezogene und nicht personenbezogene Daten.

Der Grund für diese Unterscheidung ist in der unterschiedlichen grundrechtlichen Herleitung des gesetzlichen Schutzes für die jeweiligen Kategorien zu sehen. Der Schutz personenbezogener Daten hat einen persönlichkeitsrechtlichen Ursprung, da sich das Recht auf informationelle Selbstbestimmung, aus dem sich der Schutz personenbezogener Daten ergibt, im deutschen Recht aus Art. 2 Abs. 1 i.V.m. Art 1 Abs. 1 GG herleitet und somit einen Bezug zur Menschenwürde aufweist.[6] Im europäischen Recht ist dieser Schutz sowohl den Verfassungsüberlieferungen der Mitgliedsstaaten als auch der Europäischen Menschenrechtskonvention (Art. 8 EMRK) nachgebildet, die ebenso alle einen Personenbezug voraussetzen.[7] Daher ist in Art. 8 Abs. 1 GRCh dieses Erfordernis bereits dem Wortlaut der Norm zu entnehmen. Der Schutz personenbezogener Daten ist die Aufgabe des Datenschutzrechts.

Personenbezogene Daten sind gemäß der Legaldefinition in Art. 4 Nr. 1 S. 1 DSGVO *„alle Informationen, die sich auf eine identifizierte oder identifizierbare natürliche Person ([...]Betroffene) bezieht"*. Eine Identifikation liegt vor, sofern eine Person durch oder mithilfe der betreffenden Information individualisiert oder erkennbar gemacht werden kann.[8] Eine namentliche Benennung oder die Kenntnis der bürgerlichen Identität ist hingegen nicht erforderlich.[9] Identifizierbar ist eine Person gemäß Art. 4 Nr. 1 S. 2 DSGVO, wenn sie

> *„direkt oder indirekt, insbesondere mittels Zuordnung zu einer Kennung wie einem Namen, zu einer Kennnummer, zu Standortdaten, zu einer Online-Kennung oder zu einem oder mehreren besonderen Merkmalen, die Ausdruck der physischen oder physiologischen, genetischen, psychischen wirtschaftlichen, kulturellen oder sozialen Identität dieser natürlichen Person, identifiziert werden kann."*

---

6 BVerfG, Urt. v. 15.12.1983 - 1 BvR 209, 269, 362, 420, 440, 484/83, BVerfGE 65, 1, 43; *Kühling/Seidel/Sivridis*, Datenschutzrecht, Rn. 151, 214; *Kilian*, CR 2021, 10.

7 *Bernstorff* in: Meyer/Hölscheidt, Charta der Grundrechte der Europäischen Union, Art. 8 Rn. 2 f.

8 *Karg*, in: Simitis/Hornung/Spiecker gen. Döhmann (Hrsg.), Datenschutzrecht, Art. 4 Nr. 1 Rn. 49; EuGH, Urt. v. 06.11.2003 - C 101/01, EuZW 2004, 245, Rn. 27; *Eckhardt*, DuD 2021, 107 (109).

9 *Karg*, in: Simitis/Hornung/Spiecker gen. Döhmann (Hrsg.), Datenschutzrecht, Art. 4 Nr. 1 Rn. 48 f.; *Ernst*, in: Paal/Pauly (Hrsg.), DSGVO/BDSG, Art. 4 Rn. 8.

Es ist somit ausreichend für die Einordnung als personenbezogenem Datum, wenn zwischen der Information und der Person eine Beziehung hergestellt werden kann.[10]

Innerhalb der Gruppe der personenbezogenen Daten hat der Gesetzgeber zudem strengere Sonderregeln für besondere Kategorien von personenbezogenen Daten erlassen. Hierbei handelt es sich gemäß Art. 9 Abs. 1 DSGVO um

> *„Daten, aus denen die rassische und ethnische Herkunft, politische Meinung, religiöse oder weltanschauliche Überzeugung oder die Gewerkschaftszugehörigkeit hervorgehen, sowie die Verarbeitung von genetischen Daten, biometrischen Daten zur eindeutigen Identifizierung einer natürlichen Person, Gesundheitsdaten oder Daten zum Sexualleben oder der sexuellen Orientierung einer natürlichen Person."*

Der Grund für den besonderen Schutz dieser ansonsten in Inhalt und Aussagekraft so verschiedenen Datenkategorien ist ihre Sensibilität und die nach Ansicht des Gesetzgebers mit ihnen verbundenen besonderen Diskriminierungsrisiken.[11]

Nicht personenbezogene Daten unterfallen angesichts der grundrechtlichen Herleitung des gesetzlichen Schutzes nicht den Datenschutzgesetzen, da sie keinen Bezug zum Persönlichkeitsrecht und der Menschenwürde aufweisen. Das heißt jedoch nicht, dass sie vom Gesetz nicht geschützt werden oder ihre Verwendung unreguliert wäre.

Auch im Zusammenhang mit nicht personenbezogenen Sachdaten gebieten die grundrechtlichen Schutzanforderungen in vielen Bereichen gesetzliche Maßnahmen.[12] Kategorisiert nach ihrem Dateninhalt und Gesetzesadressaten regeln daher Spezialgesetze den Schutz nicht personenbezogener Daten und den Umgang mit ihnen. So schützt zum Beispiel das 2019 in Kraft getreten Geschäftsgeheimnisgesetz (GeschGehG), mit

---

10 *Karg*, in: Simitis/Hornung/Spiecker gen. Döhmann (Hrsg.), Datenschutzrecht, Art. 4 Nr. 1 Rn. 57; *Art. 29-Datenschutzgruppe*, Stellungnahme 4/2007 zum Begriff „personenbezogene Daten", WP 136, S. 15 f.; *Ernst*, in: Paal/Pauly (Hrsg.), DSGVO/BDSG, Art. 4 Rn. 11.

11 *Petri*, in: Simitis/Hornung/Spiecker gen. Döhmann (Hrsg.), Datenschutzrecht, Art. 9 Rn. 10; *Weichert*, in: Kühling/Buchner (Hrsg.), DS-GVO BDSG, Art. 9 Rn. 1; Albers/*Veit*, in: Wolff/Brink (Hrsg.), BeckOK Datenschutzrecht, Art. 9 Rn. 17; *Spindler*, CR 2021, 98 (100).

12 Für das Beispiel der Geschäftsgeheimnisse: *Goldhammer*, NVwZ 2017, 1809 (1809 f.); *Klöpfer/Greve*, NVwZ 2011, 577 (577 f.); *Polenz*, DÖV 2010, 350 (351 f.); *Wolff*, NJW 1997, 98.

dem die Europäische Geschäftsgeheimnisrichtlinie[13] ins deutsche Recht umgesetzt wurde, Geschäftsgeheimnisse vor rechtswidrigem Erwerb sowie unerlaubter Nutzung und Offenlegung durch Private und Behörden.[14] Die Bundes- und Landesumweltinformationsgesetzte wiederum regeln, als Umsetzung der Europäischen Umweltinformationsrichtlinie[15], die Sammlung und Veröffentlichung von Umweltinformationen durch Behörden und den Zugang dazu durch die Bürger.[16]

Diese konträren Beispiele zeigen, dass im Zusammenhang mit Sachdaten je nach Art des Datums, Kontext der Verwendung und Adressat der Berechtigung oder Verpflichtung verschiedene spezialgesetzliche Regelungen zu identifizieren sind und einschlägig sein können.

2. Einschlägige Gesetzesgrundlagen

Je nach Art der Daten, den berechtigten oder verpflichteten Personen sowie dem Kontext und Zweck der Datenverarbeitung sind unterschiedliche Rechtsquellen anwendbar. Die für Mobilitätskonzepte wesentlichen gesetzlichen Regelungen werden in ihren Grundsätzen in der Folge näher dargestellt.

a) Die Datenschutzgrundverordnung (DSGVO)

Die zentrale Rechtsquelle des Datenschutzrechts ist die Europäische Datenschutzgrundverordnung (DSGVO)[17]. Sie trat am 24. Mai 2016 in Kraft, wobei ihre Normen jedoch erst nach einer zweijährigen Übergangsphase

---

13 Richtlinie (EU) 2016/943 des Europäischen Parlaments und des Rates vom 08.06.2016 über den Schutz vertraulichen Know-hows und vertraulicher Geschäftsinformationen (Geschäftsgeheimnisse) vor rechtswidrigem Erwerb sowie rechtswidriger Nutzung und Offenlegung, OJ L 15.6.16, S. 1 -18.

14 Vgl. hierzu ausführlich: *Müllmann*, WRP 2018, 1177 (1180 f.).

15 Richtlinie 2003/4/EG über den Zugang der Öffentlichkeit zu Umweltinformationen und zur Aufhebung der Richtlinie 90/313/EWG des Rates, OJ L 041 14.02.2003, S. 26 - 32.

16 Vgl. *Götze*, in: Götze/Engel (Hrsg.), UIG, § 1 Rn. 1 f.

17 Verordnung (EU) 2016/679 des Europäischen Parlaments und des Rates vom 27. April 2016 zum Schutz natürlicher Personen bei der Verarbeitung personenbezogener Daten, zum freien Datenverkehr und zur Aufhebung der Richtlinie 95/46/EG, OJ L 119 4.5.2016, S. 1-88.

und somit seit dem 25. Mai 2018 Geltung beanspruchen.[18] Als europäische Verordnung sind ihre Normen gemäß Art. 288 Abs. 2 AEUV ohne einen gesetzlichen Umsetzungsakt des nationalen Gesetzgebers ins nationale Recht direkt anwendbar.

Der sachliche Anwendungsbereich der Verordnung erstreckt sich gemäß Art. 2 Abs. 1 DSGVO auf die ganz oder teilweise automatisierte Verarbeitung personenbezogener Daten sowie auf die nichtautomatisierte Verarbeitung personenbezogener Daten, die in einem Dateisystem gespeichert sind oder gespeichert werden sollen. Eine Verarbeitung ist

> *„jeder mit oder ohne Hilfe automatisierter Verfahren ausgeführter Vorgang oder jede solche Vorgangsreihe im Zusammenhang mit personenbezogenen Daten wie das Erheben, das Erfassen, die Organisation, das Ordnen, die Speicherung, die Anpassung oder Veränderung, das Auslesen, das Abfragen, die Verwendung, die Offenlegung durch Übermittlung, Verbreitung oder eine andere Form der Bereitstellung, den Abgleich oder die Verknüpfung, die Einschränkung, das Löschen oder die Vernichtung“* (Art. 4 Nr. 2 DSGVO).

Eine automatisierte Verarbeitung liegt vor, wenn Datenverarbeitungsanlagen eingesetzt werden.[19] Erfasst werden somit alle Verfahren, bei denen zumindest ein Teil eines Datenverarbeitungsprozesses anhand eines vorgegebenen Programms ohne weiteres Eingreifen eines Menschen selbständig erfolgt.[20] Der Anwendungsbereich ist aus technischer Sicht bewusst so weit gewählt, um Technologieneutralität zu erreichen und Datenschutz auch bei zukünftigen technischen Entwicklungen gewährleisten zu können.[21]

Auch bei rein manueller, d.h. ohne auch nur teilweise automatisierter Verarbeitung der Daten, sind die Normen der Verordnung einschlägig, sofern die Daten in einem Dateisystem gespeichert sind oder werden sollen. Gemäß Art. 4 Nr. 6 DSGVO handelt es sich bei einem Dateisystem um

> *„jede strukturierte Sammlung personenbezogener Daten, die nach bestimmten Kriterien zugänglich sind, unabhängig davon, ob diese Sammlung zen-*

---

18 *Hornung/Spiecker gen. Döhmann*, in: Simitis/Hornung/Spiecker gen. Döhmann (Hrsg.), Datenschutzrecht, Art. 99 Rn. 2; *Kühling/Raab*, in: Kühling/Buchner (Hrsg.), DS-GVO BDSG, Art. 99 Rn. 1 f.

19 *Kühling/Raab*, in: Kühling/Buchner (Hrsg.), DS-GVO BDSG, Art. 2 Rn. 15; *Eisele/Nolte*, CR 2020, 488 (493).

20 *Bäcker*, in: Wolff/Brink (Hrsg.), BeckOK Datenschutzrecht, Art. 9 Rn. 17; *Zerdick*, in: Ehmann/Selmayr (Hrsg.), DS-GVO, Art. 2 Rn. 3.

21 Vgl. EG 15 DSGVO; *Kühling/Raab*, in: Kühling/Buchner (Hrsg.), DS-GVO BDSG, Art. 2 Rn. 15.

tral, dezentral oder nach funktionalen oder geographischen Gesichtspunkten geordnet geführt wird.“

Von diesem Anwendungsbereich der DSGVO macht die Verordnung vier Ausnahmen. Hierzu gehören zunächst Tätigkeiten, die nicht in den Anwendungsbereich des Unionsrechts fallen (Art. 2 Abs. 2 lit. a) DSGVO). Dies sind Konstellationen, in denen Unionsrecht nicht durchgeführt oder vollzogen wird,[22] z.B. im Bereich der nationalen Sicherheit. Ferner findet die Verordnung keine Anwendung auf die Verarbeitung von personenbezogenen Daten in den Bereichen der gemeinsamen Außen- und Sicherheitspolitik (Art. 2 Abs. 2 lit. b) DSGVO) und der Strafverfolgung sowie der Gefahrenabwehr (Art. 2 Abs. 2 lit. d) DSGVO).

Auch bei der Verarbeitung von personenbezogenen Daten im Rahmen persönlicher oder familiärer Tätigkeiten ist der Anwendungsbereich der DSGVO nicht eröffnet (Art. 2 Abs. 2 lit. c) DSGVO). Hierunter versteht man Tätigkeiten, die der eigenen Selbstentfaltung und Freiheitsausübung in der Freizeit oder im privaten Raum bzw. der Pflege familiärer Beziehungen und des familiären Zusammenhalts dienen.[23] Erforderlich ist somit das Fehlen eines jeden Bezugs zu einer beruflichen oder wirtschaftlichen Tätigkeit einer Verarbeitung.[24]

Der räumliche Anwendungsbereich der Verordnung bestimmt sich gemäß Art. 3 DSGVO. Demnach muss die Verarbeitung personenbezogener Daten im Rahmen der Tätigkeit einer Niederlassung eines für die Datenverarbeitung Verantwortlichen oder eines Auftragsverarbeiters in der Union vorgenommen werden, unabhängig davon, ob die Verarbeitung tatsächlich in der Union selbst erfolgt (Art. 3 Abs. 1 DSGVO). Hierdurch statuiert die Verordnung das sog. Niederlassungsprinzip.[25]

---

22 *Roßnagel*, in: Simitis/Hornung/Spiecker gen. Döhmann (Hrsg.), Datenschutzrecht, Art. 2 Rn. 20; EuGH, Urt. v. 06.10.2009 - C-123/08, NJW 2010, 283; Urt. v. 18.03.2014 - C-628/11, Rn. 34.

23 *Roßnagel*, in: Simitis/Hornung/Spiecker gen. Döhmann (Hrsg.), Datenschutzrecht, Art. 2 Rn. 24 f.; *Bäcker*, in: Wolff/Brink (Hrsg.), BeckOK Datenschutzrecht, Art. 2 Rn. 12.

24 EG 18 DSGVO; *Kühling/Raab*, in: Kühling/Buchner (Hrsg.), DS-GVO BDSG, Art. 2 Rn. 24; *Bäcker*, in: Wolff/Brink (Hrsg.), BeckOK Datenschutzrecht, Art. 2 Rn. 12.

25 *Hornung*, in: Simitis/Hornung/Spiecker gen. Döhmann (Hrsg.), Datenschutzrecht, Art. 3 Rn. 18.

Zusätzlich kann sich die Anwendung der Verordnung jedoch auch aus dem sog. Marktortprinzip[26] nach Art. 3 Abs. 2 DSGVO ergeben. Dies umfasst Konstellationen, in denen personenbezogene Daten von in der EU befindlichen Personen durch nicht in der Union niedergelassene Verantwortliche oder Auftragsverarbeiter verarbeitet werden, wobei Waren oder Dienstleistungen in der Union angeboten oder das Verhalten von Personen in der Union beobachtet werden soll. Das Abstellen auf das Marktortprinzip dient dazu, zu verhindern, dass Verarbeiter eine Umgehung der datenschutzrechtlichen Regelungen damit erreichen, dass sie sich außerhalb der Union niederlassen und über moderne, grenzenlose Kommunikationsmittel den Unionsmarkt bedienen.

b) Das Bundesdatenschutzgesetz n.F. (BDSG)

Europäische Verordnungen gelten nicht nur direkt in den Mitgliedsstaaten der Union und damit machen Umsetzungsakte unnötig, vielmehr sind solche Akte sogar unzulässig, wenn dadurch die unmittelbare Geltung der Verordnung fraglich erscheinen könnte.[27] Nichtsdestotrotz existiert neben der DSGVO auch weiterhin ein nationales Bundesdatenschutzgesetz, dessen Normen ebenfalls die Verarbeitung personenbezogener Daten adressieren. Das Gesetz betrifft dabei jedoch nur Themen, für die in der Datenschutzgrundverordnung sog. Öffnungsklauseln vorgesehen sind, oder aber Bereiche, die vom Anwendungsbereich der Verordnung ausgenommen sind. Öffnungsklauseln innerhalb der Datenschutzgrundverordnung erlauben es den Mitgliedsstaaten spezifischere oder von der Verordnung abweichende Regelungen zu treffen und brechen die datenschutzrechtliche Vereinheitlichung innerhalb der Europäischen Union durch die DSGVO somit auf. Zu beachten ist, dass mit Geltung der DSGVO ein neues Bundesdatenschutzgesetz (BDSG) gilt, das zwar namensgleich mit der Vorgängerregelung (BDSG a.F.) ist, von dieser aber in nahezu allen Regelungen abweicht. Daher ist stets darauf zu achten, das aktuelle BDSG von 2018 heranzuziehen.

26 *Hornung*, in: Simitis/Hornung/Spiecker gen. Döhmann (Hrsg.), Datenschutzrecht, Art. 3 Rn. 39.

27 *Ruffert*, in: Calliess/Ruffert (Hrsg.), EUV/AEUV, AEUV Art. 22 Rn. 20; EuGH, Urt. v. 07.11.1972, Rs. 20/72, Rn. 12, 17; Urt. v. 10.10.1973, Rs. 34/73, Rn. 10 f.; Urt. v. 31.01.1978 - Rs. 94/77, Rn. 22, 27.

Das Bundesdatenschutzgesetz betrifft die Verarbeitung personenbezogener Daten durch öffentliche Stellen des Bundes und unter gewissen Voraussetzungen auch der Länder sowie die durch nichtöffentliche Stellen, also Private. Der Anwendungsbereich ist eröffnet, wenn diese Adressaten eine ganz oder teilweise automatisierte Verarbeitung von personenbezogenen Daten durchführen oder eine nicht automatisierte Verarbeitung personenbezogener Daten vornehmen, die in einem Dateisystem gespeichert sind oder gespeichert werden sollen, außer wenn dies in Ausübung familiärer oder privater Tätigkeiten erfolgt (§ 1 Abs. 1 S. 2 BDSG). Für die Eröffnung des räumlichen Anwendungsbereichs ist es erforderlich, dass der Verantwortliche oder Auftragsverarbeiter eine Verarbeitung im Inland durchführt, eine Verarbeitung im Rahmen der Tätigkeiten einer inländischen Niederlassung erfolgt oder er unter den Anwendungsbereich der DSGVO fällt (§ 1 Abs. 4 BDSG).

Das Bundesdatenschutzgesetz sieht in seinem ersten Teil in den §§ 1 - 21 BDSG allgemeine Bestimmungen vor. Hierbei ist insbesondere § 4 BDSG hervorzuheben, der die Rechtsgrundlage für Videoüberwachung öffentlich zugänglicher Räume darstellen soll, dessen Europarechtskonformität jedoch sehr umstritten ist.[28] Der zweite Teil des Gesetzes enthält Bestimmungen, die die Verarbeitung personenbezogener Daten auf der Grundlage der DSGVO betreffen, bei denen der Gesetzgeber also z.B. von einer existierenden Öffnungsklausel Gebrauch gemacht hat. Der dritte Abschnitt des Gesetzes enthält Normen, die der Umsetzung der sog. JI-Richtlinie[29] dienen. Deren Anwendungsbereich betrifft die Verarbeitung personenbezogener Daten durch Behörden zum Zweck der Strafverfolgung und Strafvollstreckung (Artt. 2 Abs. 1, 1 Abs. 1 JI-Richtlinie) und somit Bereiche, die nicht von der Datenschutzgrundverordnung erfasst werden (vgl. Art. 2 Abs. 2 lit. d) DSGVO). Der 4. Teil des Gesetzes enthält Regelungen

---

28 *Datenschutzkonferenz*, Videoüberwachung nach der Datenschutzgrundverordnung, Kurzpapier Nr. 15, S. 1; BVerwG, Urt. v. 27.03.2019 - 6 C 2/18, NVwZ 2019, 1126 (1131); *Wilhelm*, in: Wolff/Brink (Hrsg.), BeckOK Datenschutzrecht, § 4 BDSG Rn. 1; *Starnecker*, in: Gola/Heckmann (Hrsg.), BDSG, § 4 Rn. 9 ff.; *Nugel*, jurisPR-VerkR 20/2018 Anm. 1, S. 7; *Lutz*, ZD 2020, 450 (451).

29 Richtlinie (EU) 2016/680 des Europäischen Parlaments und des Rates vom 27. April 2016 zum Schutz natürlicher Personen bei der Verarbeitung personenbezogener Daten durch die zuständigen Behörden zum Zwecke der Verhütung, Ermittlung, Aufdeckung oder Verfolgung von Straftaten oder der Strafvollstreckung sowie zum freien Datenverkehr und zur Aufhebung des Rahmenbeschlusses 2008/977/JI des Rates, OJ L 119, 4.5.2016, S. 89 - 131.

für Verarbeitungen von personenbezogenen Daten bei Tätigkeiten, die nicht in den Anwendungsbereich der JI-Richtlinie und der DSGVO fallen.

c) Das Landesdatenschutzgesetz NRW (DSG NRW)

Neben dem Bundesdatenschutzgesetz existieren ferner in allen deutschen Bundesländern eigene Landesdatenschutzgesetze. Als Beispiel soll hier auf das Gesetz des einwohnerreichsten Bundeslandes Nordrhein-Westfalen, das Datenschutzgesetz NRW (DSG NRW), als einschlägige Rechtsgrundlage eingegangen werden. Der Anwendungsbereich des Gesetzes richtet sich nach der jeweiligen Norm. Die Regelungen des 2. Teils des DSG NRW stellen Durchführungsbestimmungen zur DSGVO dar. Sie gelten gemäß § 5 DSG NRW für die Verarbeitung personenbezogener Daten durch Behörden, Einrichtungen und sonstige öffentliche Stellen des Landes, der Gemeinden und Gemeindeverbände sowie für sonstige der Aufsicht des Landes unterstehenden juristischen Personen des öffentlichen Rechts und deren Vereinigungen ungeachtet ihrer Rechtsform (§ 5 Abs. 1 S. 1 DSG NRW).

Private sind nur Adressaten der Normen, sofern ihnen Befugnisse der Verwaltung übertragen wurden und sie hoheitliche Aufgaben der öffentlichen Verwaltung wahrnehmen (§ 5 Abs. 2 DSG NRW, wobei jedoch § 5 Abs. 5 DSG NRW zu beachten ist). Die Vorschriften des dritten Teils des Gesetzes, der die Umsetzung der Vorschriften der JI-Richtlinie ins Landesrecht zum Gegenstand hat, betrifft gemäß § 35 DSG NRW ebenfalls ausschließlich Behörden (vgl. § 35 DSG NRW).

d) Das Telemediengesetz (TMG)

Regeln für die Verarbeitung personenbezogener Daten sind ebenfalls im 4. Abschnitt des Telemediengesetzes (TMG) enthalten, dessen Normen nach umstrittener Ansicht[30] auf die Umsetzung der ePrivacy-Richtlinie zurückgehen.[31] Die Anwendbarkeit der Bestimmungen neben der Datenschutzgrundverordnung ergibt sich anders als beim BDSG nicht aus einer

30 Vgl. hierzu unten: B. I. 3. c).

31 Richtlinie 2002/58/EG der Europäischen Parlaments und des Rates vom 12. Juli 2002 über die Verarbeitung personenbezogener Daten und den Schutz der Privatsphäre in der elektronischen Kommunikation, OJ L 201, 31.7.2002, S. 37 - 47.

Öffnungsklausel oder einer Bereichsausnahme der DSGVO, sondern aus der Anordnung der Spezialität von Normen, die auf die ePrivacy-Richtlinie zurückgehen, durch die Verordnung selbst.[32]

Der Anwendungsbereich des TMG betrifft alle elektronischen Informations- und Kommunikationsdienste, soweit sie nicht Telekommunikationsdienste nach § 3 Nr. 24 Telekommunikationsgesetz (TKG), die ganz in der Übertragung von Signalen über Telekommunikationsnetze bestehen, telekommunikationsgestützte Dienste nach § 3 Nr. 25 TKG oder Rundfunk nach § 2 Rundfunkstaatsvertrag sind. Elektronische Informations- und Kommunikationsdienste sind solche Dienste, deren Nutzen darin besteht, Informationen und Kommunikation auf elektronischem Weg, insbesondere über das Internet, zu vermitteln.[33] Angesichts der negativen Definitionsmerkmale sind die Normen des TMG subsidiär und nur anwendbar, wenn nicht das Telekommunikations- oder Rundfunkrecht anwendbar ist.[34]

Datenschutzrechtliche Normen sind in den §§ 11 - 15a TMG enthalten, wobei jedoch nicht alle dort ausgeführten Normen auf eine Umsetzung der ePrivacy-Richtlinie zurückgehen, sodass die Rechtmäßigkeit der datenschutzrechtlichen Regelungen im TMG somit teilweise zweifelhaft erscheint.[35] Bereits seit Jahren wird diskutiert, die das TMG hinterlegende ePrivacy-Richtlinie durch eine ePrivacy-Verordnung abzulösen.[36] Der erste Verordnungsentwurf der Kommission[37] wurde bereits im Jahr 2017 vorgestellt und diskutiert. Eine Verabschiedung der Verordnung ist jedoch noch

---

32 H.M.: LIBE-Ausschuss, COM(2017)0010 - C8-0009/2017 - 2017/0003(COD), S. 91; *Karg*, in: Simitis/Hornung/Spiecker gen. Döhmann (Hrsg.), Datenschutzrecht, Art. 95 Rn. 1; *Holländer*, in: Wolff/Brink (Hrsg.), BeckOK Datenschutzrecht, Art. 95 Rn. 5; *Kühling/Raab*, in: Kühling/Buchner (Hrsg.), DS-GVO BDSG, Art. 95 Rn. 1; a.A. *Schmitz*, in: Spindler/Schmitz (Hrsg.), Telemediengesetz, Vorbem. §§ 11 ff. Rn. 9 f.

33 *Martin*, in: Gersdorf/Paal (Hrsg.), BeckOK Informations- und Medienrecht, § 1 TMG Rn. 8; *Spindler*, in: Spindler/Schmitz (Hrsg.), Telemediengesetz, § 1 Rn. 8, 10.

34 *Spindler*, in: Spindler/Schmitz (Hrsg.), Telemediengesetz, § 1 Rn. 8 mwN.

35 Vgl. für § 15 TMG: *Kremer*, in: Auer-Reinsdorff/Conrad (Hrsg.), Handbuch IT- und Datenschutzrecht, § 28 Rn. 55, 65; *Hullen/Roggenkamp*, in: Plath (Hrsg.), BDSG/DS-GVO, Einl. TMG Rn. 13; *Jandt* ZD 2018, 405 (407).

36 Vgl. nur: *Conrad/Hausen*, in: Auer-Reinsdorff/Conrad (Hrsg.), Handbuch IT- und Datenschutzrecht, § 36 Rn. 24 ff.

37 Entwurf der Verordnung des Europäischen Parlaments und des Rates über die Achtung des Privatlebens und den Schutz personenbezogener Daten in der elektronischen Kommunikation und zur Aufhebung der Richtlinie 2002/58/EG, 10.01.2017, 2017/0003 (COD).

nicht in Sicht,[38] sodass die vorläufigen Normen des geplanten Regelwerks in der vorliegenden Untersuchung nicht berücksichtigt werden können.

e) Das Telekommunikationsgesetz (TKG)

Das Telekommunikationsgesetz (TKG) dient der technologieneutralen Regulierung im Bereich der Telekommunikation und ihrer Infrastrukturen (§ 1 TKG). Es enthält in den §§ 91 - 107 TKG datenschutzrechtliche Spezialregeln für Unternehmen und Personen, die geschäftsmäßig Telekommunikationsdienste in Telekommunikationsnetzen erbringen oder daran mitwirken (§ 91 Abs. 1 TKG). Telekommunikationsdienste sind dabei in der Regel gegen Entgelt erbrachte Dienste, die ganz oder überwiegend in der Übertragung von Signalen über Telekommunikationsnetze bestehen, einschließlich Übertragungsdienste in Rundfunknetzen (§ 3 Nr. 24 TKG). Die Normen des Abschnitts gehen, wie schon die des TMG, zurück auf die ePrivacy-Richtlinie[39] und sind daher gemäß Art. 95 DSGVO als leges speciales[40] vorrangig vor der DSGVO anzuwenden.

f) Das Straßenverkehrsgesetz (StVG)

Das Straßenverkehrsgesetz (StVG) dient eigentlich der Regelung des Straßenverkehrsrechts in Deutschland. Insoweit trifft es in erster Linie Regelungen zur Zulassung von Fahrern und Fahrzeugen. Mit dem achten Gesetz zur Änderung des Straßenverkehrsgesetzes vom 16.06.2017[41] haben jedoch auch autonomes Fahren betreffende datenschutzrechtliche Regelungen in das Gesetz Einzug gehalten. Die §§ 63a, 63b StVG betreffen

---

38 *Conrad/Hausen*, in: Auer-Reinsdorff/Conrad (Hrsg.), Handbuch IT- und Datenschutzrecht, § 36 Rn. 38 ff.

39 *Eckhardt*, in: Spindler/Schuster (Hrsg.), Recht der elektronischen Medien, § 91 TKG Rn. 16; *Wolff*, in: Schantz/Wolff (Hrsg.), Das neue Datenschutzrecht, Rn. 269; *Nebel/Richter*, ZD 2012, 407, 408.

40 LIBE-Ausschuss, COM(2017)0010 - C8-0009/2017 - 2017/0003(COD), S. 91; *Karg*, in: Simitis/Hornung/Spiecker gen. Döhmann (Hrsg.), Datenschutzrecht, Art. 95 Rn. 1; *Holländer*, in: Wolff/Brink (Hrsg.), BeckOK Datenschutzrecht, Art. 95 Rn. 5; *Kühling/Raab*, in: Kühling/Buchner (Hrsg.), DS-GVO BDSG, Art. 95 Rn. 1; *Eckhardt*, in: Spindler/Schuster (Hrsg.), Recht der elektronischen Medien, § 91 TKG Rn. 9; *Dovas/Grapentin*, in: Auer-Reinsdorff/Conrad (Hrsg.), Handbuch IT- und Datenschutzrecht, § 35 Rn. 12.

41 BGBl. I 1684.

dabei die Speicherung, Übermittlung und Löschung in automatisierten Fahrzeugen verarbeiteter Daten.[42] Hierbei geht es jedoch nur um Positions- und Zeitangaben sowie Daten dazu, wann ein Wechsel der Fahrzeugsteuerung zwischen Fahrzeugführer und dem hoch- oder vollautomatisierten System erfolgt, wann das System den Fahrzeugführer auffordert, die Steuerung zu übernehmen oder aber ob und wann eine technische Störung des Systems auftritt (§ 63a Abs. 1 StVG). Die Daten dürfen an für Verkehrsverstöße zuständige Behörden übermittelt und von ihnen verwendet werden (§ 63a Abs. 2, 3 StVG). Die Norm dient somit Beweiszwecken und soll einerseits bei Vorfällen das pauschale Berufen des Nutzers auf ein technisches Versagen verhindern, dem Fahrzeugführer andererseits aber auch die Möglichkeit einer Exkulpation eröffnen.[43] § 63b StVG enthält in diesem Zusammenhang lediglich Verordnungsermächtigungen mit Bezug zu § 63a StVG.

g) Personenbeförderungsgesetz

Durch das Gesetz zur Modernisierung des Personenbeförderungsrechts vom 16.04.2021 sind dem Personenbeförderungsgesetz (PBefG) Regelungen mit Bezug zur Verarbeitung personenbezogener Daten hinzugefügt worden.[44] Die Normen sind sukzessive ab dem 01.08.2021 in Kraft getreten (Art. 7 Gesetz zur Modernisierung des Personenbeförderungsrechts). Das Gesetz enthält gemäß § 1 Abs. 1 PBefG Regeln für die entgeltliche oder geschäftsmäßige Beförderung von Personen mit Straßenbahnen, Oberleitungsomnibussen und mit Kraftfahrzeugen. Die Normen finden zudem Anwendung auf die Vermittlung dieser genannten Beförderungsleistungen (§ 1 Abs. 3 S. 1 PBefG). Für Personenkraftwagen gilt es nur, sofern die Beförderung entgeltlich ist oder das Gesamtentgelt je Kilometer zurückgelegter Strecke den in § 5 Abs. 2 S. 1 Bundesreisekostengesetz genannten Betrag nicht übersteigt (§ 1 Abs. 2 PBefG). Kernstück der neuen Regelungen mit Bezug zu personenbezogenen Daten ist § 3a PBefG, der vorsieht, dass Unternehmer und Vermittler von Personenbeförderungen

---

42 *Von Bodungen*, in: Specht/Mantz (Hrsg.), Handbuch Europäisches und deutsches Datenschutzrecht, § 16 Rn. 52; *König*, NZV 2017, 123 (126 f.); *Hoeren*, NZV 2018, 153 (154 f.).

43 *Von Bodungen*, in: Specht/Mantz (Hrsg.), Handbuch Europäisches und deutsches Datenschutzrecht, § 16 Rn. 52; *Wagner/Goeble*, ZD 2017, 263 (267); *Bernd*, SVR 2017, 121 (126); *Hoeren*, NZV 2018, 153 (154).

44 BGBl. I, 822.

Daten im Zusammenhang mit der Beförderung im Linien- und im Gelegenheitsverkehr an einen Nationalen Zugangspunkt melden müssen. Dieser Nationale Zugangspunkt wird in § 2 Nr. 11 Intelligente Verkehrssysteme Gesetz (IVSG) vorgesehen und definiert als diejenige zentrale Stelle, über die Straßen-, Verkehrs- und Reisedaten den Nutzern zur Verfügung und Weiterverwendung bereitgestellt werden. In Deutschland übernimmt der Mobilitäts-Daten-Marktplatz (MDM) der Bundesanstalt für Straßenwesen diese Aufgabe. § 8a Abs. 1 Nr. 1 lit. a) - d) PBefG listet dabei die im Zusammenhang mit einem Linienverkehr zu meldenden Daten auf, § 8a Abs. 1 Nr. 2 lit. a) und b) PBefG. § 3b PBefG enthält in der Folge die datenschutzrechtlichen Grundlagen für die Verarbeitung der nach § 3a Abs. 1 PBefG erhaltenen Daten durch den nationalen Zugangspunkt, andere Behörden und Erbringer bedarfsgesteuerter Mobilitätsdienstleistungen sowie multimodale Reiseinformationsdienste. § 3c PBefG trifft sodann Regeln für die Löschung dieser personenbezogenen Daten.

h) Das Geschäftsgeheimnisgesetz (GeschGehG)

Das Geschäftsgeheimnisgesetz (GeschGehG)[45] schützt Geschäftsgeheimnisse vor der unerlaubten Erlangung, Nutzung und Offenlegung (§ 1 Abs. 1 GeschGehG) in Situationen, in denen keine spezielle öffentlich-rechtliche Regelung dieser Frage existiert (§ 1 Abs. 2 GeschGehG). Ein Geschäftsgeheimnis ist dabei jede Information, die weder insgesamt noch in der genauen Anordnung und Zusammensetzung ihrer Bestandteile Personen in den Kreisen allgemein bekannt oder ohne weiteres zugänglich ist, die üblicherweise mit dieser Art von Informationen umgehen, (§ 2 Nr. 1 lit. a) GeschGehG). Sie muss zudem Gegenstand von den Umständen nach angemessenen Geheimhaltungsmaßnahmen durch ihre rechtmäßigen Inhaber sein, wobei ein berechtigtes Interesse an ihrer Geheimhaltung bestehen muss (§ 2 Nr. 1 lit. b), c) GeschGehG). Inhaber eines Geschäftsgeheimnisses ist jede natürliche oder juristische Person, die rechtmäßig Kontrolle über ein Geschäftsgeheimnis hat (§ 2 Nr. 2 GeschGehG). Ein Rechtsverletzer ist demgegenüber jede natürliche oder juristische Person, die entgegen § 4 GeschGehG ein Geschäftsgeheimnis rechtswidrig erlangt hat, nutzt oder offenlegt, es sei denn sie kann sich dabei auf Ausnahmen nach § 5 GeschGehG berufen (§ 2 Nr. 3 GeschGehG). Das Gesetz sieht in § 3 GeschGehG sowohl einen Katalog sog. erlaubter Handlungen vor, auf de-

45 Vgl. hierzu bereits oben: B. I. 1.

ren Grundlage ein Geschäftsgeheimnis rechtmäßig erlangt werden kann, als auch gemäß § 4 GeschGehG einen Katalog von Handlungen, die zur Erlangung von Geschäftsgeheimnissen verboten sind. Zudem existiert eine Aufzählung von Ausnahmesituationen in § 5 GeschGehG, in denen die Erlangung, Nutzung oder Offenlegung eines Geschäftsgeheimnisses entgegen der Verbote nach § 4 GeschGehG doch rechtmäßig erfolgt.[46]

i) Die Informationsfreiheitsgesetze

Neben den Normen der Gesetze im Bereich des Datenschutzes, die personenbezogene Daten vor der Erfassung, Verarbeitung oder Weitergabe schützen, und Gesetzen zum Schutz nicht-personenbezogener Daten, wie dem GeschGehG, existieren auch Bestimmungen, die Bürgern den Zugang zu Informationen ermöglichen sollen, die sich in der Sphäre des Staates und seiner Behörden befinden. Sowohl auf Bundes- als auch auf Landesebene wurden für diesen Zweck Informationsfreiheitsgesetze (IFG) erlassen.

Das IFG-Bund gewährt Bürgern gegenüber Bundesbehörden einen Anspruch auf Zugang zu amtlichen Informationen (§ 1 Abs. 1 S. 1 IFG-Bund). Eine amtliche Information ist, unabhängig von der Art ihrer Speicherung, jede Aufzeichnung, die amtlichen Zwecken dient (§ 2 Nr. 1 IFG-Bund). Der Anspruch auf Zugang zu einer amtlichen Information kann jedoch zum Zweck des Schutzes besonderer öffentlicher Belange (§ 3 IFG-Bund), des behördlichen Entscheidungsprozesses (§ 4 IFG-Bund), personenbezogener Daten (§ 5 IFG-Bund) sowie des geistigen Eigentums und von Betriebs- und Geschäftsgeheimnissen (§ 6 IFG-Bund) beschränkt oder ausgeschlossen sein. Zudem ist nur die Erteilung einfacher Auskünfte gebührenfrei (§ 10 Abs. 1 IFG-Bund).

Das IFG-NRW ist in Aufbau und Inhalt dem Bundesgesetz nachgebildet. Anders als das IFG-Bund verpflichtet es jedoch nicht Bundesbehörden, sondern betrifft die Verwaltungstätigkeit der Behörden, Einrichtungen und sonstigen öffentlichen Stellen des Landes Nordrhein-Westfalen, der Gemeinden, Gemeindeverbände und der sonstigen der Aufsicht des Landes unterstehenden juristischen Personen des öffentlichen Rechts und deren Vereinigungen (§ 2 Abs. 1 IFG-NRW). Von ihnen kann jede natürliche Person Zugang zu amtlichen Informationen verlangen (§ 4 Abs. 1 IFG-NRW).

---

46 Vgl. hierzu ausführlich *Müllmann*, WRP 2018, 1177 (1180 f.).

j) Die Umweltinformationsgesetze

Vor dem Hintergrund der ersten europäischen Umweltinformationsrichtlinie[47] wurde bereits 1990 erstmals der freie Zugang zu Umweltinformationen normiert. Die Regelungen erfuhren mit der zweiten Umweltinformationsrichtlinie[48] eine umfassende Reform, die heute in den Umweltinformationsgesetzen (UIG) des Bundes und der Länder implementiert ist. Umweltinformationen sind laut der einheitlichen Legaldefinition der Umweltinformationsrichtlinie, des UIG-Bund und des UIG-NRW alle Daten über den Zustand von Umweltbestandteilen, Faktoren, Maßnahmen oder Tätigkeiten, die sich auf sie oder ihren Schutz beziehen, sowie sie betreffende Kosten-Nutzen- oder sonstige wirtschaftliche Analysen, Berichte über die Umsetzung des Umweltrechts oder den Zustand der menschlichen Gesundheit, Lebensbedingungen und Kulturstätten und Bauwerke (Art. 2 Nr. 1 Umweltinformationsrichtlinie, § 2 Abs. 3 UIG-Bund).[49] Gemäß § 3 Abs. 1 S. 1 UIG-Bund hat jede Person Anspruch auf den freien Zugang zu Umweltinformationen, über die eine informationspflichtige Stelle verfügt. Informationspflichtig sind gemäß § 2 Abs. 1 UIG-Bund unter anderem die Regierung und andere Stellen der öffentlichen Verwaltung sowie natürliche und juristische Personen des Privatrechts, soweit sie öffentliche Aufgaben oder Dienstleistungen im Zusammenhang mit der Umwelt wahrnehmen oder erbringen und unter Kontrolle des Bundes oder unter Kontrolle einer der Aufsicht des Bundes unterstehenden juristischen Person des öffentlichen Rechts stehen. Der Zugang zu Umweltinformationen kann zum Schutz öffentlicher (§ 8 UIG-Bund) oder sonstiger Belange wie dem Schutz personenbezogener Daten, des geistigen Eigentums oder Betriebs- und Geschäftsgeheimnissen (§ 9 UIG-Bund) verwehrt werden. Während sich der Zugang zu Umweltinformationen nach dem UIG-Bund an die Bundesverwaltung richtet, adressiert der Anspruch nach § 2 UIG-NRW Behörden und Einrichtungen des Landes, die Gemeinden und Gemeindeverbände sowie die Stellen der öffentlichen Verwaltung und von ihnen kontrollierte natürliche und juristische Personen des Pri-

47 Richtlinie 90/313/EWG des Rates über den freien Zugang zu Informationen über die Umwelt vom 23.06.1990, OJ L 158, 56.

48 Richtlinie 2003/4/EG des Europäischen Parlaments und des Rates vom 28.01.2003 über den Zugang der Öffentlichkeit zu Umweltinformationen und zur Aufhebung der Richtlinie 90/313/EWG des Rates vom 14. Februar 2003, OJ L41, 14.02.2003, S. 26 ff.

49 Vgl. hierzu ausführlich *Müllmann*, in: Heinemann (Hrsg.), Praxiskommentar Transparenzgesetz, S. 105 ff. mwN.

vatrechts in Nordrhein-Westfalen als informationspflichtige Stellen (§ 1 Abs. 1, 2 UIG-NRW). § 2 Abs. 3 UIG-NRW verweist im Übrigen jedoch für den Zugang zu Umweltinformationen auf das UIG-Bund.

k) Gesetz über die Landesvermessung und das Liegenschaftskataster Nordrhein-Westfalen

Das Vermessungs- und Katastergesetz Nordrhein-Westfalen (VermKatG NRW) hat die Regelung des amtlichen Vermessungswesens und des öffentlichen Liegenschaftskatasters zum Gegenstand (§ 1 Abs. 1 VermKatG NRW). Die vom amtlichen Vermessungswesen erhobenen und verarbeiteten Daten mit geodätischem Raumbezug werden als Geobasisdaten bezeichnet (§ 1 Abs. 2 S. 3 VermKatG NRW). Aussagen über Qualität, Herkunft, die Zugriffsmöglichkeiten und die Aktualität dieser Geobasisdaten werden als Metadaten bezeichnet (§ 1 Abs. 3 S. 3 VermKatG NRW). Geobasisdaten sind von den erhebenden Behörden bereitzustellen und fließen in ein Geobasisinformationssystem ein (§§ 4, 10 VermKatG NRW), in das Berechtigte Einsicht nehmen können und das die Erteilung von Auskünften und Auszügen durch zuständige Behörden ermöglicht (§ 4 Abs. 2 VermKatG NRW). Die konkrete Regelung des Zugangs zu Geodaten wurde einer gesonderten gesetzlichen Regelung vorbehalten.[50] §§ 10, 14 VermKatG NRW sehen insoweit nur die generelle Bereitstellung von Geobasisdaten der Landvermessung und des Liegenschaftskatasters vor, wobei für die Bereitstellung von Eigentümerangaben des Liegenschaftskatasters ein berechtigtes Interesse darzulegen ist (§ 14 Abs. 2 VermKatG NRW).

l) Gesetz über den Zugang zu digitalen Geodaten Nordrhein-Westfalen und Bundesgesetz über den Zugang zu digitalen Geodaten

Mit dem Geodatenzugangsgesetz (GeoZG NRW) werden die rechtlichen Rahmenbedingungen für den Zugang zu Geodaten, Geodatendiensten und Metadaten geodatenhaltender Stellen sowie die Nutzung dieser Daten geschaffen (§ 1 GeoZG NRW). Der Geodatenbegriff des Gesetzes ist dabei weiter als der des VermKatG und umfasst alle Daten mit direktem oder indirektem Bezug zu einem bestimmten Standort oder geographischem Gebiet (§ 3 Abs. 1 GeoZG NRW). Diese Daten sind, ebenso wie Geoda-

---

50 Siehe Kap. B. I. 1. k).

tendienste, gemäß § 11 GeoZG NRW öffentlich verfügbar bereitzustellen. Hierbei gelten nach § 12 Abs. 1, 2 GeoZG NRW jedoch Einschränkungen, sofern nachteilige Auswirkungen auf internationale Beziehungen, bedeutsame Schutzgüter der öffentlichen Sicherheit oder der Verteidigung zu befürchten sind oder aber, analog zu §§ 8 Abs. 1, 9 UIG-Bund, zum Schutz öffentlicher oder sonstiger Belange[51]. Die Nutzung von Geodaten kann von einer finanziellen Kompensation oder dem Erwerb einer Lizenz abhängig gemacht werden (§ 13 Abs. 1 GeoZG NRW). Eine identische Regelung existiert für geodatenhaltende Stellen des Bundes mit dem GeoZG-Bund.

m) Das Informationsweiterverwendungsgesetz

Sowohl die Informationsfreiheitsgesetze als auch die Umweltinformationsgesetze regeln den Zugang zu Informationen, die in der öffentlichen Verwaltung vorhanden sind. Sie treffen jedoch keine Aussage dazu, wie und zu welchen Zwecken die erlangten Informationen genutzt werden dürfen. Diese Frage fällt vielmehr in den Anwendungsbereich des Informationsweiterverwendungsgesetzes (IWG).

Mit dem IWG werden die europäische PSI-[52] und die PSI-Änderungsrichtlinie[53] in nationales Recht überführt. Ziel der Regelung ist es, bei der öffentlichen Hand vorhandene Daten auch wirtschaftlich nutzbar zu machen, um den zeit- und kostenintensiven Datenerhebungsprozess und die dabei aufgewendeten Mittel durch eine gesamtgesellschaftlich effizientere Nutzung der Informationsressourcen effektiver zu gestalten.[54] Das IWG begründet selbst keinen Zugang zu Informationen von öffentlichen Stellen, sondern regelt allein die Weiterverwendung von Informationen, zu denen andere Gesetze Zugang gewähren.[55] Öffentliche Stellen sind dabei alle Gebietskörperschaften, juristische Personen des öffentlichen

51 Vgl. Kap. B. I. 1. i).

52 Richtlinie 2003/98/EG des Europäischen Parlaments und des Rates vom 17. November 2003 über die Weiterverwendung von Informationen des öffentlichen Sektors, OJ L 345, 31.12.2003, S. 90-96.

53 Richtlinie 2013/37/EU des Europäischen Parlaments und des Rates vom 26. Juni 2013 zur Änderung der Richtlinie 2003/98/EG über die Weiterverwendung von Informationen des öffentlichen Sektors, OJ L 175, 27.06.2013, S. 1-8.

54 EG 3, 4 PSI-RL; *Müllmann*, GRURInt. 2019, 523.

55 *Richter*, Informationsweiterverwendungsgesetz, § 1 Rn. 50; *Müllmann*, GRURInt 2019, 523.

und privaten Rechts, die im Allgemeininteresse liegende Aufgaben nichtgewerblicher Art erfüllen, sowie deren Verbände (§ 2 Nr. 1 IWG). Das Gesetz gilt somit für die Weiterverwendung von Informationen, die von öffentlichen Stellen des Bundes oder der Länder erlangt wurden.[56] Weiterverwendung im Sinne des Gesetzes ist jede Nutzung von Informationen für kommerzielle oder nichtkommerzielle Zwecke, die über die Erfüllung einer öffentlichen Aufgabe hinausgeht (§ 2 Nr. 3 IWG). Die Weiterverwendung von Informationen kann von öffentlichen Stellen jedoch unter den Vorbehalt der Einhaltung verhältnismäßiger Nutzungsbestimmungen gestellt werden, die nicht zu einer Wettbewerbsverzerrung führen und die Weiterverwendung nicht unnötig einschränken (§ 4 Abs. 1 IWG). Entgelte für die Weiterverwendung von Informationen sind mit Ausnahmen von Stellen, die zur Kostendeckung ausreichende Einnahmen erzielen müssen, sowie Bibliotheken, Museen und Archiven, auf die Kosten durch Reproduktion, Bereitstellung und Weiterverbreitung zu beschränken (§ 5 Abs. 1, 2 IWG). Standardentgelte bzw. Faktoren der Berechnung von Entgelten sind vorab zu veröffentlichen (§ 6 Abs. 1, 2 IWG).

3. Handlungsempfehlungen für moderne Mobilitätskonzepte im Öffentlichen Nahverkehr

Nachdem die einschlägigen gesetzlichen Grundlagen für den Datenschutz und die Datenverwendung neuer Mobilitätskonzepte im öffentlichen Nahverkehr in ihren Anwendungsbereichen und ihrer Abgrenzung zueinander grundsätzlich dargestellt wurden, wird in der Folge die Bedeutung der verschiedenen Rechtsquellen für die drei Anwendungsfelder moderner Mobilitätskonzepte ausführlich analysiert.

a) Anwendungsfeld autonomes Fahren

Das Anwendungsfeld des autonomen Fahrens hat die Datenverarbeitung zum Gegenstand, die das Transportfahrzeug betrifft und sein autonomes Agieren im Straßenverkehr ermöglicht. Von dem autonom agierenden Fahrzeug werden zu diesem Zweck Sensordaten verarbeitet. Die Sensoren erfassen alle steuerungsrelevanten Fahrzeugkenngrößen des Vehikels, wie z.B. Achslast, Beschleunigung, Bremsverhalten, Motordrehzahl, Lenk-

---

56 BT-Drs. 16/2453, 14; *Richter*, Informationsweiterverwendungsgesetz, § 2 Rn. 11.

radeinschlag, Reifendrehzahl, Reifendruck, Temperatur, Querbeschleunigung, Geschwindigkeit und Verformungen mittels Kameras, Radar, Lidar oder Lasern.[57] Zudem werden die Fahrzeuginsassen, insbesondere der Fahrer, ihr Verhalten und die Bedingungen im Innenraum des Fahrzeugs sensorisch überwacht und die gewonnenen Daten, jedenfalls durch die Fahrzeugsteuerung, verarbeitet.[58] Auch das Fahrzeugumfeld, d.h. also die Umgebung der Straße, des Bürgersteigs sowie die sich dort bewegenden anderen Fahrzeuge und Personen werden von Sensoren erfasst.[59] Die sich aus der jeweiligen Situation ergebenden Datensätze werden im Fahrzeug verarbeitet und anschließend als eine wesentliche Grundlagen für dessen autonome Bewegung im Straßenverkehr und seinen sich ständigen ändernden Begebenheiten genutzt.

Die Sensordaten des Fahrzeugs betreffen somit verschiedene Datenkategorien. Zunächst handelt es sich bei den Werten von z.B. der Achslast, dem Reifendruck, dem Bremsverhalten oder der Beschleunigung um technische Daten, aus denen Informationen über den Ist-Zustand des Fahrzeugs abgeleitet werden und die keinen direkten Bezug zum Fahrer oder einer anderen Person aufweisen. Diese Daten haben somit keinen Personenbezug im Sinne des Art. 4 Nr. 1 DSGVO und fallen daher gemäß Art. 2 Abs. 1 DSGVO nicht unter den Schutzbereich der Datenschutzgrundverordnung. Auch die Schutzbereiche der übrigen datenschutzrechtlichen Gesetze, wie dem Bundes- oder Landesdatenschutzgesetz oder dem TMG sind aus diesem Grund für diese Art der Daten nicht eröffnet.

Die von den Sensoren des Fahrzeugs erfassten und verarbeiteten Sensordaten lassen neben dem aktuellen Zustand des Fahrzeugs in einigen Fällen zudem Rückschlüsse auf die Konstruktion oder den Betrieb des Fahrzeugs zu. Hierbei kann es sich um eine Information handeln, die selbst Fachleuten nicht allgemein zugänglich, von wirtschaftlichem Wert sowie Gegenstand von Geheimhaltungsmaßnahmen ist und an der ein Geheimhaltungsinteresse besteht. Der Schutzbereich des Geschäftsgeheimnisgesetzes kann für diese Art der technischen Daten somit eröffnet sein.

Sensordaten, die den Fahrzeuginnenraum, Passagiere oder den Fahrer selbst betreffen, wie z.B. seine Vitaldaten oder Augenbewegungen, weisen einen Bezug zu einer Person auf und sind somit personenbezogene Daten

57 Vgl. nur *Lüdemann*, ZD 2015, 247; *Wendt*, ZD-aktuell 2018, 06034; *Weisser/Färber*, MMR 2015, 506 (507).

58 *Lüdemann*, ZD 2015, 247 (248); *Weisser/Färber*, MMR 2015, 506 (507).

59 *Lüdemann*, ZD 2015, 247 (248); *Weisser/Färber*, MMR 2015, 506 (507).

im Sinne des Art. 4 Nr. 1 DSGVO.[60] Sie werden von dem Fahrzeug zudem nicht nur erfasst, sondern auch analysiert sowie gegebenenfalls weitergeleitet und somit im Sinne des Art. 4 Nr. 2 DSGVO auch verarbeitet. Diese Verarbeitung erfolgt vollständig ohne manuelle Eingriffe, sodass sie als automatisiert zu bezeichnen ist.[61] Der sachliche Anwendungsbereich der DSGVO ist mithin gemäß Art. 2 DSGVO eröffnet.

Der räumliche Anwendungsbereich wäre zudem eröffnet, wenn es sich bei dem Betrieb eines Fahrzeugs um eine Tätigkeit im Rahmen einer Niederlassung innerhalb der Union handeln würde. Eine Niederlassung ist gemäß Erwägungsgrund 22 DSGVO eine feste Einrichtung, von der aus eine Tätigkeit effektiv und tatsächlich ausgeübt wird.[62] Hierfür genügt angesichts der extensiven Auslegung der Merkmale bereits das Zusammenwirken persönlicher und sachlicher Mittel mit einem gewissen Grad an Beständigkeit.[63] Auch an die effektive und tatsächliche Ausübung einer Tätigkeit sind keine hohen Anforderungen zu stellen.[64] Sie liegt jedenfalls dann vor, wenn die Niederlassung die Verarbeitung vornimmt oder selbst steuert.[65]

Für die vorhergehend beschriebenen Arten von Daten müssen somit die Bestimmungen der DSGVO beachtet werden. Dasselbe gilt für die Daten der das Umfeld erfassenden Sensoren. Bei lebensnaher Auslegung werden durch sie zwar hauptsächlich andere Fahrzeuge, Verkehrsschilder oder Fahrbahnbegrenzungen erfasst, jedoch ferner auch Fußgänger oder Fahrradfahrer. Je nach der Art des Sensors, können somit personenbezogene Daten, z.B. in Form von Bildern einer Kamera, erfasst und ausgewertet werden.

Die für die DSGVO durchgeführte Subsumtion lässt sich auf das BDSG übertragen. Dessen Anwendungsbereich ist für die Verarbeitung personen-

---

60 Vgl. auch *Steege*, SVR 2021, 1 (5).

61 *Roßnagel*, in: Simitis/Hornung/Spiecker gen. Döhmann (Hrsg.), Datenschutzrecht, Art. 2 Rn. 14; *Bäcker*, in: Wolff/Brink (Hrsg.), BeckOK Datenschutzrecht, Art. 2 Rn. 2 f.; *Kühling/Raab*, in: Kühling/Buchner (Hrsg.), DS-GVO BDSG, Art. 2 Rn. 15 f.

62 *Hornung*, in: Simitis/Hornung/Spiecker gen. Döhmann (Hrsg.), Datenschutzrecht, Art. 3 Rn. 2; *Hanloser*, in: Wolff/Brink (Hrsg.), BeckOK Datenschutzrecht, Art. 3 Rn. 13 ff.; *Klar*, in: Kühling/Buchner (Hrsg.), DS-GVO BDSG, Art. 3 Rn. 41.

63 EuGH, Urt. v. 04.07.1985 - C-168/84, Rn. 18; Urt. v. 01.10.2015 - C-230/14, Rn. 29; Urt. v. 28.07.2016 - C-191/15, Rn. 77; Urt. v. 25.07.1991 - C-221/89, Rn. 20; *Klar*, in: Kühling/Buchner (Hrsg.), DS-GVO BDSG, Art. 3 Rn. 44.

64 *Klar*, in: Kühling/Buchner (Hrsg.), DS-GVO BDSG, Art. 3 Rn. 48.

65 *Hornung*, in: Simitis/Hornung/Spiecker gen. Döhmann (Hrsg.), Datenschutzrecht, Art. 3 Rn. 26.

bezogener Daten durch Private unter denselben Voraussetzungen wie bei der DSGVO mit dem einzigen Unterschied eröffnet, dass die Verarbeitung im Inland, also Deutschland, oder im Rahmen der Tätigkeiten einer inländischen Niederlassung erfolgen muss (vgl. § 1 Abs. 1 S. 2, Abs. 4 Nr. 1, 2 BDSG).[66] Auch der Anwendungsbereich des BDSG ist daher insoweit eröffnet.

Da Private nur Adressaten des DSG-NRW sind, sofern ihnen Befugnisse der Verwaltung übertragen wurden und sie hoheitliche Aufgaben der öffentlichen Verwaltung wahrnehmen (§ 5 Abs. 2 DSG NRW), ist der Anwendungsbereich angesichts der vorliegenden privatwirtschaftlichen Betätigung in der Regel nicht eröffnet. Eine anderweitige Bewertung könnte sich ergeben, sofern der Betrieb eines autonomen Fahrzeugs durch eine Unternehmensform erfolgen würde, an der eine öffentliche Stelle wesentlich beteiligt ist. Selbst in diesen Fällen würde § 5 Abs. 5 S. 1 DSG NRW jedoch angesichts der wirtschaftlichen Betätigung des öffentlichen Unternehmens diverse Regelungen des Landesdatenschutzgesetzes für unanwendbar erklären.

Fraglich erscheint ferner, ob die personenbezogenen Sensor- und Umfelddaten dem Anwendungsbereich des TMG unterfallen. Entscheidend hierfür ist die konkrete Ausgestaltung der Übertragung und Verarbeitung der Daten. Sofern sie nicht im Fahrzeug selbst, sondern auf einem Server verarbeitet werden, kann der Anwendungsbereich des TMG angesichts der Übertragung der Daten über das Internet betroffen sein.[67] Laut Definition muss dann aber zur reinen Übertragung der Daten über das Internet noch ein weiterer Nutzen hinzutreten.[68] Ein solcher ist jedoch nicht ersichtlich. Da zugleich keine geschäftsmäßige Erbringung eines Telekommunikationsdienstes in einem Telekommunikationsnetz vorliegt, ist auch der Anwendungsbereich des TKG nicht eröffnet.

Die Information, wann die Übergabe der Fahrverantwortung vom autonomen System an einen menschlichen Fahrer erfolgt, stellt ebenfalls ein personenbezogenes Datum dar, das von den Sensoren des Systems erfasst

---

66 Vgl. *Gusy/Eichenhofer*, in: Wolff/Brink (Hrsg.), BeckOK Datenschutzrecht, § 1 BDSG Rn. 101; *Klar*, in: Kühling/Buchner (Hrsg.), DS-GVO BDSG, § 1 Rn. 20; kritisch *Gola/Reif*, in: Gola/Heckmann (Hrsg.), BDSG, § 1 Rn. 19.

67 Vgl. *Sackmann*, Datenschutz bei der Digitalisierung der Mobilität, S. 61 f.

68 *Ricke*, in: Spindler/Schuster (Hrsg.), Recht der elektronischen Medien, § 1 TMG Rn. 6; *Martini*, in: Gersdorf/Paal (Hrsg.), BeckOK Informations- und Medienrecht, § 1 TMG Rn. 11; *Spindler*, in: Spindler/Schmitz (Hrsg.), Telemediengesetz, § 1 Rn. 8, 10.

wird. Diese Art des Datums fällt unter den speziellen Anwendungsbereich des § 6a StVG, der im vorliegenden Fall ebenfalls eröffnet ist.

Im Anwendungsfeld autonomes Fahren müssen somit in Abhängigkeit von der Art des erfassten Datums sowohl die den Datenschutz personenbezogener Daten betreffenden Regeln der DSGVO und des Bundesdatenschutzgesetzes sowie für den speziellen Fall der Registrierung der Übergabe der Fahrverantwortung auch das StVG beachtet werden. Eine Einschlägigkeit des TMG als Rechtsgrundlage erscheint in diesem Bereich unwahrscheinlich, hängt jedoch von der konkreten Ausgestaltung des jeweiligen Datenverarbeitungs- und Übertragungsprozesses ab. Die lediglich Telekommunikationsdienste betreffenden datenschutzrechtlichen Regeln des TKG sind hingegen nicht einschlägig.

Auf technische Maschinendaten, die von Sensoren eines Fahrzeugs zu seiner Zustandsbestimmung erfasst werden, kann in Abhängigkeit von der Zuordnung eines technischen Datums zu einem wirtschaftlichen Akteur und der damit verbundenen rechtmäßigen Zugriffsmöglichkeit auf das Datum das GeschGehG anwendbar sein.

b) Anwendungsfeld Infrastrukturdaten

Im Anwendungsfeld Stadtinfrastruktur werden hauptsächlich Infrastrukturdaten verarbeitet. Eine gesetzliche oder sonst einheitliche Definition dieser Kategorie von Daten existiert, soweit ersichtlich, nicht. Der Begriff meint im vorliegenden Kontext jedoch Stadt- und Verkehrsinfrastruktur betreffende Daten, also Informationen zu Verkehrswegen, -einrichtungen und -anlagen.[69] Ebenso können Positions- und Kartendaten von dem Begriff erfasst werden. Das autonom agierende Fahrzeug bedarf dieser Daten zur Absicherung der Qualität und Verlässlichkeit seines Handelns.[70]

Die Daten können dabei im vorliegenden Anwendungsrahmen in zwei gegensätzlichen Kontexten Bedeutung erlangen. Auf der einen Seite kann das Feld den Schutz von Infrastrukturdaten betreffen, die mittels des autonomen Fahrzeugs gesammelt und zusammengestellt wurden oder den Betreiber und sein Angebot betreffen. In diesem Fall würde seitens des Betreibers ein Interesse daran bestehen, dass die kosten- und arbeitsintensiv beschafften Informationen nicht von anderen Personen, z.B. Wettbewerbern, genutzt werden. Einen Schutz vor einer solchen Nutzung könnte

69 Vgl. *Payerl/Schmidt/Hrassnig/Bernsteiner*, ATZelektronik 2019 (14), 44.
70 Ebd.

das GeschGehG bieten. Es ist jedoch fraglich, ob es sich bei den Infrastrukturdaten überhaupt um Geschäftsgeheimnisse im Sinne des § 2 Nr. 1 GeschGehG handelt. Zwar besteht angesichts der mit der Erhebung verbundenen Kosten ein berechtigtes Interesse an der Geheimhaltung der Information und ihr kommt ebenso ein wirtschaftlicher Wert zu (§ 2 Nr. 1 lit. a), c) GeschGehG). Die Information ist aber, selbst wenn Sammelnde ihre die Informationen beschreibenden Datensätze zum Gegenstand von Geheimhaltungsmaßnahmen machen (§ 2 Nr. 1 lit. b) GeschGehG), weiter insofern frei zugänglich, als andere sie aus der Erfassung des Straßenbildes ebenfalls ableiten können. Es handelt sich folglich um Informationen, die Personen in den Kreisen, die üblicherweise mit dieser Art der Information umgehen, allgemein bekannt und ohne Weiteres zugänglichen wären (§ 2 Nr. 1 lit. a) GeschGehG), da sie selbst beobachtet werden können. Das wiederum führt dazu, dass Mitbewerber die Möglichkeit haben, sie rechtmäßig eigenständig zu erwerben (§ 3 Abs. 1 Nr. 2 lit. b) GeschGehG). Das GeschGehG kann in diesem Fall daher keinen Schutz vermitteln. Die Sammlungs- und Zusammenstellungsleistung des Betreibers ist rechtlich jedoch nicht schutzlos. In Betracht kommt hierfür jedoch vielmehr ein urheberrechtlicher Schutz des konkreten Datensatzes in Form des Datenbankschutzes.[71]

Der Betrieb autonom und bedarfsorientierter Fahrzeuge zur Beförderung von Personen im öffentlichen Nahverkehr unterfällt, wenn er mit Gewinnerzielungsabsicht erfolgt, zudem dem PBefG. Es besteht in diesem Zusammenhang eine Pflicht zur Bereitstellung von Mobilitätsdaten gemäß § 3a Abs. 1 PBefG. Die bereitzustellenden Daten unterscheiden sich dabei danach, ob ein Linien- oder ein Gelegenheitsverkehr angeboten wird. Linienverkehr ist ausweislich § 42 S. 1 PBefG eine zwischen bestimmten Ausgangs- und Endpunkten eingerichtete Verkehrsverbindung, auf der Fahrgäste an bestimmten Haltestellen ein- und aussteigen können. Ein Fahrplan mit bestimmten Ankunfts- oder Abfahrtszeiten ist ebenso wenig erforderlich wie die Existenz von Zwischenhaltestellen. Sonderformen dieses Linienverkehrs finden sich mit dem Personenfernverkehr, Berufsverkehr, Schülerfahrten, Marktfahrten und Fahrten zu in §§ 42a und 43 PBefG. Der datengestützte, autonom agierende und individualisierte Personennahverkehr der Zukunft ist in aller Regel gerade nicht an festen Routen mit definierten Ausgangs- und Endpunkten ausgerichtet. Vielmehr

71 *Dreier*, in: Dreier/Schulze (Hrsg.), Urheberrechtsgesetz, § 87a Rn. 4; *Wiebe*, in: Spindler/Schuster (Hrsg.), Recht der elektronischen Medien, § 87a UrhG Rn. 6; *Rehbinder/Peukert*, Urheberrecht, Rn. 268.

soll er je nach Bedarf unterschiedliche Punkte einer Stadt anfahren, um dort Passagiere aufzunehmen oder abzusetzen. Vor diesem Hintergrund handelt es sich nicht um die Durchführung von Linienverkehr. Vielmehr handelt es sich somit um eine Form des Gelegenheitsverkehrs nach § 46 Abs. 1 PBefG, der sich definiert als Beförderung von Personen mit Kraftfahrzeugen, die nicht Linienverkehr ist. Vor diesem Hintergrund sind dem nationalen Zugangspunkt von Betreibern die in § 3a Abs. 1 Nr. 2 lit. a) und b) PBefG genannten Daten als Mobilitätsdaten mitzuteilen. Hierzu gehören: Name und Kontaktdaten des Anbieters, Bediengebiet und -zeiten, Standorte, Stationen einschließlich ihrer Anzahl, Preise, Buchungs- und Bezahlmöglichkeiten, Daten zur Barrierefreiheit sowie zum Umweltstandard der eingesetzten Fahrzeuge, Daten zur Verfügbarkeit von Fahrzeugen an Stationen und im Verkehr, inklusive deren Auslastung in Echtzeit sowie Daten zu den tatsächlich abgerechneten Kosten.

Den zweiten Kontext rechtlicher Fragestellungen im Zusammenhang mit Infrastrukturdaten bilden Fragen von deren Beschaffung. Die eigenständige Erhebung dieser Daten ist zeit- und kostenintensiv. Dieser Aufwand kann vermieden werden, wenn die Informationen auch anderweitig beschafft werden können, insbesondere wenn andere Stellen die Erfassung, Sammlung und Zusammenstellung bereits durchgeführt haben und Zugang zu den Informationen gewähren können. Ämtern und Behörden liegen schon aufgrund ihrer Aufgaben eine Vielzahl von Infrastrukturdaten vor. So haben sie Kenntnis über existierende Verkehrswege und -anlagen, aber auch über Wetter-, Bevölkerungs- oder Siedlungs- und Geschäftsstrukturen. Der Zugang zu Informationen öffentlicher Stellen wird, in Abhängigkeit davon, ob es sich um Bundes- oder Landesbehörden handelt, durch das IFG-Bund oder das IFG NRW geregelt. Beide Gesetze gewähren „jedem“ (§ 1 Abs. 1 IFG-Bund) bzw. „jeder natürlichen Person“ (§ 4 Abs. 1 IFG-NRW) den Zugang zu amtlichen Informationen (§ 1 Abs. 1 IFG-Bund; § 4 Abs. 1 IFG-NRW), die bei Behörden, Einrichtungen und sonstigen öffentlichen Stellen (§ 1 Abs. 1 IFG-Bund; § 2 Abs. 1 IFG-NRW) vorhanden sind. Da es sich bei amtlichen Informationen um alle amtlichen Zwecken dienende Aufzeichnungen (§ 2 Nr. 1 IFG-Bund) bzw. vorhandene Informationen handelt, die im dienstlichen Kontext erlangt wurden (§ 3 IFG-NRW),[72] fallen auch Informationen über Verkehrswege und -anlagen unter den Begriff. Auch auf ihre Erlangung besteht somit ein Anspruch im Rahmen der Informationsfreiheitsgesetze.

72 Vgl. zum Begriff der amtlichen Information ausführlich: *Müllmann*, in: Heinemann (Hrsg.), Praxiskommentar Transparenzgesetz, S. 101 ff.

Für den Zugang zu Umweltinformationen, stellen die UIG-Bund und UIG-NRW Spezialgesetze dar, die den Informationsfreiheitsgesetzen vorgehen (vgl. § 1 Abs. 3 IFG-Bund; § 4 Abs. 2 IFG-NRW). Hierbei handelt es sich um alle Daten über den Zustand von Umweltbestandteilen, Faktoren, Maßnahmen oder Tätigkeiten, die sich auf sie oder ihren Schutz beziehen, sowie sie betreffende Kosten-Nutzen- oder sonstige wirtschaftliche Analysen, Berichte über die Umsetzung des Umweltrechts oder den Zustand der menschlichen Gesundheit, Lebensbedingungen und Kulturstätten und Bauwerke (Art. 2 Nr. 1 Umweltinformationsrichtlinie, § 2 Abs. 3 UIG-Bund).[73] Je nach Art kann ein Infrastrukturdatum somit als Umweltinformation zu klassifizieren sein. Für den Zugang zu Geodaten, also alle Daten mit direktem oder indirektem Bezug zu einem bestimmten Standort oder geographischem Gebiet (§ 3 Abs. 1 GeoZG NRW), ist wiederum das GeoZG NRW das speziellere Gesetz. Die Herausgabe von Wetterdaten wird zudem zum Teil spezieller durch das Gesetz über den deutschen Wetterdienst (DWD-Gesetz), der Zugang zu dessen Geoinformationen durch das GeoZG Bund geregelt (vgl. § 4 Abs. 1 Nr. 1 DWD-Gesetz).[74]

Die Möglichkeit der Weiterverwendung der auf diesem Wege erlangten Daten für den Einsatz im Rahmen des Konzepts schafft sodann das IWG (§ 1 Abs. 1, § 2a IWG).

Sowohl im Rahmen der Informationsbeschaffung durch die IFGe, UIGe oder GeoZGe als auch bei der Informationsweiterverwendung sind gegebenenfalls entgegenstehende Belange, wie der Schutz personenbezogener Daten, das Urheberrecht oder Betriebs- und Geschäftsgeheimnisse zu berücksichtigen, die einer Herausgabe oder Weiterverwendung im Wege stehen können.

Im Anwendungsfeld Stadtinfrastruktur besteht somit zusammenfassend die Möglichkeit, erforderliche Infrastrukturdaten aufgrund existierender gesetzlicher Regelungen zu erlangen und für das Mobilitätskonzept zu nutzen. Ein Schutz selbst erfasster und zusammengestellter Infrastrukturdaten durch das GeschGehG erscheint nicht möglich. Diese Daten können jedoch urheberrechtlichen Schutz erfahren.

---

73 Vgl. hierzu ausführlich: *Müllmann*, in: Heinemann (Hrsg.), Praxiskommentar Transparenzgesetz, S. 105 ff. mwN.

74 BT-Drs. 18/11533, S. 1, 7, 19.

c) Anwendungsfeld Nutzerdaten

Im dritten Anwendungsfeld Nutzerdaten sind Kundendaten Gegenstand der Datensammlung, -zusammenstellung und -analyse. Die Daten über die Kunden werden dabei in erster Linie von einer Applikation gesammelt. Unabhängig von dem konkreten Bezug des Datums zur Person handelt es sich bei den mittels der Applikation gesammelten Daten um solche mit Personenbezug im Sinne des Art. 4 Nr. 2 DSGVO. Sie werden zudem durch die App und auf den Servern ohne manuelle Eingriffe und somit automatisiert[75] verarbeitet. Der sachliche Anwendungsbereich der DSGVO ist somit eröffnet. In Bezug auf den räumlichen Anwendungsbereich kann auf die zum Anwendungsfeld Sensordaten gemachten Ausführungen verwiesen werden.[76] Die Feststellungen lassen sich parallel zu den Sensordaten betreffenden Erkenntnissen auf den Anwendungsbereich des BDSG übertragen, der somit ebenfalls eröffnet ist. Die Verarbeitung personenbezogener Daten mittels einer Applikation legt ferner die Einschlägigkeit des TMG nahe. Hierfür müsste es sich bei der App um ein Telemedium handeln. Gemäß der in § 1 Abs. 1 S. 1 TMG enthaltenen Definition sind das alle elektronischen Informations- und Kommunikationsdienste, soweit sie nicht Telekommunikationsdienste nach § 3 Nr. 24 TKG, die ganz in der Übertragung von Signalen über Telekommunikationsnetze bestehen, telekommunikationsgestützte Dienste nach § 3 Nr. 25 TKG oder Rundfunk nach § 2 Rundfunkstaatsvertrag sind. Elektronische Informations- und Kommunikationsdienste sind solche Dienste, deren Nutzen darin besteht, Informationen und Kommunikation auf elektronischem Weg, insbesondere über das Internet, zu vermitteln.[77] Diese Anforderung wäre im vorliegenden Fall erfüllt, da die App die personenbezogenen Daten der Kunden internetgestützt an die Server weiterleitet, wo sie verarbeitet werden, und zudem die von den Kunden angeforderten App-Inhalte von den Servern über das Internet auf deren Endgeräte, insbesondere Smartphones und Tablets, überträgt. Der Dienst stellt zudem keinen Telekommunikationsdienst im Sinne des § 3 Nr. 24 TKG dar. Hierbei handelt es sich um in der

---

75 *Roßnagel*, in: Simitis/Hornung/Spiecker gen. Döhmann (Hrsg.), Datenschutzrecht, Art. 2 Rn. 14; *Bäcker*, in: Wolff/Brink (Hrsg.), BeckOK Datenschutzrecht, Art. 2 Rn. 2 f.; *Kühling/Raab*, in: Kühling/Buchner (Hrsg.), DS-GVO BDSG, Art. 2 Rn. 15 f.

76 Vgl. B. I. 3. a).

77 *Martini*, in: Gersdorf/Paal (Hrsg.), BeckOK Informations- und Medienrecht, § 1 TMG Rn. 8; *Spindler*, in: Spindler/Schmitz (Hrsg.), Telemediengesetz, § 1 Rn. 8, 10.

Regel gegen Entgelt erbrachte Dienste, die ganz oder überwiegend in der Übertragung von Signalen über Telekommunikationsnetze bestehen, einschließlich Übertragungsdienste in Rundfunknetzen. Diese Dienste haben somit die Erbringung einer Signaltransportleistung zum Gegenstand.[78] Eine Transportleistung darf im Rahmen eines Telemediendienstes zwar auch erbracht werden, sie darf aber nicht den Kern der Dienstleistung eines Telemediendienstes bilden.[79] Dies ist vorliegend angesichts der mit der App angebotenen Inhalte jedoch auch nicht der Fall. Es darf sich ferner nicht um einen telekommunikationsgestützten Dienst im Sinne von § 3 Nr. 25 TKG handeln. Dies sind Dienste, die keinen räumlich und zeitlich trennbaren Leistungsfluss auslösen, sondern bei denen die Inhaltsleistung noch während der Telekommunikationsverbindung erfüllt wird. Erfasst werden somit insbesondere telefonische Auskunftsdienste oder Mehrwertnummern.[80] Auch diese Art der Diensterbringung ist vorliegend nicht einschlägig. Zuletzt dürfte es sich bei dem Angebot nicht um Rundfunk im Sinne des § 2 Abs. 1 RStV handeln. Rundfunk ist demnach ein linearer Informations- und Kommunikationsdienst, der die für die Allgemeinheit und zum zeitgleichen Empfang bestimmte Veranstaltung und Verbreitung von Angeboten in Bewegtbild oder Ton entlang eines Sendeplans unter Benutzung elektromagnetischer Schwingungen enthält. Das zentrale Abgrenzungskriterium zum Telemedium ist hierbei die Linearität des Rundfunks.[81] Sie ist im vorliegenden Fall angesichts des wechselseitigen Sendens und Empfangens von Signalen zwischen den Servern und den Endgeräten sowie dem gleichzeitigen individuellen Zugriff verschiedener Nutzer auf unterschiedliche Inhalte des Angebots nicht gegeben. Das Angebot stellt also keinen Rundfunk dar. Es handelt sich vor dem Hintergrund der durchgeführten Abgrenzung somit um ein Telemedium, auf das die Normen des TMG anwendbar sind. Das Verhältnis der datenschutzrechtlichen Regeln des TMG in den §§ 11 - 15a TMG ist dabei sehr umstritten. Die

---

78 *Schütz*, in: Geppert/Schütz (Hrsg.), Beck'scher TKG-Kommentar, § 3 Rn. 79.

79 *Martini*, in: Gersdorf/Paal (Hrsg.), BeckOK Informations- und Medienrecht, § 1 TMG Rn. 11; *Ricke*, in: Spindler/Schuster (Hrsg.), Recht der elektronischen Medien, § 1 TMG Rn. 6.

80 *Martini*, in: Gersdorf/Paal (Hrsg.), BeckOK Informations- und Medienrecht, § 1 TMG Rn. 14; *Ricke*, in: Spindler/Schuster (Hrsg.), Recht der elektronischen Medien, § 1 TMG Rn. 9; *Ditscheid*, in: Geppert/Schütz (Hrsg.), Beck'scher TKG-Kommentar, § 3 Rn. 81.

81 *Ricke*, in: Spindler/Schuster (Hrsg.), Recht der elektronischen Medien, § 1 TMG Rn. 9; *Martini*, in: Gersdorf/Paal (Hrsg.), BeckOK Informations- und Medienrecht, § 1 TMG Rn. 15.

herrschende Ansicht sieht trotz der zuvor bereits dargestellten Regelung des Art. 95 DSGVO die datenschutzrechtlichen Normen des TMG als von der DSGVO verdrängt an.[82] Dieser Ansicht folgend würden auch für Telemediendienste die Regeln der DSGVO und des BDSG gelten. Andere wiederum interpretieren das Verhältnis zwischen den Rechtsquellen als deutlich komplexer,[83] da unklar sei, ob die Regelung von Internetsachverhalten im Zuge der DSGVO gegebenenfalls durch den Verweis des Art. 95 DSGVO auf die ePrivacy-Richtlinie erfolge[84] und diese explizit Internetsachverhalte regle[85]. Der EuGH hingegen hat die datenschutzrechtlichen Regeln des TMG ausschließlich an der früheren Datenschutzrichtlinie[86], dem Vorgänger der DSGVO, gemessen und geht somit offensichtlich nicht von einer Umsetzung der ePrivacy-Richtlinie durch die Normen des deutschen TMG ins nationale Recht aus.[87] Trotz der überwiegenden Argumente für die Unanwendbarkeit der datenschutzrechtlichen Regeln des TMG soll für die Studie angesichts der ungeklärten Rechtslage grundsätzlich von einer Anwendbarkeit des TMG ausgegangen werden und an der jeweils geeigneten Stelle die Anwendbarkeit in Frage stehender Normen diskutiert werden.

Im Anwendungsfeld Nutzerdaten sind somit die Normen der DSGVO, des BDSG und gegebenenfalls auch des TMG bei der Bewertung der Rechtslage zu berücksichtigen.

---

82 *Schulz*, in: Gola (Hrsg.), Datenschutzgrundverordnung, Art. 6 Rn. 32; *Karg*, in: Simitis/Hornung/Spiecker gen. Döhmann (Hrsg.), Datenschutzrecht, Art. 95 Rn. 1; *Holländer*, in: Wolff/Brink (Hrsg.), BeckOK Datenschutzrecht, Art. 95 Rn. 5; *Kühling/Raab*, in: Kühling/Buchner (Hrsg.), DS-GVO BDSG, Art. 95 Rn. 1; *Buchner*, DuD 2016, 155 (161); *Keppeler*, MMR 2015, 779 (780 f.).

83 *Schmitz*, in: Spindler/Schmitz (Hrsg.), Telemediengesetz, Vorbem. §§ 11 ff. Rn. 9 f.

84 *Schmitz*, in: Spindler/Schmitz (Hrsg.), Telemediengesetz, Vorbem. §§ 11 ff. Rn. 20, 23.

85 *Schmitz*, in: Spindler/Schmitz (Hrsg.), Telemediengesetz, Vorbem. §§ 11 ff. Rn. 21.

86 Richtlinie 95/46/EG des Europäischen Parlaments und des Rates vom 24. Oktober 1995 zum Schutz natürlicher Personen bei der Verarbeitung personenbezogener Daten und zum freien Datenverkehr, OJ L 281, 23.11.1995, S. 31-50.

87 EuGH, Urt. v. 19.10.2016 - C-582/24, NJW 2016, 3579.

4. Zusammenfassung

Im Anwendungsfeld autonomes Fahren müssen in Abhängigkeit von der Art des erfassten Datums die den Datenschutz personenbezogener Daten betreffenden Regeln der DSGVO und des Bundesdatenschutzgesetzes beachtet werden. Für den speziellen Fall der Registrierung der Übergabe der Fahrverantwortung gilt darüber hinaus das StVG. Eine Einschlägigkeit des TMG als Rechtsgrundlage erscheint in diesem Bereich unwahrscheinlich, hängt jedoch von der konkreten Ausgestaltung des jeweiligen Datenverarbeitungs- und Übertragungsprozesses ab. Die lediglich Telekommunikationsdienste betreffenden datenschutzrechtlichen Regeln des TKG sind hingegen nicht anwendbar.

Auf technische Maschinendaten dieses Bereichs, die von Sensoren eines Fahrzeugs zu seiner Zustandsbestimmung erfasst werden, kann in Abhängigkeit von der Zuordnung eines technischen Datums zu einem wirtschaftlichen Akteur und der damit verbundenen rechtmäßigen Zugriffsmöglichkeit auf das Datum das GeschGehG anwendbar sein.

Im Anwendungsfeld Stadtinfrastruktur besteht die Möglichkeit, erforderliche Infrastrukturdaten aufgrund existierender gesetzlicher Regelungen zu erlangen und für das Mobilitätskonzept zu nutzen. Ein Schutz selbst erfasster und zusammengestellter Infrastrukturdaten durch das GeschGehG erscheint nicht möglich. Diese Daten können jedoch urheberrechtlichen Schutz erfahren. Darüber hinaus besteht gemäß § 3a Abs. 1 PBefG eine Pflicht zur Weitergabe bestimmter Mobilitätsdaten an den Nationalen Zugangspunkt MDM des Bundesamts für Straßenverkehr.

Im Anwendungsfeld Nutzerdaten sind wiederum die Normen der DSGVO, des BDSG und gegebenenfalls auch des TMG bei der Bewertung der Rechtslage zu berücksichtigen.

II. Datenschutzrechtliche Grundlagen

Nachdem im vorhergehenden Kapitel die im Rahmen von Mobilitätskonzepten einschlägigen Rechtsquellen vorgestellt und ihre konkrete Anwendbarkeit in den Anwendungsfeldern von Mobilitätskonzepten untersucht wurde, soll in der Folge auf die sich aus diesen Rechtsgrundlagen ergebenden grundlegenden datenschutzrechtlichen Anforderungen und ihre konkreten Folgen für die Anwendungsfelder eingegangen werden. Wo Datenschutz aufgrund der Abwesenheit personenbezogener Daten nicht einschlägig ist, wird analog zu den Ausführungen im Kapitel I. 3. auf die

Anforderungen der Rechtsgrundlagen zur Informationsbeschaffung eingegangen.

1. Allgemeine Grundlagen

Die DSGVO sieht in ihrem zweiten Kapitel, den Artt. 5 - 11 DSGVO, eine Reihe grundlegender Anforderungen vor, die bei jeder Verarbeitung personenbezogener Daten im Anwendungsbereich der Verordnung zu beachten sind. Sie richten sich an den Verantwortlichen oder Auftragsverarbeiter einer Datenverarbeitung, auf dessen Bestimmung im Kapitel B. IV. 1. eingegangen wird. Gegenstand des folgenden Kapitels sind zunächst die Voraussetzungen einer rechtmäßigen Datenverarbeitung und ihre Auswirkungen auf die Anwendungsfelder.

a) Grundsätze für die Verarbeitung personenbezogener Daten (Art. 5 DSGVO)

Art. 5 DSGVO statuiert sieben allgemeine Grundsätze, die bei der Verarbeitung personenbezogener Daten zwingend zu beachten sind:

Hierzu gehört zunächst der Grundsatz der Rechtmäßigkeit der Verarbeitung (Art. 5 Abs. 1 lit. a) DSGVO), der in der DSGVO durch die Regelung der Zulässigkeit und der Art und Weise einer Datenverarbeitung weiter ausgestaltet wird.[88] Er nimmt zudem Bezug auf die Notwendigkeit einer transparenten Verarbeitung sowie der Verarbeitung nach Treu und Glauben. Der Grundsatz enthält auch das Gebot der Rücksichtnahme, einer Ausprägung des Verhältnismäßigkeitsprinzips, wodurch die Interessen und Erwartungen des Datensubjekts berücksichtigt werden und dessen Vertrauen oder gar Fehlvorstellungen nicht missbraucht werden dürfen.[89] Zudem verpflichtet er zur Transparenz als besonderer Ausprägung der Verarbeitung nach den Grundsätzen von Treu und Glauben.[90] Dies bedeu-

---

88 *Roßnagel*, in: Simitis/Hornung/Spiecker gen. Döhmann (Hrsg.), Datenschutzrecht, Art. 5 Rn. 32; a.A., die nur auf die Rechtsgrundlage abstellt: *Herbst*, in: Kühling/Buchner (Hrsg.), DS-GVO BDSG, Art. 5 Rn. 10 f.

89 *Schantz*, in: Wolff/Brink (Hrsg.), BeckOK Datenschutzrecht, Art. 5 Rn. 8; *Bygrave*, Data Privacy Law 2014, 146; *Reimer*, in: Sydow (Hrsg.), DSGVO, Art. 5 Rn. 14.

90 EuGH, Urt. v. 01.10.2015 - C-201/14, Rn. 34, ZD 2015, 577; *Schantz*, in: Wolff/Brink (Hrsg.), BeckOK Datenschutzrecht, Art. 5 Rn. 8; *Herbst*, in: Kühling/Buchner (Hrsg.), DS-GVO BDSG, Art. 5 Rn. 18.

tet insbesondere einen Ausschluss einer heimlichen Datenverarbeitung sowie die in ihrem Inhalt und in ihrer Art und Weise umfassende und verständliche Information betroffener Personen über die Verarbeitung der sie betreffenden personenbezogenen Daten.[91]

Ferner enthält Art. 5 Abs. 1 lit. b) DSGVO den Grundsatz der Zweckbindung, der als zentraler Grundsatz des europäischen und deutschen Datenschutzrechts angesehen wird.[92] Er legt fest, dass schon bei der Datenerhebung der Zweck, zu dem die Daten erhoben und verarbeitet werden, feststehen muss und er bei der Datenverarbeitung unbedingt zu beachten, d.h. die Datenverarbeitung hierauf zu begrenzen ist.[93] Der festgelegte Zweck muss zudem eindeutig und legitim sein.[94] Der Zweckbindungsgrundsatz umfasst neben einem Erhebungs- auch ein Weiterverarbeitungsverbot,[95] demgemäß auch die Weiterverarbeitung an den Erhebungskontext gekoppelt ist[96], sodass eine mit dem ursprünglichen Zweck unvereinbare Weiterverarbeitung der Daten ausgeschlossen wird. Dies betrifft auch die Art und Weise der Verarbeitung.[97] Eine zweckändernde Verarbeitung stellt vor diesem Hintergrund eine neue Datenverarbeitung dar, für die alle Rechtmäßigkeitsvoraussetzungen vorliegen müssen.[98] Ausnahmen gelten

---

91 *Herbst*, in: Kühling/Buchner (Hrsg.), DS-GVO BDSG, Art. 5 Rn. 18; *Reimer*, in: Sydow (Hrsg.), DSGVO, Art. 5 Rn. 16; *Heberlein*, in: Ehmann/Selmayr (Hrsg.), DS-GVO, Art. 5 Rn. 11 f.

92 *Roßnagel*, in: Simitis/Hornung/Spiecker gen. Döhmann (Hrsg.), Datenschutzrecht, Art. 5 Rn. 63.

93 *Herbst*, in: Kühling/Buchner (Hrsg.), DS-GVO BDSG, Art. 5 Rn. 21; *Heberlein*, in: Ehmann/Selmayr (Hrsg.), DS-GVO, Art. 5 Rn 13.

94 *Reimer*, in: Sydow (Hrsg.), DSGVO, Art. 5 Rn. 16; *Schantz*, in: Wolff/Brink (Hrsg.), BeckOK Datenschutzrecht, Art. 5 Rn. 13 ff.

95 Vgl. *Reimer*, in: Sydow (Hrsg.), DSGVO, Art. 5 Rn. 20, 24; *Schantz*, in: Wolff/Brink (Hrsg.), BeckOK Datenschutzrecht, Art. 5 Rn. 13, 18; *Heberlein*, in: Ehmann/Selmayr (Hrsg.), DS-GVO, Art. 5 Rn. 13, 16.

96 *Schantz*, in: Wolff/Brink (Hrsg.), BeckOK Datenschutzrecht, Art. 5 Rn. 13, 18; *Roßnagel*, in: Simitis/Hornung/Spiecker gen. Döhmann (Hrsg.), Datenschutzrecht, Art. 5 Rn. 96.

97 *Schantz*, in: Wolff/Brink (Hrsg.), BeckOK Datenschutzrecht, Art. 5 Rn. 20; *Reimer*, in: Sydow (Hrsg.), DSGVO, Art. 5 Rn. 24.

98 *Roßnagel*, in: Simitis/Hornung/Spiecker gen. Döhmann (Hrsg.), Datenschutzrecht, Art. 5 Rn. 96; *Schantz*, in: Wolff/Brink (Hrsg.), BeckOK Datenschutzrecht, Art. 5 Rn. 20.

gemäß Art. 6 Abs. 4 DSGVO i.V.m. 23 Abs. 1 BDSG in sechs Fällen für öffentliche Stellen.[99]

Art. 5 Abs. 1 lit. c) DSGVO sieht den Grundsatz der Datenminimierung vor, der ausgerichtet am Erhebungszweck verlangt, dass die Daten für den Zweck erheblich, erforderlich und dem Zweck angemessen sein müssen.[100] Außerdem ist es gemäß Art. 5 Abs. 1 lit. d) DSGVO erforderlich, dass die Daten sachlich richtig und erforderlichenfalls auf dem neusten Stand sind. Hierbei handelt es sich um ein objektives Kriterium, das fordert, dass Daten über eine Person mit der Realität übereinstimmen sollen[101] und falsche Daten umgehend zu löschen sind, was durch den Anspruch der Betroffenen in Art. 16 DSGVO konkret umgesetzt werden kann.[102]

Der Verarbeiter von Daten hat dem Grundsatz der Speicherbegrenzung folgend gemäß Art. 5 Abs. 1 lit. e) DSGVO ferner sicherzustellen, dass Daten nur so lange gespeichert werden, wie es für die Verarbeitungszwecke erforderlich ist, was den Grundsatz der Datensparsamkeit in zeitlicher Hinsicht ergänzt.[103]

Zudem muss ein angemessenes Schutzniveau für die Sicherheit der Daten gegen die unbeabsichtigte Veränderung[104], insbesondere in Form unbefugter oder unrechtmäßiger Verarbeitung, unbeabsichtigtem Verlust, unbeabsichtigter Zerstörung oder Schädigung (Art. 5 Abs. 1 lit. f) DSGVO), eingehalten werden. Eine Konkretisierung erfährt diese Anforderung durch Art. 32 DSGVO.[105]

Die Einhaltung der vorgenannten sechs Grundsätze muss gemäß Art. 5 Abs. 2 DSGVO nachgewiesen werden können. Dies ergibt sich insbeson-

---

99 Vgl. ausführlich: *Roßnagel*, in: Simitis/Hornung/Spiecker gen. Döhmann (Hrsg.), Datenschutzrecht, Art. 5 Rn. 102; *Schantz*, in: Wolff/Brink (Hrsg.), BeckOK Datenschutzrecht, Art. 5 Rn. 22.

100 *Reimer*, in: Sydow (Hrsg.), DSGVO, Art. 5 Rn. 29 ff.; *Schantz*, in: Wolff/Brink (Hrsg.), BeckOK Datenschutzrecht, Art. 5 Rn. 55 ff.; *Herbst*, in: Kühling/Buchner (Hrsg.), DS-GVO BDSG, Art. 5 Rn. 57.

101 *Roßnagel*, in: Simitis/Hornung/Spiecker gen. Döhmann (Hrsg.), Datenschutzrecht, Art. 5 Rn. 139; *Herbst*, in: Kühling/Buchner (Hrsg.), DS-GVO BDSG, Art. 5 Rn. 60.

102 *Herbst*, in: Kühling/Buchner (Hrsg.), DS-GVO BDSG, Art. 5 Rn. 63; *Schantz*, in: Wolff/Brink (Hrsg.), BeckOK Datenschutzrecht, Art. 5 Rn. 28.

103 Vgl. *Schantz*, in: Wolff/Brink (Hrsg.), BeckOK Datenschutzrecht, Art. 5 Rn. 32; *Roßnagel*, in: Simitis/Hornung/Spiecker gen. Döhmann (Hrsg.), Datenschutzrecht, Art. 5 Rn. 150.

104 *Schantz*, in: Wolff/Brink (Hrsg.), BeckOK Datenschutzrecht, Art. 5 Rn. 35.

105 *Herbst*, in: Kühling/Buchner (Hrsg.), DS-GVO BDSG, Art. 5 Rn. 72 ff.

dere auch aus der Ausprägung des Rechenschaftsgrundsatzes in Art 30 DSGVO und der Erfüllungsverantwortung hierfür aus Art. 24 DSGVO.[106]

b) Rechtsgrundlage als Rechtmäßigkeitsanforderungen für eine Datenverarbeitung (Art. 6 DSGVO)

Das Datenschutzrecht folgt dem sog. Prinzip des Verbots mit Erlaubnisvorbehalt, wonach die Verarbeitung personenbezogener Daten verboten ist, wenn das Gesetz sie nicht ausdrücklich erlaubt.[107] Erlaubnisgründe für die Verarbeitung personenbezogener Daten finden sich sowohl in der DSGVO, hier insbesondere in Art. 6 DSGVO, als auch in europäischen oder nationalen Spezialgesetzen und den allgemeinen nationalen Datenschutzgesetzen wie dem BDSG oder den LDSGen, soweit Öffnungsklauseln oder der allgemeine Anwendungsbereich der DSGVO nationale Regelungen erlauben.

Die Anwendbarkeit eines Erlaubnisgrundes hängt dabei stark vom Zweck der Verarbeitung sowie davon ab, ob es sich bei dem für die Verarbeitung Verantwortlichen um eine öffentliche Stelle handelt. Angesichts dessen und der Vielzahl potentieller Verarbeitungsgrundlagen erscheint eine abstrakte Vorstellung sämtlicher potentiell in Betracht kommender datenschutzrechtlicher Verarbeitungsgrundlagen weder sinnvoll noch geboten. Ihre Bestimmung soll vielmehr konkret im Zuge der Betrachtung der jeweiligen Anwendungsfelder in Kapitel B. II. 2. a) - c) erfolgen.

c) Bedingungen einer Einwilligung (Art. 7 DSGVO)

Die wohl wichtigste datenschutzrechtliche Verarbeitungsgrundlage, auf deren Basis in der Praxis die Vielzahl der Datenverarbeitungen stattfindet,

---

106 *Schantz*, in: Wolff/Brink (Hrsg.), BeckOK Datenschutzrecht, Art. 5 Rn. 38; *Roßnagel*, in: Simitis/Hornung/Spiecker gen. Döhmann (Hrsg.), Datenschutzrecht, Art. 5 Rn. 181.

107 *Albrecht*, in: Simitis/Hornung/Spiecker gen. Döhmann (Hrsg.), Datenschutzrecht, Art. 6 Rn. 1; *Albers/Veit* in BeckOK Datenschutzrecht, Art. 6, Rn. 12; *Bretthauer*, in: Specht/Mantz (Hrsg.), Handbuch Europäisches und deutsches Datenschutzrecht, § 2 Rn. 31; *Schneider/Härting*, ZD 2012, 199 (202); *Buchner*, DuD 2016, 155 (157); zur Kritik an der Begrifflichkeit: *Roßnagel*, in: Simitis/Hornung/Spiecker gen. Döhmann (Hrsg.), Datenschutzrecht, Art. 5 Rn. 35; *Forgo*, in: Oppermann/Stender-Vorwachs, Autonomes Fahren, Kap. 3.5 Rn. 26.

ist die Einwilligung.[108] Zugleich ist sie zentraler Ausdruck der Wahrnehmung des Rechts auf informationelle Selbstbestimmung.[109] Sofern ein Betroffener eine Einwilligung erteilt, ermöglicht sie die Verarbeitung personenbezogener Daten gemäß Art. 6 Abs. 1 lit. a) DSGVO.

Die datenschutzrechtliche Einwilligung wird in Art. 4 Nr. 11 DSGVO definiert als

> *„jede freiwillig für den bestimmten Fall, in informierter Weise und unmissverständlich abgegebene Willensbekundung in Form einer Erklärung oder einer sonstigen eindeutigen bestätigenden Handlung, mit der die betroffene Person zu verstehen gibt, dass sie mit der Verarbeitung der sie betreffenden personenbezogenen Daten einverstanden ist"*.

Diese Definition konstituiert zugleich die wesentlichen Anforderungen, die an eine Einwilligung zu stellen sind: Sie muss freiwillig, unmissverständlich und in informierter Weise sowie durch eine eindeutige bestätigende Handlung erfolgen.

In der Praxis sind dabei insbesondere die Erfordernisse der Freiwilligkeit und der Informiertheit problematisch. Freiwillig ist die Willensbekundung, wenn die betroffene Person eine echte oder freie Wahl hat und somit in der Lage ist, die Einwilligung ohne Nachteile zu verweigern oder zurückzuziehen.[110] Die Informiertheit wiederum erfordert, dass die Person abschätzen kann, welche Auswirkungen die Erteilung einer Einwilligung haben kann, sodass sie die Umstände der Verarbeitung und die Tragweite der Einwilligung eindeutig und klar erkennen können muss.[111] Dies erfordert regelmäßig, aber nicht ausschließlich eine Information durch den für die Datenverarbeitung Verantwortlichen.[112]

---

108 *Albers/Veit*, in: Wolff/Brink (Hrsg.), BeckOK Datenschutzrecht, Art. 6 Rn. 22.

109 *Roßnagel/Pfitzmann/Garstka*, DuD 2001, 253 (258); *Schantz*, in: Wolff/Brink (Hrsg.), BeckOK Datenschutzrecht, Art. 6 Abs. 1, Rn. 3; *Buchner/Petri*, in: Kühling/Buchner (Hrsg.), DS-GVO BDSG, Art. 6 Rn. 17.

110 EG 42; *Heberlein*, in: Ehmann/Selmayr (Hrsg.), DS-GVO, Art. 6 Rn. 7; *Klement*, in: Simitis/Hornung/Spiecker gen. Döhmann (Hrsg.), Datenschutzrecht, Art. 7 Rn. 33; *Albers/Veit*, in: Wolff/Brink (Hrsg.), BeckOK Datenschutzrecht, Art. 6 Rn. 23; *Krüger*, ZRP 2016, 190 (190 f.).

111 *Buchner/Kühling*, in: Kühling/Buchner (Hrsg.), DS-GVO BDSG, Art. 7 Rn. 59; *Albers/Veit*, in: Wolff/Brink (Hrsg.), BeckOK Datenschutzrecht, Art. 6 Rn. 23; *Klement*, in: Simitis/Hornung/Spiecker gen. Döhmann (Hrsg.), Datenschutzrecht, Art. 7 Rn. 72; *Forgo*, in: Oppermann/Stender-Vorwachs, Autonomes Fahren, Kap. 3.5 Rn. 27 ff.

112 *Klement*, in: Simitis/Hornung/Spiecker gen. Döhmann (Hrsg.), Datenschutzrecht, Art. 7 Rn. 73; *Ingold*, in: Sydow (Hrsg.), DSGVO, Art. 7 Rn. 35.

Ein vollständiges Bild der an eine Einwilligung zu stellenden Anforderungen ergibt sich erst unter Berücksichtigung der weiteren sie betreffenden Voraussetzungen in Artt. 6 Abs. 1 lit. a), 7 DSGVO.[113] So muss sie für einen oder mehrere bestimmte Zwecke erfolgen (Art. 6 Abs. 1 lit. a) DSGVO), vom Verantwortlichen nachgewiesen werden können (Art. 7 Abs. 1 DSGVO) und bei schriftlicher Erteilung gewissen sprachlichen Anforderungen genügen (Art. 7 Abs. 2 DSGVO). Zudem kann der Betroffene die Einwilligung jederzeit widerrufen (Art. 7 Abs. 3 DSGVO). Die Einwilligung zu einer Verarbeitung personenbezogener Daten, die über das zur Abwicklung eines Geschäfts erforderliche Maß hinausgeht, darf zudem nicht zur Voraussetzung für den Abschluss eines Vertrages oder die Erbringung einer Dienstleistung gemacht werden (sog. Kopplungsverbot, Art. 7 Abs. 4 DSGVO). Dabei ist nicht von einem absoluten Kopplungsverbot auszugehen, sodass Verträge, die als Gegenleistung die Verarbeitung bestimmter Daten vorsehen, nicht generell untersagt sind.[114]

Art. 8 DSGVO stellt zudem besondere Anforderungen an die datenschutzrechtliche Einwilligung von Kindern bei der Nutzung von Diensten der Informationsgesellschaft. Hierbei handelt es sich gemäß Art. 4 Nr. 25, der auf Art. 1 Nr. 1 lit. b) Informationsverfahrensrichtlinie[115] verweist, um *„jede in der Regel gegen Entgelt elektronisch im Fernabsatz und auf individuellen Abruf eines Empfängers erbrachte Dienstleistung“*. Im Zusammenhang mit der physischen Transportleistung durch ein autonomes Transportfahrzeug kann zwar der Buchungsprozess digital über eine App erfolgen, die eigentliche Dienstleistung wird jedoch nicht im Fernabsatz sondern vor Ort erbracht, sodass die Anforderungen der Norm vorliegend nicht von Bedeutung sind.

---

113 Vgl. *Albers/Veit*, in: Wolff/Brink (Hrsg.), BeckOK Datenschutzrecht, Art. 6 Rn. 23.

114 *Heckmann/Paschke*, in: Sydow (Hrsg.), DSGVO, Art. 7 Rn. 95; *Specht*, Konsequenzen der Ökonomisierung informationeller Selbstbestimmung, S. 82 ff., 124 ff.; *Stemmer*, in: Wolff/Brink (Hrsg.), BeckOK Datenschutzrecht, Art. 7 Rn. 46.

115 Richtlinie (EU) 2015/1535 des Europäischen Parlaments und des Rates vom 9. September 2015 über ein Informationsverfahren auf dem Gebiet der technischen Vorschriften und der Vorschriften für die Dienste der Informationsgesellschaft, OJ L 241/1, 17.09.2015, S. 1 - 15.

d) Verarbeitung besonderer Kategorien personenbezogener Daten (Art. 9 DSGVO)

Die Datenschutzgrundverordnung sieht in Art. 9 DSGVO spezielle Anforderungen für die Verarbeitung besonderer Kategorien personenbezogener Daten vor. Hierbei handelt es sich gemäß Art. 9 Abs. 1 DSGVO um

> *„personenbezogen[e] Daten, aus denen die rassische und ethnische Herkunft, politische Meinung, religiöse oder weltanschauliche Überzeugung oder die Gewerkschaftszugehörigkeit hervorgehen, sowie die Verarbeitung von genetischen Daten, biometrischen Daten zur eindeutigen Identifizierung einer natürlichen Person, Gesundheitsdaten oder Daten zum Sexualleben oder der sexuellen Orientierung einer natürlichen Person.“*

Die Verarbeitung dieser besonderen Kategorien von Daten ist nur unter den Voraussetzungen des Art. 9 Abs. 2 DSGVO zulässig, d.h. unter anderem wenn eine Einwilligung durch den Betroffenen erteilt wurde (Art. 9 Abs. 2 lit. a) DSGVO). Der Grund liegt in den besonderen Diskriminierungsrisiken, die von der Verarbeitung dieser Daten für die Betroffenen ausgehen.[116]

Eine Verarbeitung besonderer Kategorien personenbezogener Daten ist nicht nur gegeben, wenn eine explizite Absicht zur Auswertung besteht,[117] sondern bereits dann, wenn sich die von ihnen erfassten, schutzwürdigen Umstände mit hinreichender Sicherheit aus einer Information ableiten lassen.[118] Der Grund hierfür liegt in der Irrelevanz des konkreten Verwendungszusammenhangs der Daten für eine von ihrer Kenntnis ausgehenden Gefährdung.[119]

Abgesehen von der Beschränkung der Erlaubnistatbestände zur Verarbeitung besonderer Kategorien personenbezogener Daten nach Art. 9

---

116 *Albers/Veit*, in: Wolff/Brink (Hrsg.), BeckOK Datenschutzrecht, Art. 9 Rn. 17; *Petri*, in: Simitis/Hornung/Spiecker gen. Döhmann (Hrsg.), Datenschutzrecht, Art. 9 Rn. 10; *Weichert*, in: Kühling/Buchner (Hrsg.), DS-GVO BDSG, Art. 9 Rn. 15.

117 So jedoch: *Schomerus*, in: Gola (Hrsg.), BDSG, § 3 Rn. 56a.

118 *Petri*, in: Simitis/Hornung/Spiecker gen. Döhmann (Hrsg.), Datenschutzrecht, Art. 9 Rn. 12; *Bergauer*, in: Knyrim (Hrsg.), Das neue Datenschutzrecht in Österreich und in der EU, S. 43, 60.

119 *Petri*, in: Simitis/Hornung/Spiecker gen. Döhmann (Hrsg.), Datenschutzrecht, Art. 9 Rn. 12; *Bergauer*, in: Knyrim (Hrsg.), Das neue Datenschutzrecht in Österreich und in der EU, S. 43, 61; *Kingreen/Kühling*, Gesundheitsdatenschutzrecht, S. 45.

Abs. 2 DSGVO führt der Charakter eines Datums als einer besonderen Kategorie von personenbezogenen Daten zugehörig auch an anderen Stellen zu Bearbeitungsbeschränkungen oder besonderen Pflichten für den Verarbeiter. So darf gemäß Art. 22 Abs. 4 DSGVO eine ausschließlich automatisierte Entscheidung nicht auf besondere Kategorien personenbezogener Daten gestützt werden. Zudem ist der Datenverarbeiter, sofern Daten im Sinne des Art. 9 Abs. 1 DSGVO verarbeitet werden, gemäß Art. 30 Abs. 5 DSGVO immer verpflichtet, ein Verzeichnis seiner Verarbeitungstätigkeiten zu führen. Sofern eine umfangreiche Verarbeitung dieser Art von Daten erfolgt, ist er nach Art. 35 Abs. 3 lit. b) DSGVO verpflichtet, eine Datenschutzfolgenabschätzung durchzuführen und gemäß Art. 37 Abs. 1 lit. c) DSGVO einen Datenschutzbeauftragten zu benennen.

2. Handlungsempfehlungen für moderne Mobilitätskonzepte im Öffentlichen Nahverkehr

In der Folge werden die soeben festgestellten Grundsätze anhand der in den Anwendungsfeldern zu verarbeitenden Daten konkretisiert.

a) Anwendungsfeld autonomes Fahren

Wie ausführlich in Kapitel B. I. 3 a) dargestellt, sind im Anwendungsfeld autonomes Fahren Sensordaten mit unterschiedlichen Bezugspunkten Gegenstand der Datenverarbeitung, was zur Folge hat, dass auf sie jeweils unterschiedliche Gesetze mit verschiedenen Schutzrichtungen Anwendung finden.

Die Fahrzeugeigenschaften wie Achslast, Beschleunigung, Bremsverhalten oder Motordrehzahl beschreibenden Sensormessdaten haben keinen Personenbezug und unterfallen somit keinem datenschutzrechtlichen Schutzbereich, können jedoch ein Geschäftsgeheimnis darstellen.[120] Sofern der Verarbeiter ein solches Geschäftsgeheimnis unerlaubt, d.h. nicht durch § 3 GeschGehG gestützt, erlangt und somit entgegen § 4 GeschGehG und, ohne durch § 5 GeschGehG gerechtfertigt zu sein, handelt, ist er ein Rechtsverletzer im Sinne des GeschGehG (§ 2 Nr. 3 GeschGehG) und sieht sich Ansprüchen auf Unterlassung (§ 6 GeschGehG), Auskunfts- und Schadenersatzansprüchen (§§ 8, 10 GeschGehG) sowie Ansprüchen

120 Vgl. Kap. B. I. 3. a).

auf Vernichtung, Herausgabe, Rückruf und Entfernung sowie Rücknahme vom Markt (§ 7 GeschGehG) ausgesetzt. Gemäß § 3 Abs. 1 Nr. 2 GeschGehG ist es jedoch zulässig, ein Geschäftsgeheimnis zu erlangen, sofern dies durch Beobachtung, Untersuchung, Rückbau oder Testung eines Produkts oder Gegenstands erfolgt, der öffentlich verfügbar gemacht wurde oder sich im rechtmäßigen Besitz der ein Geheimnis erlangenden Person befindet. Selbst wenn es sich also bei den technischen Sensordaten um Geschäftsgeheimnisse eines Herstellers handelte, wäre die Beobachtung und Ableitung der technischen Daten zulässig. Dies gilt umso mehr, als selbst ein Rückbau in Form eines Reverse Engineering statthaft wäre.[121] Die Erfassung, Analyse und sonstige Verarbeitung dieser Daten ist somit selbst dann rechtmäßig, wenn sie ein Geschäftsgeheimnis darstellen, es sei denn, es liegt eine explizite vertragliche Verpflichtung zur Beschränkung der Nutzung des Geschäftsgeheimnisses (§ 4 Abs. 2 Nr. 2 GeschGehG) vor.

Sensordaten mit Bezug zum Fahrumfeld eines autonom agierenden Fahrzeugs stellen hingegen keine Geschäftsgeheimnisse dar, da es sich hierbei um frei wahrnehmbare Infrastruktur oder Einrichtungen im Verkehr handelt. Solange sie keinen Bezug zu einer natürlichen Person aufweisen und somit nicht als personenbezogenes Datum in den Anwendungsbereich des Datenschutzrechts fallen, handelt es sich um technische Daten oder Maschinendaten, deren Verarbeitung keiner gesonderten Rechtsgrundlage bedarf.

Sensordaten aus der Erfassung des Fahrumfelds, aber auch aus dem Innenraum des Fahrzeugs, die einen Personenbezug, z.B. zu Passanten, anderen Verkehrsteilnehmern oder Insassen aufweisen, unterfallen dem Datenschutzrecht. Auf sie sind die Regeln der DSGVO anwendbar.[122] Demnach muss ihre Verarbeitung gemäß Art. 6 Abs. 1 DSGVO durch eine gesetzliche Verarbeitungsgrundlage gedeckt sein. Angesichts der verschiedenen Anwendungsfälle kommen dafür unterschiedliche Normen in Betracht.

Ausgeschlossen werden können zunächst die in Art. 6 Abs. 1 lit. c), d) und e) DSGVO enthaltenen Verarbeitungsgrundlagen. Art. 6 Abs. 1 lit. c) DSGVO erlaubt die Verarbeitung von personenbezogenen Daten, sofern dies zur Erfüllung einer rechtlichen Verpflichtung erforderlich ist, welcher der Verantwortliche unterliegt. Die rechtliche Verpflichtung muss sich dabei aus einer gesetzlichen Pflicht ergeben und darf nicht bloß auf einer

---

121 Vgl. hierzu auch: *Müllmann*, in: Heinemann (Hrsg.), Praxiskommentar Transparenzgesetz, S. 121 mwN.

122 Vgl. B. I. 3. a).

privatautonomen Vereinbarung beruhen.[123] Da im Kontext der Datenverarbeitung von Fahrzeuginsassen eine solche Pflicht nicht zu erkennen ist, scheidet die Norm vorliegend als Verarbeitungsgrundlage aus. Ebenso ist eine Verarbeitung nicht erforderlich, um gemäß Art. 6 Abs. 1 lit. d) DSGVO lebenswichtige Interessen der Person zu schützen. Sie dient auch nicht gemäß Art. 6 Abs. 1 lit. e) DSGVO der Wahrnehmung einer Aufgabe, die im öffentlichen Interesse liegt oder in Ausübung den Verantwortlichen übertragener öffentlicher Gewalt erfolgt. Lebenswichtigen Interessen sind nur in absoluten Ausnahmefällen, z.B. bei medizinischen Notfällen oder sonstigen konkreten Gefahrensituationen oder unmittelbaren Bedrohungen, berührt,[124] wovon vorliegend nicht ausgegangen werden kann. Ebenso wenig liegt eine Ausübung öffentlicher Gewalt vor, da eine Aufgabe im öffentlichen Interesse durch eine Rechtsvorschrift definiert sein müsste.[125]

Die Verarbeitung personenbezogener Daten von Insassen könnte aber für die Durchführung der Beförderung und somit für die Erbringung der vertraglichen Leistung erforderlich sein. Als rechtliche Grundlage für ihre Verarbeitung kommt daher Art. 6 Abs. 1 lit. b) DSGVO in Betracht, der die Verarbeitung personenbezogener Daten für die Erfüllung eines Vertrages erlaubt, wenn die betroffene Person eine Vertragspartei ist. Die Norm erlaubt somit nicht jede Datenverarbeitung im Zusammenhang mit einem Vertrag, sondern nur für dessen Erfüllung Erforderliche.[126] Dabei herrscht jedoch keine Einigkeit darüber, was als erforderlich angesehen werden muss. Während die Aufsichtsbehörden den Begriff eng auslegen und darunter nur Datenerarbeitung fassen, ohne die eine Erfüllung des

---

123 *Roßnagel*, in: Simitis/Hornung/Spiecker gen. Döhmann (Hrsg.), Datenschutzrecht, Art. 6 Rn. 51; *Albers/Veit*, in: Wolff/Brink (Hrsg.), BeckOK Datenschutzrecht, Art. 6 Rn. 34; *Buchner/Petri*, in: Kühling/Buchner (Hrsg.), DS-GVO BDSG, Art. 6 Rn. 77.

124 *Schantz*, in: Simitis/Hornung/Spiecker gen. Döhmann (Hrsg.), Datenschutzrecht, Art. 6 Rn. 61 f.; *Albers/Veit*, in: Wolff/Brink (Hrsg.), BeckOK Datenschutzrecht, Art. 6 Rn. 36; *Buchner/Petri*, in: Kühling/Buchner (Hrsg.), DS-GVO BDSG, Art. 6 Rn. 106.

125 *Wolff*, in: Schantz/Wolff (Hrsg.), Das neue Datenschutzrecht, Rn. 612; *Buchner/Petri*, in: Kühling/Buchner (Hrsg.), DS-GVO BDSG, Art. 6 Rn. 114; *Roßnagel*, in: Simitis/Hornung/Spiecker gen. Döhmann (Hrsg.), Datenschutzrecht, Art. 6 Rn. 71.

126 *Schantz*, in: Simitis/Hornung/Spiecker gen. Döhmann (Hrsg.), Datenschutzrecht, Art. 6 Rn. 24; *Art. 29-Datenschutzgruppe*, Stellungnahme 06/2014 zum Begriff des berechtigten Interesses des für die Verarbeitung Verantwortlichen gemäß Artikel 7 der Richtlinie 95/46/EG, WP 217, S. 23; *Albers/Veit*, in: Wolff/Brink (Hrsg.), BeckOK Datenschutzrecht, Art. 6 Rn. 31; *Heberlein*, in: Sydow (Hrsg.), DSGVO, Art. 6 Rn. 13.

Vertrages nicht möglich ist,[127] sehen andere das Kriterium als erfüllt an, wenn es nach einer Interessenabwägung zu der Verarbeitung an einer zumutbaren Alternative fehlt[128] oder sie sogar nur objektiv sinnvoll im Sinne des Vertragskontexts ist[129]. Relevant ist vor diesem Hintergrund jedoch die Frage, ob die Datenverarbeitung für den Betroffenen aufgrund des Vertrages erkennbar war und der Verarbeiter sich auf die Willensentschließung des Betroffenen aus dem Vertrag berufen kann, weil es seitens des Betroffenen treuewidrig wäre, sich angesichts der vertraglichen Grundlage einer Datenverarbeitung zu verschließen.[130] Eine Datenverarbeitung ist jedoch in jedem Fall nicht erforderlich im Sinne der Norm, wenn sie nicht unmittelbar der Vertragserfüllung dient, sondern vielmehr für das Funktionieren des vom Verarbeiter einseitig bestimmten Geschäftsmodells erforderlich ist.[131] In Abhängigkeit von der Art der Daten, die von Insassen verarbeitet werden, ist die Verarbeitung ihrer Daten auf Grundlage von Art. 6 Abs. 1 lit. b) DSGVO somit zumindest denkbar.

Art. 6 Abs. 1 lit. f) DSGVO ermöglicht ferner die Verarbeitung von personenbezogenen Daten, wenn dies zur Wahrung der berechtigten Interessen des Verantwortlichen oder eines Dritten erforderlich ist, sofern nicht die Interessen, Grundrechte und Grundfreiheiten des Betroffenen, die den Schutz personenbezogener Daten erfordern, überwiegen. Der Begriff rechtliche Interessen ist weit zu verstehen und umfasst in diesem Zusammenhang alle rechtlichen, wirtschaftlichen und ideellen Interessen.[132] Die Verarbeitung muss erforderlich für die Wahrung dieser Interessen sein, d.h. die Interessen dürfen nicht auf anderem, die Interessen und Rechte des Betroffenen weniger belastenden Weg, erreicht werden können.[133] Zentraler Inhalt der Norm ist die Vornahme einer Abwägung

---

127 *Art. 29-Datenschutzgruppe*, Stellungnahme 06/2014 zum Begriff des berechtigten Interesses des für die Verarbeitung Verantwortlichen gemäß Artikel 7 der Richtlinie 95/46/EG, WP 217, S. 23.

128 *Buchner/Petri*, in: Kühling/Buchner (Hrsg.), DS-GVO BDSG, Art. 6 Rn. 45.

129 *Schulz*, in: Gola (Hrsg.), Datenschutzgrundverordnung, Art. 6 Rn. 38.

130 *Schantz*, in: Simitis/Hornung/Spiecker gen. Döhmann (Hrsg.), Datenschutzrecht, Art. 6 Rn. 32.

131 *Schantz*, in: Simitis/Hornung/Spiecker gen. Döhmann (Hrsg.), Datenschutzrecht, Art. 6 Rn. 33.

132 EuGH, Urt. v. 13.05.2014 - C-131/12, Rn. 81, 97 ff.; *Buchner/Petri*, in: Kühling/Buchner (Hrsg.), DS-GVO BDSG, Art. 6 Rn. 146; *Schantz*, in: Simitis/Hornung/Spiecker gen. Döhmann (Hrsg.), Datenschutzrecht, Art. 6 Rn. 98.

133 *Schantz*, in: Simitis/Hornung/Spiecker gen. Döhmann (Hrsg.), Datenschutzrecht, Art. 6 Rn. 100.

der Interessen des Verarbeiters oder eines Dritten und des Betroffenen.[134] Die Interessen und Rechte des Betroffenen daran, dass seine Daten nicht verarbeitet werden, dürfen dabei nicht überwiegen. In Abhängigkeit von der konkreten Art der verarbeiteten Daten und dem Zweck, zu dem sie verarbeitet werden, ist daher ein Stützen der Verarbeitung auf Art. 6 Abs. 1 lit. f) DSGVO denkbar.

Die Verarbeitung der Daten kann ferner gemäß Art. 6 Abs. 1 lit. a) DSGVO auch auf eine vom Betroffenen für einen oder mehrere bestimmte Zwecke erteilte Einwilligung gestützt werden. Die hieran zu stellenden Anforderungen sind im Kapitel B. II. 1. C) bereits dargelegt worden. Die Einwilligung bietet im vorliegenden Kontext entscheidende Vorteile, birgt jedoch zugleich schwerwiegende rechtliche Probleme. Die in einem Transportmittel befindlichen Personen bilden eine abgrenzbare Gruppe, die sich zuvor bewusst für eine Fahrt mit dem autonomen Fahrzeug entschieden haben und für die Nutzung einen Vertrag mit dem Betreiber des Fahrzeugs geschlossen haben. Diese Entscheidung und der Vertragsschluss ermöglichen es, mit den Passagieren als Datensubjekte in Kontakt zu treten und eine Einwilligung zu erhalten. Die Datenverarbeitung auf der Basis einer Einwilligung bietet den Vorteil, dass die konkret beabsichtigte Verarbeitung in Umfang, Zweck und Art genau beschrieben und vom Datensubjekt rechtssicher ermöglicht werden kann. Dies minimiert rechtliche Gefahren in Form von Unsicherheiten, die mit einer Abwägung einhergehen. Zudem kann auf der Basis einer Einwilligung auch eine Verarbeitung besonderer Kategorien von personenbezogenen Daten erfolgen (Art. 9 Abs. 2 lit. a) DSGVO). Dasselbe gilt für die Verarbeitung von Daten, die nicht in den Anwendungsbereich der DSGVO fallen. Nahezu jede Rechtsquelle sieht die Einwilligung als Grundlage der Verarbeitung personenbezogener Daten vor,[135] was zusätzlich Rechts- und Zukunftssicherheit für die Datenschutzkonzepte der Mobilitätsanbieter schafft. Die Einwilligung ist zudem der zentrale Ausdruck der Wahrnehmung des Rechts auf informationelle Selbstbestimmung[136] und verfolgt das aus Sicht des Datenschutzes angestrebte Ziel, dass der Betroffene die Datenverarbeitung tatsächlich versteht und billigt. Zu den Anforderungen, die an die Einwil-

134 *Albers/Veit*, in: Wolff/Brink (Hrsg.), BeckOK Datenschutzrecht, Art. 6 Rn. 45; *Buchner/Petri*, in: Kühling/Buchner (Hrsg.), DS-GVO BDSG, Art. 6 Rn. 141; *Albrecht*, CR 2016, 88 (91).

135 Vgl. § 12 Abs. 1 TMG, Art. 4a Entwurf der Verordnung 14054/19 (ePrivacyVO).

136 *Roßnagel/Pfitzmann/Garstka*, DuD 2001, 253 (258); *Schantz*, in: Wolff/Brink (Hrsg.), BeckOK Datenschutzrecht, Art. 6 Abs. 1 Rn. 3; *Buchner/Petri*, in: Kühling/Buchner (Hrsg.), DS-GVO BDSG, Art. 6 Rn. 17.

ligung zu stellen sind, gehört jedoch auch, dass sie freiwillig und informiert erteilt werden muss.[137] Die Freiwilligkeit erfordert eine echte oder freie Wahl des Betroffenen, der in der Lage sein muss, seine Einwilligung ohne Nachteile zu verweigern oder zurückzuziehen.[138] Zudem darf die Einwilligung angesichts des Kopplungsverbots des Art. 7 Abs. 4 DSGVO nicht über das für die Dienstleistung erforderliche Maß hinausgehen.

Für die konkreten Einwilligungserklärungen in den vorliegenden Fällen der Nutzung eines Transportmittels bedeutet dies, dass sie den Datensubjekten eine echte Wahl in Bezug auf die Verarbeitung ihrer Daten lassen müssen. Ein pauschales und starres Vorschreiben des Verarbeitungsumfangs von Daten, die für die Durchführung des Vertrages nicht erforderlich sind, scheidet somit aus. Sofern es somit Teil des Geschäftskonzepts ist, dass eine Verarbeitung von Daten erfolgt, die nicht für die Erbringung der Dienstleistung erforderlich sind, muss den Nutzern daher eine Alternative angeboten werden und anstelle einer verpflichtenden Einwilligung in diese überschießende Datennutzung als Gegenleistung für die Transportleistung ein alternatives Bezahlmodell bereitgestellt werden. Auf diese Weise hätten die Nutzer echte Wahlfreiheit und die Freiwilligkeit der Einwilligung bliebe gewahrt.

Unklar ist ferner der an die Informiertheit der Einwilligung anzulegende Maßstab. Hierbei sind zumindest eine einfache und verständliche Sprache, zu messen am Empfängerhorizont einer durchschnittlich verständigen Person, sowie die zumutbare Möglichkeit der Aneignung von für das Verständnis der Verarbeitung erforderlichen Informationen zu fordern.[139] Der letzte Punkt betrifft auch die Länge der bereitzustellenden Datenschutz- und Einwilligungserklärungen. Hier sollte gegebenenfalls auf ein zweistufiges Modell zurückgegriffen werden, bei dem zunächst eine knappe allgemeine Information über die Datenverarbeitung bereitgestellt und

---

137 Vgl. Kap. B. II. 1. c).

138 EG 42 DSGVO; *Heberlein*, in: Ehmann/Selmayr (Hrsg.), DS-GVO, Art. 6 Rn. 7; *Klement*, in: Simitis/Hornung/Spiecker gen. Döhmann (Hrsg.), Datenschutzrecht, Art. 7 Rn. 33; *Albers/Veit*, in: Wolff/Brink (Hrsg.), BeckOK Datenschutzrecht, Art. 6 Rn. 23.

139 *Stemmer*, in: Wolff/Brink (Hrsg.), BeckOK Datenschutzrecht, Art. 7 Rn. 63; *Klement*, in: Simitis/Hornung/Spiecker gen. Döhmann (Hrsg.), Datenschutzrecht, Art. 7 Rn. 72.

auf die Möglichkeit einer weitergehenden Information verwiesen wird, die in einem zweiten Schritt abgerufen werden kann.[140]

Angesichts der geschilderten Vorteile und unter strenger Berücksichtigung der sich im Bereich der Freiwilligkeit und Informiertheit der Einwilligung stellenden Probleme, könnte und sollte zur Erlangung größtmöglicher datenschutzrechtlicher Rechtssicherheit die Datenverarbeitung von personenbezogenen Daten in autonomen Fahrzeugen auf eine Einwilligung nach Art. 6 Abs. 1 lit. a) DSGVO gestützt werden.

Für die Verarbeitung von personenbezogenen Sensordaten mit Bezug zum Umfeld des Fahrzeugs, die z.B. Passanten oder andere Verkehrsteilnehmer betreffen, ist eine Verarbeitung auf der Grundlage einer Einwilligung ausgeschlossen. Es handelt sich dabei um zufällige Begegnungen im Straßenverkehr, bei der angesichts der Kürze der räumlichen Nähe und der Situation im fließenden Straßenverkehr schlicht keine faktische Möglichkeit zur Erteilung einer Einwilligung besteht.

Ebenso scheiden in diesem Zusammenhang die Art. 6 Abs. 1 lit. b) - e) DSGVO als datenschutzrechtliche Verarbeitungsgrundlagen aus, da kein Vertragsverhältnis zu diesen Personen besteht oder angebahnt wird. Außerdem werden, wie oben bereits ausführlich dargelegt, auch in diesem Kontext keine Daten zur Erfüllung einer rechtlichen Verpflichtung, zum Schutz lebenswichtiger Interessen oder zur Wahrnehmung einer öffentlichen Aufgabe verarbeitet.

Als Grundlage der Datenverarbeitung kommt daher vorliegend insbesondere Art. 6 Abs. 1 lit. f) DSGVO in Betracht. Als Interesse des Datenverarbeiters lässt sich der Betrieb des Transportmittels und die Teilnahme am Straßenverkehr mit ihm anführen. Auf Seiten der Betroffenen streitet hingegen das Interesse an der unbeobachteten Bewegung im öffentlichen Raum. Zugleich ist aber auch die Betriebssicherheit des autonom agierenden Fahrzeugs im Interesse des Betroffenen, wozu eine Datenerfassung erforderlich ist. Dies schwächt sein Interesse an der Nichterfassung der Daten somit ebenso wie die Tatsache, dass die Erfassung im für jedermann wahrnehmbaren öffentlichen Raum erfolgt.

Auch wenn sich allgemeine, von den konkreten Daten und ihren Erfassungskontexten losgelöste Aussagen verbieten, kann zumindest empfohlen werden, die Eingriffsintensität durch die Datenerfassung so gering wie möglich zu halten, um sicherzustellen, dass die im Rahmen des Art. 6

---

140 *Klement*, in: Simitis/Hornung/Spiecker gen. Döhmann (Hrsg.), Datenschutzrecht, Art. 7 Rn. 74; *Menzel*, DuD 2008, 400 (408); *Worms/Gusy*, DuD 2012, 92 (99).

Abs. 1 lit. f) DSGVO durchzuführende Interessenabwägung zugunsten des Verarbeiters ausfällt. Hierbei können insbesondere auch technische Maßnahmen helfen, wie. z.B. eine möglichst frühe Anonymisierung von Kamerabildern durch eine Schematisierung der Aufnahmen oder die getrennte Verarbeitung zeitgleich erfasster Informationen, wie z.B. die Trennung von GPS- und Bilddaten. Unter den genannten Voraussetzungen erscheint es möglich, die für die sichere Bewegung im Straßenverkehr erforderliche Verarbeitung von personenbezogenen Sensordaten auf Art. 6 Abs. 1 lit. f) DSGVO zu stützen.

b) Anwendungsfeld Infrastrukturdaten

Wie zuvor bereits ausgeführt,[141] spielt der Schutz personenbezogener Daten im Anwendungsfeld Stadtinfrastruktur nur eine untergeordnete Rolle, nämlich insbesondere als ein der Herausgabe von Infrastrukturdaten entgegenstehendes Interesse. Die bisher durchgeführte Untersuchung hat vielmehr gezeigt, dass es sich bei Infrastrukturdaten um Informationen handelt, die als amtliche Informationen bei öffentlichen Stellen bereits vorhanden sind und zu denen ein gesetzliches Recht auf Zugang und Weiterverwendung bestehen kann. Diese Regelungen können somit einen wichtigen Beitrag beim Aufbau einer Datenbasis leisten, die für den sicheren Betrieb eines autonomen Fahrzeugs erforderlich ist. Gegenstand der folgenden Betrachtung ist daher, auf welcher rechtlichen Grundlage die Möglichkeit besteht, bei Behörden bereits vorhandene Infrastrukturdaten für den Betrieb nutzbar zu machen.

Der Zugang zu amtlichen Informationen bei Behörden des Bundes richtet sich nach § 1 Abs. 1 S. 1 IFG-Bund. Für amtliche Informationen, die bei öffentlichen Stellen des Landes Nordrhein-Westfalen vorhanden sind, ergibt sich der Anspruch aus § 4 Abs. 1 IFG-NRW.

Für Umweltinformationen, über die informationspflichtige Stellen des Bundes verfügen, ergibt sich der Zugangsanspruch aus § 3 Abs. 1 S. 1 UIG. Auf Umweltinformationen bei Stellen des Landes Nordrhein-Westfalen kann gemäß § 2 Abs. 1 UIG-NRW zurückgegriffen werden.

Geodaten, die von Stellen des Bundes und bundesunmittelbaren juristischen Personen gehalten werden, können wiederum gemäß § 11 Abs. 1, 2 GeoZG erlangt werden. Für Geodaten, die von Stellen des Landes, der Gemeinden, Gemeindeverbände und der Aufsicht des Landes Nordrhein-

141 Vgl. Kap. B. I. 3. b).

Westfalen unterstehenden juristischen Personen des öffentlichen Rechts gehalten werden, ergibt sich der Anspruch hierauf aus § 11 GeoZG-NRW.

Die weitere kommerzielle Nutzung der von öffentlichen Stellen erlangten Informationen sowie die hierfür geltenden Bedingungen ergeben sich aus § 2a IWG.[142]

Mit der Nutzung dieser rechtlichen Möglichkeiten kann die kostenintensive Sammlung und Aufbereitung erforderlicher Infrastrukturdaten umgangen werden, soweit die Daten bereits von Behörden erfasst und gespeichert wurden. Damit bietet sich ein erhebliches Potential für Synergien und finanzielle Einsparungen.

c) Anwendungsfeld Nutzerdaten

Das Anwendungsfeld Nutzerdaten hat wiederum hauptsächlich personenbezogene Daten als Verarbeitungsgegenstand, weshalb Rechtsgrundlagen mit Bezug zu personenbezogenen Daten einschlägig sind.[143] Für die Verarbeitung der Daten ist somit dem Grundsatz des Verbots mit Erlaubnisvorbehalts folgend, eine gesetzliche Verarbeitungsgrundlage erforderlich. Die Sammlung, Speicherung, Analyse und Weiterverarbeitung von Kundendaten kann unterschiedlichen Zwecken dienen. Soweit sie zur Durchführung eines Vertrages oder einer vertraglichen Leistung herangezogen werden, kann auf die Ausführungen zu personenbezogenen Daten im Anwendungsfeld autonomes Fahren[144] verwiesen werden.

Soweit die Kundendaten jedoch außerdem genutzt werden, um sie zu Profilen zusammenzustellen und darauf basierend zum Beispiel zielgerichtete Werbung anzubieten oder Informationen über die Kunden an Partnerunternehmen weitergeben zu können, liegt eine Verarbeitung in Form des Profiling vor, deren rechtliche Voraussetzungen gesondert zu betrachten sind. Profiling ist gemäß Art. 4 Nr. 4 DSGVO

> *„jede Art der automatisierten Verarbeitung personenbezogener Daten, die darin besteht, dass diese personenbezogenen Daten verwendet werden, um bestimmte persönliche Aspekte, die sich auf eine natürliche Person beziehen, zu bewerten, insbesondere um Aspekte bezüglich Arbeitsleistung, wirtschaftliche Lage, Gesundheit, persönliche Vorlieben, Interessen, Zuverlässigkeit,*

---

142 Vgl. *Richter*, Informationsweiterverwendungsgesetz, § 2a Rn. 25 f.; *Wiebe/Ahnefeld*, CR 2015, 199 (201); *Halder*, jurisPR-ITR 9/2020, Anm. 5, S. 3.

143 Vgl. Kap. B. I. 3. c).

144 Vgl. Kap. B. II. 2. a).

Verhalten, Aufenthaltsort oder Ortswechsel dieser natürlichen Person zu analysieren oder vorherzusagen".

Für die Durchführung von Profiling kommen auf den ersten Blick verschiedene Rechtsgrundlagen in Betracht. So könnte es zunächst auf Art. 22 DS-GVO gestützt werden. Die Norm regelt jedoch nicht die Zulässigkeit des Profilings, sondern lediglich das Verfahren automatisierter Entscheidungen und die Nutzung von deren Ergebnissen.[145] Profiling wird daher von ihr nur insoweit erfasst, als es Bestandteil einer automatisierten Entscheidung ist.[146]

Da die Nutzerdaten mittels einer Applikation auf dem Smartphone gesammelt werden, kommt, wie oben[147] bereits hergeleitet, zudem die Anwendung des TMG und seiner Erlaubnisgrundlagen in Betracht. Nach umstrittener Ansicht kann sich die Erlaubnis zur Bildung von pseudonymisierten Nutzerprofilen aus § 15 Abs. 3 TMG[148] ergeben. Es wird jedoch ebenso überzeugend argumentiert, dass die Regelung durch die Normen der DSGVO verdrängt wird.[149] Unabhängig von der Entscheidung dieser Spezialitätsfrage, ist das Stützen einer Profilbildung auf § 15 Abs. 3 TMG jedenfalls angesichts der Entscheidung des EuGHs zur Cookie-Einwilligung[150] abzulehnen. Die Norm kann daher vorliegend nicht als Rechtsgrundlage für die Datenverarbeitung herangezogen werden.

Art. 22 Abs. 2 lit. b) DS-GVO enthält ferner eine Öffnungsklausel, die sich jedoch ausschließlich auf Ausnahmen vom Verbot der automatisierten Entscheidung und nicht auf die Schaffung eigenständiger Erlaubnistatbe-

---

145 *Buchner*, in: Kühling/Buchner (Hrsg.), DS-GVO BDSG, Art. 22 Rn. 11; *von Lewinski*, in: Wolff/Brink (Hrsg.), BeckOK Datenschutzrecht, Art. 22 Rn. 3 f.

146 *Albrecht/Jotzo*, Das neue Datenschutzrecht der EU, Teil 3 Rn. 6; *Kugelmann* DuD 2016, 566 (569); *Richter* DuD 2016, 581 (585); *Scholz*, in: Simitis/Hornung/Spiecker gen. Döhmann (Hrsg.), Datenschutzrecht, Art. 22 Rn. 5 mwN.

147 Vgl. Kap. B. I. 3. c).

148 *Heidrich/Forgó/Moos*, in: Helfrich/Forgó/Schneider (Hrsg.), Betrieblicher Datenschutz, Kapitel 1 Rn. 33; differenzierend *Jandt*, ZD 2018, 405 (407 ff.); ablehnend *Schmitz*, in: Spindler/Schmitz (Hrsg.), Telemediengesetz, § 15 Rn. 87, 95 ff.; *ders.*, in: Hoeren/Sieber/Holznagel (Hrsg.), Multimedia-Recht, Teil 16.2 Rn. 266 f.; *Kremer*, in: Auer-Reinsdorff/Conrad (Hrsg.), Handbuch IT- und Datenschutzrecht, § 28 Rn. 55, 65.

149 *Kremer*, in: Auer-Reinsdorff/Conrad (Hrsg.), Handbuch IT- und Datenschutzrecht, § 28 Rn. 55, 65; *Hullen/Roggenkamp*, in: Plath (Hrsg.), BDSG/DS-GVO, Einl. TMG Rn. 13; *Jandt* ZD 2018, 405 (407).

150 EuGH, Urt. v. 01.10.2019 - C-673/17, MMR 2019 - Planet49; vgl. bereits vor dem Urteil die Widerspruchslösung bemängelnd *Schmitz*, in: Hoeren/Sieber/Holznagel (Hrsg.), Multimedia-Recht, Teil 16.2 Rn. 266 f.

stände für Profiling im nationalen Recht bezieht.[151] Daher setzt die neue Regelung zum *Scoring*, als Unterfall des Profilings,[152] in § 31 BDSG nunmehr in Absatz 1 Nr. 1 auch die Einhaltung des Datenschutzrechts explizit voraus und kann anders als zuvor noch § 28b BDSG a.F.[153] nicht als Erlaubnistatbestand herangezogen werden.[154] Für die rechtmäßige Durchführung von Profiling muss somit auf die allgemeinen Erlaubnistatbestände in Art. 6 Abs. 1 DS-GVO zurückgegriffen werden, wobei neben einer Einwilligung nach lit. a) regelmäßig nur die Vornahme von Profiling zur Wahrung berechtigter Interessen des Verantwortlichen nach lit. f) in Betracht kommt.[155] Für die in beiden Fällen einzuhaltenden Anforderungen kann auf die personenbezogene Daten betreffenden Ausführungen zum Anwendungsfeld autonomes Fahren[156] verwiesen werden.

Im vorliegenden Fall sollte, wie auch schon bei den personenbezogenen Daten im Feld des autonomen Fahrens, erwogen werden, eine Einwilligung als datenschutzrechtliche Verarbeitungsgrundlage heranzuziehen. Sie ermöglicht einerseits, dass auch personenbezogene Daten besonderer Kategorien rechtssicher verarbeitet werden können. Andererseits können mit ihr die verschiedenen Erhebungskontexte und Verarbeitungszwecke von Daten im Zusammenhang mit dem Mobilitätskonzept gebündelt und in ein einheitliches Rechtskonzept integriert werden.

Auf das zwingende Erfordernis, die strengen Anforderungen an eine Einwilligung, insbesondere deren Freiwilligkeit und Informiertheit, zu wahren und das Kopplungsverbot gemäß Art. 7 Abs. 4 DSGVO zu achten, sei in diesem Zusammenhang nochmals ausdrücklich hingewiesen. Dies gilt umso mehr, als es gerade im Kontext des Profilings fraglich erscheint, ob das Interesse des Datensubjekts, nicht Ziel einer Profilbildung zu sein, die hauptsächlich kommerziellen Interessen des Verarbeiters an der

---

151 *Buchner*, in. Kühling/Buchner (Hrsg.), DS-GVO BDSG, Art. 22 Rn. 48; *von Lewinski*, in: Wolff/Brink (Hrsg.), BeckOK Datenschutzrecht, Art. 22 Rn. 62 f.

152 *Buchner*, in: Kühling/Buchner (Hrsg.), DS-GVO BDSG, Art. 22 Rn. 22; *Hladjk*, in: Ehmann/Selmayr (Hrsg.), DS-GVO, Art. 22 Rn. 7; *Scholz*, in: Simitis/Hornung/Spiecker gen. Döhmann (Hrsg.), Datenschutzrecht, Art. 22 Rn. 24.

153 *Lapp*, in: Gola/Heckmann (Hrsg.), BDSG, § 31 Rn. 9; *Helfrich*, in: Helfrich/Forgó/Schneider (Hrsg.), Betrieblicher Datenschutz, Kapitel 3 Rn. 25.

154 *Buchner*, in: Kühling/Buchner (Hrsg.), DS-GVO BDSG, § 31 Rn. 7; *Lapp*, in: Gola/Heckmann (Hrsg.), BDSG, § 31 Rn. 9; *Taeger*, in: Taeger/Gabel, DSGVO BDSG, § 31 BDSG Rn. 56.

155 *Kremer*, in: Auer-Reinsdorff/Conrad (Hrsg.), Handbuch IT- und Datenschutzrecht, § 28 Rn. 65; *Schantz*, in: Simitis/Hornung/Spiecker gen. Döhmann (Hrsg.), Datenschutzrecht, Art. 6 Abs. 1 Rn. 121.

156 Vgl. Kap. B. II. 2. a).

Durchführung von Profiling im Rahmen einer Interessenabwägung des Art. 6 Abs. 1 lit. f) DSGVO nicht regelmäßig überwiegt. Diese Sichtweise wird insbesondere durch die höchstrichterliche Rechtsprechung gestützt, die in der Profilbildung eine der größten technischen Gefahren für die Bürger, ihre Freiheiten und damit die Demokratie an sich sieht.[157] Angesichts dieser Einschätzung streitet daher ein erhebliches grundsätzliches Interesse auf Seiten der Betroffenen für die Nichtdurchführung von Profiling. Ein Stützen einer solchen Verarbeitungsform auf Art. 6 Abs. 1 lit. f) DSGVO erscheint daher nur in begründeten Ausnahmefällen möglich.

3. Zusammenfassung

Aus datenschutz- und informationsrechtlicher Sicht ergeben sich verschiedene grundsätzliche Anforderungen an die Datenverarbeitung im Kontext der Implementierung und des Betriebs moderner Mobilitätskonzepte im öffentlichen Nahverkehr. Sofern personenbezogene Daten im Rahmen des Konzepts verarbeitet werden, sind als grundsätzliche datenschutzrechtliche Voraussetzung die in Art. 5 DSGVO normierten datenschutzrechtlichen Verarbeitungsgrundsätze zu wahren. Zudem ist die Verarbeitung dieser Kategorie von Daten immer auf eine gesetzliche Verarbeitungsgrundlage zu stützen. Im Rahmen der Anwendungsfelder autonomes Fahren und Nutzerdaten wird dabei empfohlen, die Verarbeitung auf Basis einer Einwilligung der Betroffenen durchzuführen. Hierbei sind hohe inhaltliche und formelle gesetzliche Anforderungen zu wahren. Soweit eine Einwilligung von Datensubjekten nicht eingeholt werden kann, z.B. im Fall andere Verkehrsteilnehmer betreffender Sensordaten, kann die Verarbeitung regelmäßig auf Art. 6 Abs. 1 lit. f) DSGVO gestützt werden. Sie sollte in diesen Fällen jedoch möglichst eingriffsarm ausgestaltet werden, um die für eine Verarbeitung auf Basis dieser Norm zwingend durchzuführende Interessenabwägung sicher zu Gunsten des Betreibers eines Mobilitätskonzepts ausfallen zu lassen.

Im Kontext des autonomen Fahrens und im Anwendungsfeld der Infrastrukturdaten spielen zudem nicht personenbezogene Daten eine bedeu-

---

157 Vgl. nur: BVerfG, Urt. v. 15.12.1983 - 1 BvR 209/83 u.a., BVerfGE 65, 1, 43; Urt. v. 02.03.2010 - 1 BvR 256/08, NJW 2010, 834, 838, Rn. 210ff.; EuGH, Urt. v. 08.04.2014 - C-293/12, C-594/12, NJW 2014, 2169, 2170ff.; Urt. v. 21.12.2016 - C-203/15, C-698/15, NJW 2017, 717, 721, Rn. 99; BVerwG, Beschl. v. 25.09.2019 - 6 C 12.18, ZD 2020, 167, 168, Rn. 27ff.

tende Rolle. Sensor- und technische Maschinendaten des Transportmittels können dabei ggf. als Geschäftsgeheimnisse ebenfalls gesetzlichen Schutz für sich beanspruchen. Zudem existieren für Betreiber von Mobilitätskonzepten informationsrechtliche Möglichkeiten, gesetzlich gesicherten Zugang zu Informationen zu erhalten. Dies erleichtert die Implementierung und den Betrieb von Transportmitteln wesentlich und erspart die zeit- und kostenintensive Sammlung grundlegender Infrastrukturdaten.

III. Betroffenenrechte

Die Verarbeitung personenbezogener Daten hat zur Folge, dass dem Betroffenen umfangreiche Rechte eingeräumt werden (sog. „Betroffenenrechte“). Dies ist so schon verfassungsrechtlich verankert und folgt einerseits auf europäischer Ebene unmittelbar aus Art. 8 Abs. 2 S. 2 GRCh und andererseits im nationalen Recht aus Art. 2 Abs. 1 i.V.m. Art. 1 Abs. 1 GG (Recht auf informationelle Selbstbestimmung).[158] Grundlegende Voraussetzung für die Wahrnehmung der verfassungsrechtlich verbürgten Rechte ist es, dass der Betroffene weiß, wer wo welche Daten über ihn erhebt, verarbeitet, nutzt oder übermittelt. Erst die positive Kenntnis dieser Fakten versetzt die Betroffenen in die Lage zu entscheiden, ob sie eine Verarbeitung wollen oder nicht. Auf diese Weise kann zudem dem Schutzziel der Transparenz besonders wirksam Geltung verschafft werden.[159] Ganz konkret stellt der Auskunftsanspruch etwa sicher, dass der Betroffene sich gegen eine rechtswidrige Datenverarbeitung zur Wehr setzen kann; denn nur derjenige, der überhaupt weiß, dass seine personenbezogenen Daten verarbeitet werden, kann Schritte dagegen unternehmen.[160] Das Auskunfts- und Berichtigungsrecht ist dabei sogar unmittelbar in Art. 8 Abs. 2 S. 2 GRCh vorgesehen, sodass die Norm dem Betroffenen einen unmittelbaren grundrechtlichen Transparenzanspruch einräumt.[161]

---

158 Vgl. zum deutschen Recht grundlegend BVerfGE 65, 1 (46); vgl. zum europäischen Recht grundlegend EuGH, Urt. v. 12.11.1969 – 29/69, Rn. 7 sowie *Kingreen*, in: Calliess/Ruffert (Hrsg.), EUV/AEUV, GRCh Art. 8 Rn. 2 mwN.

159 Vgl. zur Transparenz schon *Bizer*, DuD 2007, 350 (353 ff.) sowie *Marsch*, Das europäische Datenschutzgrundrecht, S. 96 ff.

160 *Jarass*, GRCh, Art. 8 Rn. 16; *Gersdorf*, in: Gersdorf/Paal (Hrsg.), BeckOK Informations- und Medienrecht, GRCh Art. 8 Rn. 38.

161 *Bretthauer*, in: Specht/Mantz (Hrsg.), Handbuch Europäisches und deutsches Datenschutzrecht, § 2 Rn. 33.

Diese und weitere Betroffenenrechte werden einfachgesetzlich in der DSGVO umfassend ausgestaltet. Die einschlägigen Auskunfts-, Berichtigungs-, Löschungs-, Sperrungs-, Übertragbarkeits- und Widerspruchsrechte sollen es ermöglichen, über die Preisgabe, Verwertung und Verweigerung persönlicher Daten selbstbestimmt zu entscheiden, wenn es entsprechende normative Entscheidungsspielräume gibt.[162] Die Informations- und Benachrichtigungsrechte und -pflichten der DSGVO konkretisieren damit die primärrechtlichen Garantien aus Art. 8 GRCh sowie Art. 16 AEUV, sodass die DSGVO die Grundrechtsausübung durch umfangreiche einfachgesetzliche Regelungen absichert.[163]

Die grundrechtliche Verankerung und Absicherung von umfangreichen Betroffenenrechten bedeutet bei der Integration moderner Mobilitätskonzepte im Öffentlichen Nahverkehr, dass Betroffene verschiedene Rechte gegenüber dem Datenverarbeiter geltend machen können. Da diese Rechte durch die DSGVO konkretisiert werden, beziehen sich die konkreten Ausführungen sowie Umsetzungsvorschläge im Folgenden auf die DSGVO.

Kapitel III (Art. 12 – 23 DSGVO) der DSGVO regelt die Rechte der betroffenen Person umfassend und gliedert sich in vier Abschnitte. Der erste Abschnitt (Art. 12 DSGVO) normiert die allgemeinen Transparenzanforderungen und stellt eine allgemeine Rahmenregelung dar, die grundsätzlich für alle weiteren Betroffenenrechte gilt, sodass alle wesentlichen Anforderungen daher in Art. 12 DSGVO vorab zusammengefasst werden.[164] Die Norm ist somit als „Allgemeiner Teil" zu verstehen, der „vor die Klammer" gezogen ist. Der zweite Abschnitt (Art. 13 – 15 DSGVO) statuiert die Informationspflichten des Verantwortlichen näher sowie das Recht auf Auskunft zu personenbezogenen Daten. Der dritte Abschnitt (Art. 16 – 20 DSGVO) enthält spezifische Vorgaben für die Berichtigung und Löschung von personenbezogen Daten, während im vierten Abschnitt (Art. 21 – 22 DSGVO) Anforderungen an das Widerspruchsrecht und die automatisierte Entscheidungsfindung im Einzelfall niedergelegt sind. Schließlich normiert der fünfte Abschnitt (Art. 23 DSGVO) Voraussetzungen für mögliche Beschränkungen der vorgenannten Rechte.

Daneben finden sich weitere Betroffenenrechte etwa in Art. 7 Abs. 3 DSGVO (Widerruf der Einwilligung), Art. 77 DSGVO (Recht auf Beschwerde bei einer Aufsichtsbehörde), Art. 78 DSGVO (Recht auf wirk-

---

162 So auch schon *Roßnagel*, Handbuch Datenschutzrecht, S. 547.

163 *Dix*, in: Simitis/Hornung/Spiecker gen. Döhmann (Hrsg.), Datenschutzrecht, Art. 12 Rn. 3.

164 *Bäcker*, in: Kühling/Buchner (Hrsg.), DS-GVO BDSG, Art. 12 Rn. 1.

samen gerichtlichen Rechtsbehelf gegen eine Aufsichtsbehörde), Art. 79 DSGVO (Recht auf wirksamen gerichtlichen Rechtsbehelf gegen Verantwortliche oder Auftragsverarbeiter), Art. 80 DSGVO (Vertretung von betroffenen Personen) sowie Art. 82 DSGVO (Haftung und Recht auf Schadenersatz).

Im Vergleich zur vormals geltenden Datenschutzrichtlinie 95/46/EG regelt die DSGVO die Betroffenenrechte damit wesentlich umfassender und detaillierter und verleiht ihnen insgesamt mehr Gewicht.[165] EG 39 und EG 58 DSGVO sprechen ausdrücklich von einem Grundsatz auf Transparenz, der bei der Verarbeitung personenbezogener Daten zu beachten ist.[166]

Da die Betroffenenrechte durch die DSGVO insgesamt gestärkt werden sollen, sind sie nicht dispositiv, und können somit auch nicht durch Rechtsgeschäft abbedungen werden.[167] Schließlich sind alle Rechte nach den Art. 12 bis Art. 22 DSGVO in qualifizierter Form sanktionsbewehrt (Art. 83 Abs. 5 lit. b) DSGVO), sodass Geldbußen von bis zu 20 Mio. € oder bis zu 4% des gesamten weltweit erzielten Jahresumsatzes eines Unternehmens verhängt werden können.

Im Folgenden werden die relevanten Regelungen aus Kapitel III der DSGVO (Art. 12, 13, 14, 15, 17 und 20 DSGVO) detailliert dargestellt, um sodann die spezifischen Anforderungen an sie im Kontext datengetriebener Mobilitätskonzepte zu untersuchen und diese Erkenntnisse auf die wesentlichen drei Anwendungsfelder (autonomes Fahren, Infrastrukturdaten, Nutzerdaten) zu übertragen.

1. Transparente Information, Kommunikation und Modalitäten für die Ausübung der Rechte der betroffenen Person (Art. 12 DSGVO)

Art. 12 DSGVO stellt eine ausführliche Präzisierung des in Art. 5 Abs. 1 lit. a) DSGVO normierten Transparenzgrundsatzes dar.[168] Die Vorschrift

---

165 *Franck*, RDV 2016, 111; *Albrecht/Jotzo*, Das neue Datenschutzrecht der EU, S. 83.

166 *Dix*, in: Simitis/Hornung/Spiecker gen. Döhmann (Hrsg.), Datenschutzrecht, Art. 12 Rn. 1.

167 So jedenfalls *Dix*, in: Simitis/Hornung/Spiecker gen. Döhmann (Hrsg.), Datenschutzrecht, Art. 12 Rn. 6; aA wohl *Franck*, in: Gola (Hrsg.), Datenschutzgrundverordnung, Art. 12 Rn. 31, wonach vom Schutzumfang der DSGVO abgewichen werden darf, sofern eine datenschutzrechtliche Einwilligung vorliegt.

168 *Durmus*, RDV 2018, 297 (297); siehe auch *Art. 29-Datenschutzgruppe*, Leitlinien für Transparenz gemäß der Verordnung 2016/679, WP 260 rev.01, 17/DE, https://ec.europa.eu/newsroom/article29/item-detail.cfm?item_id=622227.

enthält einerseits allgemeine Transparenzregeln[169], welche die in der DSGVO geregelten Pflichten der Verantwortlichen ergänzen, betroffenen Personen bestimmte Informationen mitzuteilen, sowie andererseits Verfahrensregelungen zu den Betroffenenrechten, welche die betroffene Person durch einen Antrag ausüben kann.[170] Den Betroffenenrechten stellt Art. 12 DSGVO somit Pflichten des Verantwortlichen voran.[171] Damit werden die Rechte der betroffenen Person sowohl auf Information als auch auf Steuerung der Datenverarbeitung wesentlich gestärkt und präzisiert.[172]

Die Transparenzanforderungen (insbesondere Abs. 1, Abs. 7 und Abs. 8) stehen primär im Zusammenhang mit den Pflichten des Verantwortlichen, der betroffenen Person bestimmte Informationen mitzuteilen.[173] Die Verfahrensregelungen (insbesondere Abs. 2, Abs. 3, Abs. 4, Abs. 5, Abs. 6) legen hingegen bestimmte Anforderungen fest, die im Zusammenhang mit den Betroffenenrechten stehen und welche die betroffene Person durch einen Antrag wahrnehmen kann.[174]

Die aufgestellten Transparenzanforderungen finden während der gesamten Dauer der Verarbeitung von Anfang bis Ende lückenlos Anwendung.[175] Neben diesen rein rechtlichen Anforderungen müssen die Informationen aber generell so gestaltet werden, dass daneben auch das Vertrauen der Betroffenen sichergestellt wird sowie ästhetische und konzeptionelle Faktoren, wie beispielsweise die Lesbarkeit, Struktur und Anschaulichkeit der Information berücksichtigt werden.[176] Zudem wird der Kommission nach Art. 12 Abs. 8 DSGVO die Rechtssetzungsbefugnis mittels delegierter Rechtsakte für die Bereiche der Informationsdarstellung durch Bildsymbole sowie die Verfahren der Bereitstellung standardisierter Verfahren eingeräumt.[177]

---

169 *Quaas*, in: Wolff/Brink (Hrsg.), BeckOK Datenschutzrecht, Art. 12 Rn. 1.

170 *Bäcker*, in: Kühling/Buchner (Hrsg.), DS-GVO BDSG, Art. 12 Rn. 1.

171 *Dix*, in: Simitis/Hornung/Spiecker gen. Döhmann (Hrsg.), Datenschutzrecht, Art. 12 Rn. 2.

172 *Dix*, in: Simitis/Hornung/Spiecker gen. Döhmann (Hrsg.), Datenschutzrecht, Art. 12 Rn. 2; *Spiecker gen. Döhmann*, GRUR 2019, 341 (347).

173 *Bäcker*, in: Kühling/Buchner (Hrsg.), DS-GVO BDSG, Art. 12 Rn. 6.

174 *Bäcker*, in: Kühling/Buchner (Hrsg.), DS-GVO BDSG, Art. 12 Rn. 7.

175 *Art. 29-Datenschutzgruppe*, Leitlinien für Transparenz gemäß der Verordnung 2016/679, WP 260 rev.01, 17/DE, https://ec.europa.eu/newsroom/article29/item-detail.cfm?item_id=622227, S. 6.

176 *Durmus*, RDV 2018, 297 (297).

177 Vgl. zu den Einzelheiten *Dix*, in: Simitis/Hornung/Spiecker gen. Döhmann (Hrsg.), Datenschutzrecht, Art. 12 Rn. 41.

a) Rechtssystematische Grundlagen der Norm

aa) Transparenzanforderungen (Abs. 1, Abs. 7, Abs. 8)

Nach Art. 12 Abs. 1 DSGVO muss der Verantwortliche geeignete Maßnahmen treffen, um der betroffenen Person alle Informationen gemäß den Artikeln 13 und 14 und alle Mitteilungen gemäß den Artikeln 15 bis 22, die sich auf die Verarbeitung personenbezogener Daten beziehen, in präziser, transparenter, verständlicher und leicht zugänglicher Form in einer klaren und einfachen Sprache zu übermitteln.

Damit ist wesentlicher Anknüpfungspunkt die Frage nach der leicht verständlichen und transparenten Darstellung der erforderlichen Informationen, soweit sie über die rechtlichen Anforderungen nach dem Zweck der Datenverarbeitung hinausgehen und/oder für die Betroffenen besondere Risiken begründen.[178] Dabei darf die Einfachheit der Sprache nicht auf Kosten der Präzision oder Vollständigkeit der Information gehen. Insofern stellt die konkrete Umsetzung der Anforderungen angesichts der zunehmenden Komplexität der Datenverarbeitung etwa im Bereich der künstlichen Intelligenz oder Profilbildung erhebliche Anforderungen an die zur Information oder Auskunft verpflichteten Verantwortlichen.[179] Das gilt dann in gleicher Weise im Bereich des autonomen Fahrens sowie bei der Verarbeitung von Infrastruktur- und Nutzerdaten. Die leichte Zugänglichkeit der Information kann beispielsweise durch elektronische Information erreicht werden, wobei die Informationen der betroffenen Person in einem aktiven Kommunikationsprozess vermittelt werden müssen.[180] In Betracht kann hier etwa der Einsatz von sog. One-Pagern[181] kommen.[182]

Nicht ausdrücklich wird die Frage geregelt, in welcher Landessprache die Informationen zu geben sind.[183] Man wird hier jedoch fordern müssen, sofern die betroffene Person eine bestimmte Maßnahme nach Artikel

---

178 *Auer-Reinsdorff*, ZD 2017, 149 (150).

179 *Dix*, in: Simitis/Hornung/Spiecker gen. Döhmann (Hrsg.), Datenschutzrecht, Art. 12 Rn. 12.

180 *Dix*, in: Simitis/Hornung/Spiecker gen. Döhmann (Hrsg.), Datenschutzrecht, Art. 12 Rn. 14.

181 Als One-Pager versteht man eine einfache, konzentrierte Information über die wesentlichen Datenverarbeitungen. Vgl. https://www.bmjv.de/DE/Themen/FokusThemen/OnePager/OnePager_node.html.

182 Vgl. dazu *Auer-Reinsdorff*, ZD 2017, 149.

183 Ausführlich dazu *Dix*, in: Simitis/Hornung/Spiecker gen. Döhmann (Hrsg.), Datenschutzrecht, Art. 12 Rn. 15.

15 bis 22 DSGVO in ihrer Muttersprache beantragt hat, dass dieser Antrag jedenfalls in derselben Sprache beantwortet oder beschieden wird.[184]

Die Regelung verpflichtet den Verantwortlichen, die genannten Informationen zu geben und Mitteilungen zu machen, die sich auf die Verarbeitung personenbezogener Daten beziehen. Allerdings ist der die DSGVO durchziehende Transparenzgrundsatz dahingehend zu verstehen, dass eine Informierung auch dann zu erfolgen hat, wenn Personen nicht nur gegenwärtig identifiziert werden können, sondern aufgrund der schnellen technischen Entwicklung auch künftig identifizierbar werden können.[185] Der Transparenzgrundsatz ist damit Ausdruck einer Vorsorgepflicht.[186] Das betrifft etwa sensorgestützte Smart-City-Anwendungen wie beispielsweise eine intelligente Straßenbeleuchtung, die ein- und ausgeschaltet wird, je nachdem ob Personen eine wenig frequentierte Straße betreten und sie wieder verlassen, ohne dass dabei personenbezogene Daten verarbeitet würden. Es gilt zudem erst recht, wenn zu Zwecken der Stadtplanung die MAC-Adressen der Smartphones von Passanten mittels WiFi-Technologie erfasst und nach Erstellung einer entsprechenden Statistik sofort wieder gelöscht werden, da MAC-Adressen personenbezogene Daten sind.[187]

Die Übermittlung der notwendigen Informationen kann schriftlich oder in anderer – etwa elektronischer Form – erfolgen. Die konkrete Umsetzung hängt dabei vom Einzelfall ab. In Betracht können technisch komplexe, dadurch aber schneller erfassbare, gestufte Darstellungen kommen.[188] Bei komplexen Datenverarbeitungsvorgängen können etwa gestaffelte Informationen bereitgestellt werden, sodass zunächst die Datenverarbeitung vereinfacht dargestellt wird. Mittels Mehrebenen-Mitteilungen können sodann über entsprechende Links dahinterliegende Ebenen und Informationen detaillierter erläutert werden.[189] Gleichwohl darf die Vereinfachung nicht zu einer unzulässigen Verknappung oder Verfälschung

---

184 So *Dix*, in: Simitis/Hornung/Spiecker gen. Döhmann (Hrsg.), Datenschutzrecht, Art. 12 Rn. 15.

185 So jedenfalls *Dix*, in: Simitis/Hornung/Spiecker gen. Döhmann (Hrsg.), Datenschutzrecht, Art. 12 Rn. 17.

186 *Dix*, in: Simitis/Hornung/Spiecker gen. Döhmann (Hrsg.), Datenschutzrecht, Art. 12 Rn. 17.

187 Beispiel nach *Dix*, in: Simitis/Hornung/Spiecker gen. Döhmann (Hrsg.), Datenschutzrecht, Art. 12 Rn. 17 mwN.

188 *Spiecker gen. Döhmann*, GRUR 2019, 341 (347); *Menzel*, DuD 2008, 400 (408).

189 *Dix*, in: Simitis/Hornung/Spiecker gen. Döhmann (Hrsg.), Datenschutzrecht, Art. 12 Rn. 20 mwN.

der gebotenen Informationen führen.[190] Ebenso kann sich beispielsweise der Anbieter einer App, die es ermöglicht, Kunden in bestimmten Läden mittels WiFi-, Bluetooth- oder Beacon-Technologie zu orten und ihre Bewegungen zu verfolgen, um ihnen gezielte Angebote machen zu können, nicht darauf beschränken, den betroffenen Personen auf ihren Smartphones in der App zu signalisieren, dass sie geortet und getrackt werden.[191]

Die Darstellung der Informationen nach Art. 13 und Art. 14 DSGVO darf nunmehr auch durch Bildsymbole erfolgen (Abs. 7), was insoweit ein datenschutzrechtliches Novum darstellt.[192] Damit erlaubt die Regelung dem Verantwortlichen, der betroffenen Person mit Hilfe standardisierter Bildsymbole einen Überblick über die Datenverarbeitungen zu vermitteln, auf die sich die Informationspflichten nach Art. 13 und Art. 14 DSGVO beziehen.[193] Zum einen können die Bildsymbole den häufig sehr langen Text von Datenschutzhinweisen an geeigneten Stellen durch Bilder kürzen, zum anderen können sie das Interesse von betroffenen Personen wecken, sich den Text eines Datenschutzhinweises durchzulesen, um sich näher zu informieren.[194] Werden die Bildsymbole elektronisch dargestellt, müssen sie auch maschinenlesbar sein. Das gilt sowohl online – also etwa bei der Verwendung von Icons auf Websites – als auch offline – etwa bei der Nutzung von QR-Codes –.[195] Insbesondere bei komplexen und langfristig angelegten Datenverarbeitungsprozessen, etwa im Kontext sozialer Medien oder im Internet der Dinge, könnten Symbole dazu beitragen, der betroffenen Person rasch eine grundlegende Orientierung zu geben.[196] Auch beim Einsatz von Sensorik oder WiFi- und Beacon-Technologie zur Ortung von Personen mittels mobiler Endgeräte spielen standardisierte Bildsymbole eine wichtige Rolle.[197] So hat die Mozilla Foundation in Zusammenarbeit mit Partnern aus Wissenschaft und Wirtschaft Privacy Icons für Websites

---

190 Vgl. dazu *Mondschein*, EDPL 2016, 507.

191 So jedenfalls *Dix*, in: Simitis/Hornung/Spiecker gen. Döhmann (Hrsg.), Datenschutzrecht, Art. 12 Rn. 18.

192 Vgl. grundlegend *Richter*, PinG 2017, 65 f.; *Durmus*, RDV 2018, 297 (300).

193 *Bäcker*, in: Kühling/Buchner (Hrsg.), DS-GVO BDSG, Art. 12 Rn. 20.

194 *Durmus*, RDV 2018, 297 (300).

195 *Dix*, in: Simitis/Hornung/Spiecker gen. Döhmann (Hrsg.), Datenschutzrecht, Art. 12 Rn. 40; *Bäcker*, in: Kühling/Buchner (Hrsg.), DS-GVO BDSG, Art. 12 Rn. 22.

196 *Pollmann/Kipker*, DuD 2016, 378 (379 f.).

197 *Dix*, in: Simitis/Hornung/Spiecker gen. Döhmann (Hrsg.), Datenschutzrecht, Art. 12 Rn. 38.

entwickelt,[198] die sich jedoch bisher nicht durchsetzen konnten.[199] Im Gegensatz dazu gibt es aber etwa im Bereich der Videoüberwachung bereits ein standardisiertes Piktogramm nach DIN 33450.[200]

Derartige Überlegungen lassen sich auch auf die Anwendungsfelder des autonomen Fahrens sowie der Verarbeitung von Infrastruktur- und Nutzerdaten übertragen. Verantwortliche sollten sich insbesondere damit beschäftigen, wie sie alle relevanten Informationen der spezifischen Verarbeitungssituation sinnvoll strukturieren und darstellen, ohne den Text der Datenschutzhinweise mit überflüssigen oder redundanten Informationen zu überfrachten.[201]

bb) Verfahrensregelungen (Abs. 2, Abs. 3, Abs. 4, Abs. 5, Abs. 6)

Grundsätzlich ist der Verantwortliche verpflichtet, der betroffenen Person die Ausübung seiner Rechte zu erleichtern (Abs. 2 S. 1), wobei dieses Erleichterungsgebot prinzipiell schwierig zu operationalisieren ist und damit dem Verantwortlichen einen erheblichen Gestaltungsspielraum belässt.[202] Die Bereitstellung von Informationen an den Betroffenen setzt dabei voraus, dass keine Rechte Dritter (z.B. Recht auf informationelle Selbstbestimmung oder Schutz von Betriebs- und Geschäftsgeheimnissen[203]) beeinträchtigt werden. Um dennoch mögliche Auskunftsansprüche effektiv erfüllen zu können, ist eine zugangs- und informationsfreundliche Organisation der Datenverarbeitung erforderlich. Die Digitalisierung kann dabei einen wichtigen Baustein darstellen, um die Ausübung von Betroffenen-

198 Vgl. https://wiki.mozilla.org/Privacy_Icons.

199 *Bäcker*, in: Kühling/Buchner (Hrsg.), DS-GVO BDSG, Art. 12 Rn. 20; vgl. auch die Ausführungen der britischen Aufsichtsbehörde ICO zur Verwendung von Bildsymbolen, https://ico.org.uk/for-organisations/guide-to-data-protection/guide-to-the-general-data-protection-regulation-gdpr/the-right-to-be-informed/what-methods-can-we-use-to-provide-privacy-information/.

200 Vgl. dazu z.B. die Darstellung https://de.wikipedia.org/wiki/Datei:Piktogramm_Video%C3%BCberwachung_nach_DIN_33450.svg.

201 *Durmus*, RDV 2018, 297 (300); vgl. auch *Art. 29-Datenschutzgruppe*, Leitlinien für Transparenz gemäß der Verordnung 2016/679, WP 260 rev.01, 17/DE, https://ec.europa.eu/newsroom/article29/item-detail.cfm?item_id=622227, S. 22 ff.

202 Ausführlich dazu *Dix*, in: Simitis/Hornung/Spiecker gen. Döhmann (Hrsg.), Datenschutzrecht, Art. 12 Rn. 23 ff.; *Bäcker*, in: Kühling/Buchner (Hrsg.), DS-GVO BDSG, Art. 12 Rn. 25.

203 Vgl. dazu etwa *Benecke/Spiecker gen. Döhmann*, JZ 2015, 1018 ff. sowie *Müllmann*, WRP 2018, 1177.

rechten zu erleichtern.[204] Ein Beispiel dafür ist die Konzeption der Datenverarbeitung in der Weise, dass durch eine differenzierte Speicherung von personenbezogenen Daten getrennt nach betroffenen Personen die einfachere Auskunftserteilung ohne Beeinträchtigung der Belange Dritter ermöglicht wird.[205] Nicht vereinbar wäre beispielsweise der Einsatz einer Software, die eine dem Art. 17 DSGVO entsprechende Löschung von Daten nicht zulässt.[206] Ebenso wäre dem Erleichterungsgebot nicht gedient, wenn die betroffene Person ihre Rechte nur unter Hinnahme eines Medienbruchs wahrnehmen könnte. So muss der Betreiber einer Webseite den Nutzern, über die er personenbezogene Daten verarbeitet, eine elektronische Antragstellung ermöglichen.[207]

Ferner unterliegt der Verantwortliche einem Beantwortungs- und Beschleunigungsgebot (Abs. 3 und Abs. 4), sobald der Betroffene einen Antrag gestellt hat, um ein Betroffenenrecht nach Art. 15 bis Art. 22 DSGVO geltend zu machen.[208] So regelt Abs. 3 die Anforderungen an eine Positivantwort, d.h. dass der Verantwortliche dem Antrag zumindest teilweise nachkommt, wohingegen Abs. 4 die Voraussetzungen einer Negativantwort regelt, d.h. wenn und soweit der Verantwortliche dem Antrag nicht nachkommt.[209] Beide Regelungen legen eine Höchstfrist von einem Monat ab Antragseingang fest. Unter bestimmten Voraussetzungen ist eine Fristverlängerung möglich.[210]

Schließlich sind alle Informationen gemäß Art. 13 und Art. 14 DSGVO sowie alle Mitteilungen gemäß den Art. 15 bis 22 DSGVO und Art. 34 DSGVO grundsätzlich unentgeltlich zu erteilen (Abs. 5).[211] Auch dies unterstreicht noch einmal den hohen Stellenwert der Transparenz, deren Kosten prinzipiell der Datenverarbeiter zu tragen hat. Gleichwohl kann in begründeten Ausnahmefällen – etwa bei offenkundig unbegründeten

204 *Dix*, in: Simitis/Hornung/Spiecker gen. Döhmann (Hrsg.), Datenschutzrecht, Art. 12 Rn. 23.

205 *Laue/Nink/Kremer*, Das neue Datenschutzrecht in der betrieblichen Praxis, S. 144.

206 *Dix*, in: Simitis/Hornung/Spiecker gen. Döhmann (Hrsg.), Datenschutzrecht, Art. 12 Rn. 23.

207 *Bäcker*, in: Kühling/Buchner (Hrsg.), DS-GVO BDSG, Art. 12 Rn. 26.

208 *Bäcker*, in: Kühling/Buchner (Hrsg.), DS-GVO BDSG, Art. 12 Rn. 31.

209 *Bäcker*, in: Kühling/Buchner (Hrsg.), DS-GVO BDSG, Art. 12 Rn. 32.

210 Vgl. dazu Art. 12 Abs. 3 S. 2 DSGVO.

211 Umfangreich dazu *Dix*, in: Simitis/Hornung/Spiecker gen. Döhmann (Hrsg.), Datenschutzrecht, Art. 12 Rn. 30 ff.; *Bäcker*, in: Kühling/Buchner (Hrsg.), DS-GVO BDSG, Art. 12 Rn. 35 ff.

oder exzessiven Anträgen – der Verantwortliche von einer kostenlosen Informationsbereitstellung befreit sein.[212]

Schließlich ist der Verantwortliche berechtigt, zusätzliche Daten zur Identifizierung der betroffenen Person zu erheben, die einen Antrag nach den Art. 15 bis Art. 21 DSGVO stellt, wenn er begründete Zweifel an deren Identität hat (Abs. 6).[213] Damit soll etwa sichergestellt werden, dass einem Identitätsdiebstahl vorgebeugt wird.[214]

b) Handlungsempfehlungen für moderne Mobilitätskonzepte im Öffentlichen Nahverkehr

Die effektive Erfüllung der Transparenzanforderung ist Aufgabe des Verantwortlichen, der deshalb selbst aktiv tätig werden muss, um der betroffenen Person die notwendigen Informationen bereitzustellen. Entsprechend muss der Verantwortliche zunächst eine eigene Analyse der Art, Umstände, des Umfangs sowie des Kontextes der von ihm vorgenommenen Verarbeitung personenbezogener Daten durchführen. Dabei muss er eine Priorisierung der den betroffenen Personen zur Verfügung zu stellenden Informationen vornehmen sowie über eine angemessene Detail- und Verfahrenstiefe der Informationsübermittlung entscheiden.[215]

In digitalen Umgebungen kommen unterschiedliche Konzepte zur effektiven Vermittlung der notwendigen Informationen in Betracht. Angesichts der Menge an Informationen, die der betroffenen Person übermittelt werden müssen und um Informationsermüdung vorzubeugen, empfiehlt sich im digitalen Bereich generell ein Mehrebenen-Ansatz.[216]

Dabei ist die Gestaltung und Gliederung so zu wählen, dass auf der obersten Ebene den betroffenen Personen ein klarer Überblick über ihre personenbezogenen Daten gegeben wird und gleichzeitig die Möglichkeit besteht, weiterführende Informationen zu erhalten, wo und wie sie die

212 Vgl. dazu im Einzelnen Art. 12 Abs. 5 S. 2 DSGVO.

213 Dazu ausführlich *Dix*, in: Simitis/Hornung/Spiecker gen. Döhmann (Hrsg.), Datenschutzrecht, Art. 12 Rn. 36 ff.

214 Dazu etwa *Cormack*, EDPL 2016, 15.

215 *Art. 29-Datenschutzgruppe*, Leitlinien für Transparenz gemäß der Verordnung 2016/679, WP 260 rev.01, 17/DE, https://ec.europa.eu/newsroom/article29/item-detail.cfm?item_id=622227, S. 22.

216 Vgl. hierzu auch *Art. 29-Datenschutzgruppe*, Leitlinien für Transparenz gemäß der Verordnung 2016/679, WP 260 rev.01, 17/DE, https://ec.europa.eu/newsroom/article29/item-detail.cfm?item_id=622227, S. 23.

einzelnen weiteren Informationen auf den jeweiligen Ebenen finden können. Auf der ersten Ebene sollten die zentralen rechtlichen Anforderungen aufgezeigt werden. Das betrifft Einzelheiten zu den Verarbeitungszwecken, der Identität des Verantwortlichen sowie eine Beschreibung der Rechte der betroffenen Person.[217] Eine weitere Möglichkeit ist die Verwendung von Push- und Pull-Hinweisen.[218] Push-Hinweise beinhalten die Bereitstellung von „Just-in-time"-Hinweisen, wohingegen Pull-Hinweise den Zugang zu den Informationen über Verfahren wie Berechtigungsmanagement, Datenschutz-Dashboards und Lerntutorien ermöglichen, sodass die betroffene Person Transparenz in einer nutzerorientierten Weise erfahren kann. Daneben kommen aber auch weitere Modalitäten und Formate für die Informationsübermittlung in Betracht wie Bildsymbole, QR-Codes, Sprachmeldungen, Videos in digitalen Installationsanweisungen, schriftliche Informationen auf dem digitalen Endgerät, SMS- und E-Mail-Nachrichten oder sichtbare Infotafeln.[219] Ebenso sind interaktive Datenschutzhinweise denkbar, die modular aufgebaut sind und bei denen sich der Textabschnitt je nach Bedarf öffnet.[220] Schließlich können Bildsymbole verwendet werden, dort wo es sinnvoll erscheint und diese einen relevanten Mehrwert darstellen.

Bei den bereitgestellten Informationen ist es ratsam, dass sich ein durchgängiges Formulierungskonzept in der Informationsvermittlung durch den gesamten Text zieht. Das ist wichtig für eine angenehme Lesbarkeit sowie das Verständnis. Deshalb sind präzise Überschriften sinnvoll, anhand derer die betroffenen Personen die maßgebliche Funktion bzw. Eigenschaft der Datenverarbeitung erkennen können. Sodann sind die relevanten Maßnahmen möglichst genau und in einer einfachen Sprache zu beschreiben. Auf Fachtermini sollte deshalb idealerweise verzichtet werden. Sodann sind die datenschutzrechtlich relevanten Punkte zu nennen.

217 *Art. 29-Datenschutzgruppe*, Leitlinien für Transparenz gemäß der Verordnung 2016/679, WP 260 rev.01, 17/DE, https://ec.europa.eu/newsroom/article29/item-detail.cfm?item_id=622227, S. 23.

218 Siehe dazu *Art. 29-Datenschutzgruppe*, Leitlinien für Transparenz gemäß der Verordnung 2016/679, WP 260 rev.01, 17/DE, https://ec.europa.eu/newsroom/article29/item-detail.cfm?item_id=622227, S. 25.

219 Vgl. dazu *Art. 29-Datenschutzgruppe*, Leitlinien für Transparenz gemäß der Verordnung 2016/679, WP 260 rev.01, 17/DE, https://ec.europa.eu/newsroom/article29/item-detail.cfm?item_id=622227, S. 26 f.

220 Vgl. etwa auch die Empfehlungen der vormaligen *Art. 29-Datenschutzgruppe*, Leitlinien für Transparenz gemäß der Verordnung 2016/679, WP 260 rev.01, 17/DE, https://ec.europa.eu/newsroom/article29/item-detail.cfm?item_id=622227.

Denkbar ist dabei etwa, dass anstelle eines reinen Fließtexts mit Tabellen gearbeitet wird, anhand derer die Datenverarbeitung strukturiert dargestellt wird. In Betracht können aber auch Informationsflussdiagramme kommen.

Schließlich sollten idealerweise alle an die betroffene Person gerichteten Informationen leicht zugänglich an einer einzigen Stelle oder in einem Gesamtdokument (in digitaler Form oder auf Papier) zur Verfügung gestellt werden.[221]

aa) Anwendungsfeld autonomes Fahren

Je nach konkreter Ausgestaltung des autonomen Fahrens können unterschiedliche personenbezogene Daten[222] anfallen, die im Rahmen moderner Mobilitätskonzepte verarbeitet werden.

Ganz generell ist beim autonomen Fahren aus Sicht des Datenschutzes ein hohes Maß an Transparenz erforderlich.[223] Entsprechend ist der Datenverarbeiter verpflichtet, die Rechte der betroffenen Personen – also etwa der Nutzer autonomer Fahrzeuge – effektiv zu erfüllen. Die zu übermittelnden Informationen, insbesondere solche nach Art. 13 bzw. Art. 14 DSGVO sowie Mitteilungen nach Art. 15 DSGVO, müssen in einer leicht verständlichen Sprache und transparent übermittelt werden. Dabei darf gleichzeitig die Einfachheit der Sprache nicht die Komplexität der Datenverarbeitung verdecken. Den Nutzern autonomer Fahrzeuge sind die relevanten Informationen verständlich darzustellen. Das betrifft ganz konkret etwa die Informationen nach Art. 13 DSGVO sowie die Informationen im Rahmen des Auskunftsrechts nach Art. 15 DSGVO.[224] Um diese Informationen leicht zugänglich zu machen, könnten etwa digitale Displays im autonomen Fahrzeug genutzt werden. Ebenso wäre denkbar, die notwendigen Informationen per Smartphone-App zugänglich zu machen. Schließlich könnten – ganz altmodisch – Informationsbroschüren ausgelegt werden, die über die Datenverarbeitung informieren. Hinsichtlich der

221 *Art. 29-Datenschutzgruppe*, Leitlinien für Transparenz gemäß der Verordnung 2016/679, WP 260 rev.01, 17/DE, https://ec.europa.eu/newsroom/article29/item-detail.cfm?item_id=622227, S. 22.

222 Zur Abgrenzung von personenbezogenen Daten und nicht-personenbezogenen Daten in diesem Anwendungsfeld vgl. *Steege*, MMR 2019, 509 (510 f.) sowie *Klink-Straub/Straub*, NJW 2018, 3201 (3202 f.).

223 *Nehm*, JZ 2018, 398 (402).

224 Vgl. dazu ausführlich unter B. III. 2. sowie unter B. III. 4.

allgemeinen Informationen nach Art. 13 DSGVO sollten diese idealerweise in deutscher und englischer Sprache zur Verfügung gestellt werden. Je nach der geografischen Lage datengetriebener Mobilitätskonzepte wäre es außerdem sinnvoll die Informationen in weiteren Sprachen (etwa französisch, polnisch, dänisch etc.) zu präsentieren. Da die Informationen aus dem Anwendungsfeld autonomes Fahren in der Dienstleistungsplattform mit den Informationen aus den Anwendungsfeldern Infrastrukturdaten und Nutzerdaten zusammengeführt und verarbeitet werden, ist hierüber entsprechend zu informieren. Es bietet sich deshalb an, die notwendigen Informationen gestaffelt darzustellen, was beispielsweise mithilfe von Mehrebenen-Mitteilungen erfolgen kann. Anzudenken ist ebenfalls mithilfe von Bildsymbolen zu arbeiten, um die Informationen leicht verständlich zu übermitteln, wobei die Bildsymbole entsprechend verständlich sein müssen.

bb) Anwendungsfeld Infrastrukturdaten

Für das Anwendungsfeld Infrastrukturdaten wird zunächst zu prüfen sein, ob personenbezogene Daten anfallen.[225] Ist diese Frage zu bejahen, und das hängt offensichtlich von der Qualifizierung der erhobenen und verarbeiteten Daten ab, so sind gleichwohl die nach Art. 12 DSGVO geforderten Transparenzanforderungen zu berücksichtigen. Entsprechend sind die betroffenen Personen dann hierüber zu unterrichten, wobei wiederum unterschiedliche Wege und Mittel (elektronisch oder schriftlich) in Betracht kommen.[226]

cc) Anwendungsfeld Nutzerdaten

Werden Nutzerdaten – und damit möglicherweise auch das Nutzerverhalten – verarbeitet, so stellen diese grundsätzlich personenbezogene Daten dar, sodass der Verantwortliche seinen entsprechenden Informationspflichten – insbesondere nach Art. 13 DSGVO – sowie den Mitteilungspflichten – nach Art. 15 DSGVO – nachkommen muss. Auch hier gelten die Überlegungen, die bereits im Rahmen des Anwendungsfeldes auto-

225 Siehe hierzu oben unter B. I.
226 Es kann hier auf die prinzipiellen Ausführungen zum Anwendungsfeld autonomes Fahren verwiesen werden.

nomes Fahren angestellt wurden. Da die Nutzerdaten grundsätzlich auf den Smartphones der Nutzer erhoben werden, bietet es sich an, die Informations- und Mitteilungspflichten entsprechend auf demselben Medium – also dem Smartphone – zur Verfügung zu stellen. So wird jedenfalls ein Medienbruch verhindert. Hier könnte eine leicht bedienbare und gut verständliche App zum Einsatz kommen, die über die wesentlichen Punkte informiert. Technisch lassen sich die verschiedenen Informationen in unterschiedlichen Detailgraden darstellen, sodass etwa zunächst nur sehr allgemeine Informationen übermittelt werden könnten, die dann – auch je nach Bedürfnis der Nutzer – Schritt für Schritt detaillierter ausgestaltet werden.

2. Informationspflicht bei Erhebung von personenbezogenen Daten bei der betroffenen Person (Art. 13 DSGVO)

a) Rechtssystematische Grundlagen der Norm

Art. 13 DSGVO normiert diejenigen Informationspflichten, die Verarbeiter erbringen müssen, wenn sie personenbezogene Daten direkt bei der betroffenen Person erheben. Die Grundsätze der fairen und transparenten Verarbeitung[227] werden dadurch konkretisiert, dass die nach Art. 13 DSGVO bestimmten Informationen als Gegenstand einer „Bringschuld" dem Verantwortlichen auferlegt sind.[228]

Art. 13 Abs. 1 DSGVO enthält die primären Informationspflichten, also diejenigen Informationen, die der Verarbeiter der betroffenen Person zwingend mitteilen muss. Dem gegenüber normiert Abs. 2 weitere zusätzliche Informationspflichten, die dann der betroffenen Person zur Verfügung gestellt werden müssen, wenn diese Informationen notwendig sind, um eine faire und transparente Verarbeitung zu gewährleisten.

Maßgeblicher Zeitpunkt der Informierung ist jeweils der Zeitpunkt der Erhebung der Daten.[229] Nach Abs. 3 entstehen weitere Informationspflichten, wenn der Verantwortliche die erhobenen Daten zu einem anderen Zweck als dem Erhebungszweck weiterverarbeiten will. Werden also et-

227 Vgl. EG 60 DSGVO.

228 *Dix*, in: Simitis/Hornung/Spiecker gen. Döhmann (Hrsg.), Datenschutzrecht, Art. 13 Rn. 1.

229 Dazu *Dix*, in: Simitis/Hornung/Spiecker gen. Döhmann (Hrsg.), Datenschutzrecht, Art. 13 Rn. 7.

wa Daten in einer Datensammlung gespeichert, um für zukünftige, noch nicht absehbare Verarbeitungen zur Verfügung zu stehen, so liegt bereits hierin eine Zweckänderung, welche die Informationspflichten nach Abs. 3 auslösen.[230] Der Verantwortliche hat die betroffene Person also rechtzeitig vor jeder Weiterverarbeitung der erhobenen Daten zu anderen als den ursprünglichen Zwecken über diesen neuen Zweck zu informieren.[231]

Schließlich ist der Verantwortliche nach Abs. 4 von seiner Informationspflicht befreit, wenn und soweit die betroffene Person bereits über die Informationen verfügt. Die Ausnahme ist grundsätzlich eng auszulegen.[232] Maßgeblich ist stets die Reichweite des konkreten Kenntnisstandes der jeweiligen betroffenen Person.[233]

Art. 13 DSGVO ist grundsätzlich anwendbar, wenn eine betroffene Person dem Verantwortlichen Daten bewusst übermittelt (etwa beim Ausfüllen eines Online-Formulars) oder wenn der Verantwortliche im Wege der Beobachtung von der betroffenen Person Daten erhebt (etwa unter Verwendung von automatisierten Datenerfassungsgeräten oder Datenerfassungssoftware wie Kameras, Netzwerkausrüstungen, Wi-Fi-Tracking, RFID oder sonstigen Arten von Sensoren).[234]

Nach Art. 13 Abs. 1 DSGVO sind dann folgende Daten zwingend mitzuteilen:[235]

- Name (z.B. Firmenname nach § 17 Abs. 1 HGB oder Vereinsname nach § 57 BGB) und Kontaktdaten des Verantwortlichen (z.B. Telefonnummer, E-Mail, Postanschrift) sowie ggf. dessen Vertreter,
- Kontaktdaten des ggf. vorhandenen Datenschutzbeauftragten[236],

---

230 *Bäcker*, in: Kühling/Buchner (Hrsg.), DS-GVO BDSG, Art. 13 Rn. 69.

231 *Dix*, in: Simitis/Hornung/Spiecker gen. Döhmann (Hrsg.), Datenschutzrecht, Art. 13 Rn. 20.

232 *Art. 29-Datenschutzgruppe*, Leitlinien für Transparenz gemäß der Verordnung 2016/679, WP 260 rev.01, 17/DE, https://ec.europa.eu/newsroom/article29/item-detail.cfm?item_id=622227, S. 34; kritisch dazu *Knyrim*, in: Ehmann/Selmayr, DS-GVO, Art. 13 Rn. 68.

233 *Ingold*, in: Sydow (Hrsg.), DSGVO, Art. 13 Rn. 10.

234 *Art. 29-Datenschutzgruppe*, Leitlinien für Transparenz gemäß der Verordnung 2016/679, WP 260 rev.01, 17/DE, https://ec.europa.eu/newsroom/article29/item-detail.cfm?item_id=622227, S. 17 f.

235 Siehe auch *Datenschutzkonferenz*, Kurzpapier Nr. 10 – Informationspflichten bei Dritt- und Direkterhebung, https://www.datenschutzkonferenz-online.de/media/kp/dsk_kpnr_10.pdf; vgl. ebenso *Art. 29-Datenschutzgruppe*, Leitlinien für Transparenz gemäß der Verordnung 2016/679, WP 260 rev.01, 17/DE, https://ec.europa.eu/newsroom/article29/item-detail.cfm?item_id=622227, S. 43 ff.

236 Vgl. dazu *Datenschutzkonferenz*, Kurzpapier Nr. 12 – Datenschutzbeauftragte bei Verantwortlichen und Auftragsverarbeitern, https://www.datenschutzkonferen

- Zwecke, für die die personenbezogenen Daten verarbeitet werden sollen und zusätzlich die Rechtsgrundlage, auf der die Verarbeitung beruht,
- das berechtigte Interesse, insofern die Datenerhebung auf einem berechtigten Interesse des Verantwortlichen oder eines Dritten beruht (Art. 6 Abs. 1 lit. f) DSGVO),
- Empfänger oder Kategorien von Empfängern der personenbezogenen Daten (vgl. Art. 4 Nr. 9 DSGVO),
- Absicht des Verantwortlichen, die personenbezogenen Daten an ein Drittland oder eine internationale Organisation zu übermitteln sowie zugleich das Vorhandensein oder das Fehlen eines Angemessenheitsbeschlusses[237] der Kommission.

Zusätzlich sind nach Art. 13 Abs. 2 DSGVO weitere Informationen mitzuteilen, soweit diese notwendig sind, um eine faire und transparente Verarbeitung zu gewährleisten. Entgegen dem Wortlaut sind diese Informationen gleichwohl immer mitzuteilen, da sie zur Gewährleistung einer fairen und transparenten Verarbeitung zwingend notwendig sind.[238]

Dabei handelt es sich um folgende Informationen über:

- Die geplante Speicherdauer oder, falls dies nicht möglich ist, die Kriterien für die Festlegung der Speicherdauer,
- die Betroffenenrechte (Auskunfts-, Löschungs-, Einschränkungs- und Widerspruchsrechte sowie das Recht auf Datenübertragbarkeit),
- das Recht zum jederzeitigen Widerruf einer Einwilligung und die Tatsache, dass die Rechtmäßigkeit der Verarbeitung auf Grundlage der Einwilligung bis zum Widerruf unberührt bleibt,
- das Beschwerderecht bei einer Aufsichtsbehörde,
- ggf. die gesetzliche oder vertragliche Verpflichtung des Verantwortlichen, personenbezogene Daten Dritten bereitzustellen und über die möglichen Folgen der Nichtbereitstellung der personenbezogenen Daten zu informieren sowie

---

z-online.de/media/kp/dsk_kpnr_12.pdf sowie *Art. 29-Datenschutzgruppe*, Leitlinien in Bezug auf Datenschutzbeauftragte („DSB"), WP 243 rev.01, 16/DE, https://ec.europa.eu/newsroom/article29/item-detail.cfm?item_id=612048.

237 Vgl. dazu *Datenschutzkonferenz*, Kurzpapier Nr. 4 – Datenübermittlung an Drittländer, https://www.datenschutzkonferenz-online.de/media/kp/dsk_kpnr_4.pdf.

238 *Dix*, in: Simitis/Hornung/Spiecker gen. Döhmann (Hrsg.), Datenschutzrecht, Art. 13 Rn. 13; *Bäcker*, in: Kühling/Buchner (Hrsg.), DS-GVO BDSG, Art. 13 Rn. 20; aA *Paal/Hennemann*, in: Paal/Pauly (Hrsg.), DSGVO/BDSG, Art. 13 Rn. 22; instruktiv auch *Knyrim*, in: Ehmann/Selmayr (Hrsg.), DS-GVO, Art. 13 Rn. 28 ff.

- im Falle einer automatisierten Entscheidungsfindung (einschließlich Profiling) aussagekräftige Informationen über die verwendete Logik, die Tragweite und die angestrebten Auswirkungen einer derartigen Verarbeitung.

Da die Rechenschaftspflicht des Verantwortlichen gegenüber der betroffenen Person nicht nur zum Zeitpunkt der Erhebung der Daten gilt, sondern während des gesamten Verarbeitungszyklus (vgl. Art. 12 Abs. 1 S. 1 DSGVO), sind bei möglichen Änderungen der Informationen die betroffenen Personen entsprechend zu informieren, sofern eine wesentliche oder sachliche Änderung vorliegt.[239] Das gilt insbesondere bei einer Änderung des Verarbeitungszwecks, der Änderung der Identität des Verantwortlichen oder generell bei einer Änderung der Vorgehensweise, wie die betroffenen Personen ihre Rechte bezüglich der Verarbeitung ausüben können. Die Unterrichtung über die Änderungen sollte stets auf angemessene Art und Weise erfolgen, etwa per E-Mail, per klassischen Brief, per Pop-up auf einer Webseite oder auf eine andere Art und Weise, welche der betroffenen Person die Änderungen wirksam zur Kenntnis bringt.[240]

b) Handlungsempfehlungen für moderne Mobilitätskonzepte im Öffentlichen Nahverkehr

aa) Anwendungsfeld autonomes Fahren

Die Informationspflichten nach Art. 13 DSGVO werden im Anwendungsfeld autonomes Fahren ausgelöst, sobald bei betroffenen Personen unmittelbar personenbezogene Daten erhoben werden.[241] Das betrifft etwa konkret die Fahrzeuginsassen eines autonomen Fahrzeugs, wobei man hier – je nach konkreter Ausgestaltung – zwischen dem Fahrer sowie weiteren möglichen Fahrzeuginsassen differenzieren muss.[242] Auch wenn weitere Sensoren wie Kameras Daten von betroffenen Personen – das können

239 Umfangreich dazu *Art. 29-Datenschutzgruppe*, Leitlinien für Transparenz gemäß der Verordnung 2016/679, WP 260 rev.01, 17/DE, https://ec.europa.eu/newsroom/article29/item-detail.cfm?item_id=622227, S. 20 ff.

240 *Art. 29-Datenschutzgruppe*, Leitlinien für Transparenz gemäß der Verordnung 2016/679, WP 260 rev.01, 17/DE, https://ec.europa.eu/newsroom/article29/item-detail.cfm?item_id=622227, S. 20.

241 Vgl. zu den Informationspflichten im Mobilitätskontext *Sackmann*, Datenschutz bei der Digitalisierung der Mobilität, S. 147 ff.

242 *Sackmann*, Datenschutz bei der Digitalisierung der Mobilität, S. 149 f.

etwa auf dem Gehweg aufgenommene Personen sein oder das vor einem autonomen Fahrzeug fahrende Auto – verarbeiten, wird die Informationspflicht ausgelöst. Es müssen sodann die Informationen nach Art. 13 Abs. 1 und Abs. 2 DSGVO den betroffenen Personen mitgeteilt werden. Bei wesentlichen Änderungen der notwendigen Informationen ist eine erneute Informierung notwendig. Wie die betroffenen Personen konkret zu informieren sind, ergibt sich aus den Anforderungen nach Art. 12 DSGVO.[243]

bb) Anwendungsfeld Infrastrukturdaten

Die Informationspflichten nach Art. 13 DSGVO werden im Anwendungsfeld Infrastrukturdaten nur dann ausgelöst, wenn personenbezogene Daten unmittelbar bei den betroffenen Personen erhoben werden. Werden Informationen über Personen jedoch nicht von diesen selbst erlangt, so ist Art. 14 DSGVO einschlägig. Hierzu zählen personenbezogene Daten, welche der Verantwortliche etwa von dritten Verantwortlichen, aus allgemein zugänglichen Quellen – hier ist etwa an Daten aus sozialen Netzwerken zu denken – oder von Datenvermittlern erhalten hat.[244] Insofern ist näher aufzuklären, welche Infrastrukturdaten in welcher Art und Weise erhoben und verarbeitet werden und ob überhaupt eine Direkterhebung bezüglich dieser Datenkategorien stattgefunden hat. Ist das nicht der Fall, so richtet sich die Informationspflicht nach Art. 14 DSGVO.

cc) Anwendungsfeld Nutzerdaten

Da im Anwendungsfeld Nutzerdaten die Informationen unmittelbar bei den betroffenen Personen erhoben werden, folgt die Informationspflicht des Verantwortlichen aus Art. 13 DSGVO. Entsprechend müssen nach Art. 13 Abs. 1 und Art. 13 Abs. 2 DSGVO die relevanten Informationen zur Verfügung gestellt werden. Bei wesentlichen Änderungen der notwendigen Informationen ist eine erneute Informierung notwendig. In welcher Art und Weise die Informierung konkret erfolgt, ergibt sich wiederum aus Art. 12 DSGVO.

---

243 Siehe hierzu ausführlich oben unter B. III. 1.

244 *Art. 29-Datenschutzgruppe*, Leitlinien für Transparenz gemäß der Verordnung 2016/679, WP 260 rev.01, 17/DE, https://ec.europa.eu/newsroom/article29/item-detail.cfm?item_id=622227, S. 18.

3. Informationspflicht, wenn die personenbezogenen Daten nicht bei der betroffenen Person erhoben werden (Art. 14 DSGVO)

a) Rechtssystematische Grundlagen der Norm

Art. 14 DSGVO normiert diejenigen Informationspflichten, die Verarbeiter erbringen müssen, wenn sie personenbezogene Daten nicht bei der betroffenen Person erheben, sondern wenn die Daten bei Dritten erhoben oder von diesen mit oder ohne Veranlassung der betroffenen Person übermittelt werden.[245] Es kann sich dabei auch um Daten aus allgemein zugänglichen Quellen oder um Daten von Datenvermittlern handeln.[246] Eine informationspflichtige Erhebung von Daten nicht bei der betroffenen Person liegt etwa dann vor, wenn Nutzer eines sozialen Netzwerks oder Messenger-Dienstes aufgefordert werden, ihr Adressbuch mit Kontaktdaten auf die Plattform des Betreibers hochzuladen. Ebenso sind beispielsweise Betreiber von Online-Bewertungsportalen informationspflichtig, die Werturteile oder Rankings über Lehrer, Hochschullehrer, Ärzte oder andere natürliche Personen sammeln und zum Abruf bereitstellen.[247]

Der Umfang der Informationspflichten bei indirekter Erhebung ist mit dem bei direkter Erhebung weitgehend identisch.[248] Allerdings muss die betroffene Person beispielsweise nach Art. 14 Abs. 1 lit. d) DSGVO auch über die Kategorien der verarbeiteten Daten informiert werden, wenn diese bei Dritten erhoben werden. Ebenso muss darüber informiert werden, aus welcher Quelle die personenbezogenen Daten herrühren und ob sie ggf. aus öffentlich zugänglichen Quellen stammen (Art. 14 Abs. 2 lit. f) DSGVO). Allgemein zugänglich sind nur solche Quellen (z.B. Register), die ohne ein rechtliches oder ein berechtigtes Interesse für jedermann zugänglich sind.[249] Soziale Medien können nur insoweit als allgemein zu-

245 *Dix*, in: Simitis/Hornung/Spiecker gen. Döhmann (Hrsg.), Datenschutzrecht, Art. 14 Rn. 3.

246 dazu *Art. 29-Datenschutzgruppe*, Leitlinien für Transparenz gemäß der Verordnung 2016/679, WP 260 rev.01, 17/DE, https://ec.europa.eu/newsroom/article29/item-detail.cfm?item_id=622227, S. 18.

247 So *Dix*, in: Simitis/Hornung/Spiecker gen. Döhmann (Hrsg.), Datenschutzrecht, Art. 14 Rn. 3.

248 *Dix*, in: Simitis/Hornung/Spiecker gen. Döhmann (Hrsg.), Datenschutzrecht, Art. 14 Rn. 4 und 9.

249 *Dix*, in: Simitis/Hornung/Spiecker gen. Döhmann (Hrsg.), Datenschutzrecht, Art. 14 Rn. 11 mwN.

gängliche Quellen angesehen werden, als der jeweilige Nutzer den Zugriff auf seine Daten nicht eingeschränkt hat.[250]

Hat der Verantwortliche personenbezogene Daten über die betroffene Person aus mehreren Quellen erhoben, so hat er ihr alle Quellen mitzuteilen.[251] Der Datenverarbeiter ist damit gleichzeitig verpflichtet, seine Datenverarbeitung technisch und organisatorisch so zu gestalten, dass die Zuordnung bestimmter personenbezogener Daten zu bestimmten Quellen möglich ist.[252] Das gilt grundsätzlich auch für komplexe Analysen von großen Datenbeständen oder wenn Informationen aus mehreren unterschiedlichen heterogenen Datenquellen kombiniert werden und erst im Rahmen solcher Analysen oder Kombinationen personenbezogene Daten entstehen. Dann liegt in der Analyse die maßgebliche Datenverarbeitung, und es ist nicht möglich, eine einzelne Datenquelle zu benennen.[253] In einem solchen Fall darf der Verantwortliche die Information insofern allgemein halten, als er neben der Bezeichnung des Mittels der Datenverarbeitung die genutzten Datenbestände oder Systeme nebeneinander benennt.[254]

In bestimmten Fallkonstellationen – etwa bei der Erlangung der personenbezogenen Daten durch Informanten oder von Whistleblowern – kann ein Geheimhaltungsinteresse bezüglich der Datenquelle bestehen, sodass darüber dann keine Auskunft erteilt werden kann.[255]

Der entscheidende Unterschied zwischen den Informationspflichten bei direkter und indirekter Datenerhebung besteht insbesondere im Zeitpunkt der Informierung.[256] Grundsätzlich müssen Informationen innerhalb einer angemessenen Frist nach Erlangung der Daten erteilt werden (vgl. Art. 14 Abs. 3 lit. a) DSGVO). Für besondere Verarbeitungssituationen – das betrifft die Datenerhebung zur Kommunikation mit der betroffenen Person sowie die Datenerhebung zur Offenlegung an einen anderen Empfänger – enthalten Abs. 3 lit. b) und lit. c) Sonderregelungen, welche die allgemeine

250 *Franck*, in: Gola (Hrsg.), Datenschutzgrundverordnung, Art. 14 Rn. 13 mwN.

251 *Bäcker*, in: Kühling/Buchner (Hrsg.), DS-GVO BDSG, Art. 14 Rn. 23.

252 Vgl. auch EG 78 DSGVO; *Dix*, in: Simitis/Hornung/Spiecker gen. Döhmann (Hrsg.), Datenschutzrecht, Art. 14 Rn. 11.

253 Vgl. zu Big Data Anwendungen etwa *Werkmeister/Brandt*, CR 2016, 233 (236).

254 *Bäcker*, in: Kühling/Buchner (Hrsg.), DS-GVO BDSG, Art. 14 Rn. 23.

255 Ausführlich dazu *Dix*, in: Simitis/Hornung/Spiecker gen. Döhmann (Hrsg.), Datenschutzrecht, Art. 14 Rn. 12.

256 *Dix*, in: Simitis/Hornung/Spiecker gen. Döhmann (Hrsg.), Datenschutzrecht, Art. 14 Rn. 8.

Regel hinsichtlich des spätesten zulässigen Informationszeitpunkts konkretisieren.[257]

In begründeten Ausnahmefällen kann nach Art. 14 Abs. 5 DSGVO von den Informationspflichten abgesehen werden, wobei diese Ausnahmen als Einschränkung des Grundrechts auf Datenschutz eng auszulegen sind.[258] Das kann etwa dann der Fall sein, wenn die betroffene Person bereits über die Informationen verfügt oder die Erteilung der Informationen sich als unmöglich erweist bzw. einen unverhältnismäßigen Aufwand erfordern würde. So ist die Informierung etwa dann unmöglich, wenn der Verantwortliche die betroffene Person nicht kontaktieren kann, weil er sie nicht kennt.[259] Kann der Verantwortliche die betroffene Person allerdings identifizieren und muss sich nur noch weitere Kontaktdaten beschaffen, um die nach Art. 14 DSGVO gebotenen Informationen mitzuteilen, so ist die Mitteilung noch nicht unmöglich i. S. d. Art. 15 Abs. 5 lit. b) DSGVO.[260] Ein unverhältnismäßiger Aufwand kann sich daraus ergeben, dass von einer Datenerhebung zahlreiche Personen betroffen sind, deren Interessen aber nur in einem geringfügigen Ausmaß beeinträchtigt werden.[261] Das kann der Fall sein, wenn der Verantwortliche die Daten aus allgemein zugänglichen Quellen entnommen hat, ohne sie mit risikoträchtigen Analysemethoden zu verarbeiten. Die Anzahl der betroffenen Personen kann dabei ein Abgrenzungskriterium darstellen.[262] Bei massenhaften Datenerhebungen, die intensiv in Grundrechte eingreifen oder hohe Risiken begründen, müssen hingegen auch zahlreiche betroffene Personen informiert werden.[263]

---

257 *Bäcker*, in: Kühling/Buchner (Hrsg.), DS-GVO BDSG, Art. 14 Rn. 27.

258 EuGH, Urt. v. 11.12.2014 – C-212/13, NJW 2015, 463 Rn. 28 – Reynes; *Dix*, in: Simitis/Hornung/Spiecker gen. Döhmann (Hrsg.), Datenschutzrecht, Art. 14 Rn. 19.

259 *Bäcker*, in: Kühling/Buchner (Hrsg.), DS-GVO BDSG, Art. 14 Rn. 54.

260 So *Ingold*, in: Sydow (Hrsg.), DSGVO, Art. 14 Rn. 14; *Bäcker*, in: Kühling/Buchner (Hrsg.), DS-GVO BDSG, Art. 14 Rn. 54.

261 *Bäcker*, in: Kühling/Buchner (Hrsg.), DS-GVO BDSG, Art. 14 Rn. 55.

262 Vgl. auch EG 62 DSGVO.

263 *Bäcker*, in: Kühling/Buchner (Hrsg.), DS-GVO BDSG, Art. 14 Rn. 55.

b) Handlungsempfehlungen für moderne Mobilitätskonzepte im Öffentlichen Nahverkehr

aa) Anwendungsfeld autonomes Fahren

Im Anwendungsfeld autonomes Fahren wird Art. 14 DSGVO nur insoweit anwendbar sein, wie personenbezogene Daten nicht bei den betroffenen Personen direkt erhoben werden. Da jedoch die Daten insbesondere bei der Gruppe der Fahrzeuginsassen direkt erhoben werden, spielt Art. 14 DSGVO in diesem Anwendungsfeld keine besondere Rolle. Etwas anderes kann jedoch dann in Erwägung zu ziehen sein, wenn der Datenverarbeiter gezielt Informationen von Mitreisenden – also nicht dem Fahrzeugführer selbst – erhebt und verarbeitet.[264]

bb) Anwendungsfeld Infrastrukturdaten

Im Anwendungsfeld Infrastrukturdaten könnte Art. 14 DSGVO vorrangig zur Anwendung kommen, wenn Daten aus öffentlich zugänglichen Quellen verarbeitet werden und somit keine Direkterhebung bei den betroffenen Personen stattfindet. Die notwendigen Informationspflichten ergeben sich dann aus Art. 14 DSGVO, sodass eine Übermittlung der Informationen in einer angemessenen Zeit gegenüber den Betroffenen erfolgen muss. Ob eine Übermittlung aufgrund eines unverhältnismäßigen Aufwandes entbehrlich ist, muss je nach konkretem Einzelfall detailliert geprüft werden. Dabei wird insbesondere eine Rolle spielen, in welchem Umfang personenbezogene Daten hier aus unterschiedlichen Datenquellen erhoben und verarbeitet werden und ob es sich um risikoträchtige oder risikoarme Datenverarbeitungen handelt. Entscheidendes Kriterium wird insofern die Grundrechtssensibilität der Maßnahme sein. Dabei hängt es davon ab, welche personenbezogenen Daten im Einzelfall verarbeitet werden, um ein modernes und datengetriebenes Mobilitätskonzept effektiv und wirksam zu gestalten.

264 *Sackmann*, Datenschutz bei der Digitalisierung der Mobilität, S. 150.

cc) Anwendungsfeld Nutzerdaten

Im Anwendungsfeld Nutzerdaten spielt Art. 14 DSGVO grundsätzlich keine Rolle, da die Daten direkt primär bei den betroffenen Personen erhoben werden, sodass ausschließlich Art. 13 DSGVO anwendbar ist.[265]

4. Auskunftsrecht der betroffenen Person (Art. 15 DSGVO)

a) Rechtssystematische Grundlagen der Norm

Das Auskunftsrecht nach Art. 15 DSGVO ist das zentrale Recht zur Schaffung von Transparenz.[266] Es ermöglicht den betroffenen Personen die Prüfung, ob der Verantwortliche Daten über sie verarbeitet und versetzt sie somit überhaupt erst in die Lage, die Verarbeitung dieser Daten durch Geltendmachung ihrer Rechte – insbesondere das Recht auf Berichtigung (Art. 16 DSGVO), das Recht auf Löschung (Art. 17 DSGVO), das Recht auf Einschränkung der Verarbeitung (Art. 18 DSGVO), das Recht auf Übertragbarkeit der Daten (Art. 20 DSGVO) sowie das Recht auf Widerspruch (Art. 21 DSGVO) – auszuüben.[267] Im Unterschied zu den Informationspflichten nach Art. 13 und Art. 14 DSGVO muss der Verantwortliche nur dann die gewünschten Auskünfte erteilen, wenn die betroffene Person aktiv von ihrem Auskunftsrecht Gebrauch macht. Es handelt sich deshalb aus Sicht des Verantwortlichen um eine passive Form der Transparenz.[268]

Grundsätzlich ist das Auskunftsrecht nach Art. 15 Abs. 1 DSGVO ein abgestuftes Auskunftsrecht.[269] In einem ersten Schritt hat die betroffene Person generell das Recht, von dem Verantwortlichen eine Bestätigung darüber zu verlangen, ob sie betreffende personenbezogene Daten überhaupt verarbeitet werden. Ist das nicht der Fall, so ist gleichwohl eine

---

265 Siehe oben unter B. III. 2.

266 *Dix*, in: Simitis/Hornung/Spiecker gen. Döhmann (Hrsg.), Datenschutzrecht, Art. 15 Rn. 1; *Specht*, in: Sydow (Hrsg.), DSGVO, Art. 15 Rn. 1; *Datenschutzkonferenz*, Kurzpapier Nr. 6 – Auskunftsrecht der betroffenen Person, https://www.datenschutzkonferenz-online.de/media/kp/dsk_kpnr_6.pdf.

267 *Dix*, in: Simitis/Hornung/Spiecker gen. Döhmann (Hrsg.), Datenschutzrecht, Art. 15 Rn. 1.

268 *Dix*, in: Simitis/Hornung/Spiecker gen. Döhmann (Hrsg.), Datenschutzrecht, Art. 15 Rn. 3.

269 *Datenschutzkonferenz*, Kurzpapier Nr. 6 – Auskunftsrecht der betroffenen Person, https://www.datenschutzkonferenz-online.de/media/kp/dsk_kpnr_6.pdf.

Negativauskunft notwendig, aus der hervorgeht, dass der Verantwortliche keine Daten zu dieser Person verarbeitet oder personenbezogene Daten unumkehrbar anonymisiert hat.[270] Sind personenbezogene Daten anonymisiert, empfiehlt sich zumindest eine Informierung über den Anonymisierungsprozess und das dahinterstehende Verfahren, da so gegenüber der betroffenen Person eine transparente Datenverarbeitung erfolgt.[271] Pseudonymisierte Daten (vgl. Art. 4 Nr. 5 DSGVO) sind dagegen stets personenbezogen und unterliegen deshalb auch inhaltlich dem Auskunftsrecht der betroffenen Person.[272] Das Auskunftsrecht umfasst alle Daten, die zum Zeitpunkt des Auskunftsverlangens, beim Verantwortlichen vorhanden sind.[273] Eine Ausnahme für bestimmte Datenkategorien sieht Art. 15 DSGVO nicht vor.[274]

Vor allem sind nach Art. 15 Abs. 1 DSGVO folgende Informationen mitzuteilen:

- die Verarbeitungszwecke,
- die Kategorien personenbezogener Daten, die verarbeitet werden,
- die Empfänger bzw. Kategorien von Empfängern, die diese Daten bereits erhalten haben oder künftig noch erhalten werden,
- die geplante Speicherdauer falls möglich, anderenfalls die Kriterien für die Festlegung der Speicherdauer,
- das Bestehen der Rechte auf Berichtigung, Löschung oder Einschränkung der Verarbeitung,
- das Widerspruchsrecht nach Art. 21 DSGVO,
- das Beschwerderecht für die betroffene Person bei der Aufsichtsbehörde,
- die Herkunft der Daten, soweit diese nicht bei der betroffenen Person selbst erhoben wurden, und

---

270 *Datenschutzkonferenz*, Kurzpapier Nr. 6 – Auskunftsrecht der betroffenen Person, https://www.datenschutzkonferenz-online.de/media/kp/dsk_kpnr_6.pdf; *Bäcker*, in: Kühling/Buchner (Hrsg.), DS-GVO BDSG, Art. 15 Rn. 7.

271 *Dix*, in: Simitis/Hornung/Spiecker gen. Döhmann (Hrsg.), Datenschutzrecht, Art. 15 Rn. 12.

272 Problematisch ist die praktische Umsetzung des Auskunftsrechts bei Nutzung der Blockchain-Technologie, bei der der Verantwortliche aufgrund der besonderen Datenverarbeitung nicht weiß, ob personenbezogene Daten verarbeitet werden oder nicht. Vgl. dazu *Finck*, EDPL 2018, 17 (29 f.).

273 Ausführlich dazu *Dix*, in: Simitis/Hornung/Spiecker gen. Döhmann (Hrsg.), Datenschutzrecht, Art. 15 Rn. 13 ff.

274 *Bäcker*, in: Kühling/Buchner (Hrsg.), DS-GVO BDSG, Art. 15 Rn. 8; aA *Walter*, DSRITB 2016, 367 (381).

- das Bestehen einer automatisierten Entscheidungsfindung einschließlich Profiling mit aussagekräftigen Informationen über die dabei involvierte Logik sowie die Tragweite und die angestrebten Auswirkungen solcher Verfahren.

Die Auskunftserteilung an die betroffene Person kann nach Art. 12 Abs. 1 S. 2 und 3 DSGVO je nach Sachverhalt schriftlich, elektronisch oder – auf Wunsch der betroffenen Person – mündlich erfolgen.[275] Bei einer großen Menge von gespeicherten Informationen über die betroffene Person kann der Verantwortliche verlangen, dass präzisiert wird, auf welche Informationen oder Verarbeitungsvorgänge sich das Auskunftsersuchen konkret bezieht.[276] Der Verantwortliche stellt eine Kopie der Daten zur Verfügung (Art. 15 Abs. 3 S. 1 DSGVO). Wenn die betroffene Person ihren Antrag elektronisch stellt, so sind die Informationen in einem gängigen elektronischen Format zur Verfügung zu stellen (Art. 15 Abs. 3 S. 3 DSGVO). In Betracht kommen etwa das pdf- oder rtf-Format.[277]

Der Verantwortliche hat die erste Datenkopie nach Art. 12 Abs. 5 S. 1 DSGVO unentgeltlich zu erteilen. Erst wenn weitere Kopien nachgefragt werden, kann der Verantwortliche ein angemessenes Entgelt verlangen (Art. 15 Abs. 3 S. 2 DSGVO).[278] Eine „weitere" Kopie liegt nur dann vor, wenn die Person eine Kopie derselben Daten verlangt, über die bereits eine erste Kopie erstellt worden ist. Sobald sich der Datensatz wesentlich verändert hat, kann die betroffene Person eine neue (erste und entgeltfreie) Kopie verlangen.[279]

Die Auskunftserteilung darf nach Art. 15 Abs. 4 DSGVO die Rechte des Verantwortlichen oder anderer Personen nicht beeinträchtigten, was bei Geschäftsgeheimnissen[280] oder bei Daten mit Bezug auch auf andere Personen der Fall sein kann.[281] Schließlich kann ein Verstoß gegen Art. 15 DSGVO mit einer Geldbuße nach Art. 83 Abs. 5 lit. b) DSGVO von bis

---

275 Vgl. zu den Einzelheiten oben.

276 Vgl. EG 63 S. 7 DSGVO.

277 *Dix*, in: Simitis/Hornung/Spiecker gen. Döhmann (Hrsg.), Datenschutzrecht, Art. 15 Rn. 31.

278 Siehe dazu *Bäcker*, in: Kühling/Buchner (Hrsg.), DS-GVO BDSG, Art. 15 Rn. 45.

279 *Dix*, in: Simitis/Hornung/Spiecker gen. Döhmann (Hrsg.), Datenschutzrecht, Art. 15 Rn. 30.

280 Vgl. dazu etwa *Benecke/Spiecker gen. Döhmann*, JZ 2015, 1018 sowie *Müllmann*, WRP 2018, 1177.

281 Ausführlich dazu *Dix*, in: Simitis/Hornung/Spiecker gen. Döhmann (Hrsg.), Datenschutzrecht, Art. 15 Rn. 33 ff.; *Datenschutzkonferenz*, Kurzpapier Nr. 6 – Auskunftsrecht der betroffenen Person, https://www.datenschutzkonferenz-online.de/media/kp/dsk_kpnr_6.pdf, S. 3.

zu 20.000.000 € oder im Fall eines Unternehmens von bis zu 4% seines gesamten weltweit erzielten Jahresumsatzes geahndet werden.

Für Verantwortliche ist es daher ratsam, rechtzeitig im eigenen Interesse technische und organisatorische Vorkehrungen für zügige und korrekte Auskunftserteilungen zu treffen.[282] Dies beinhaltet gerade auch ein professionelles Management solcher Auskunftserstellungen bis hin zur Erarbeitung von technisch unterstützen Auskunftssystemen.

b) Handlungsempfehlungen für moderne Mobilitätskonzepte im Öffentlichen Nahverkehr

Da das Auskunftsrecht pro-aktiv von den Betroffenen geltend zu machen und somit die Perspektive der betroffenen Personen entscheidend ist, bietet sich eine gemeinsame Betrachtungsweise der drei spezifischen Anwendungsfelder an.

In allen drei Anwendungsfeldern – autonomes Fahren, Infrastrukturdaten, Nutzerdaten – können die betroffenen Personen ihr Auskunftsrecht aktiv in Anspruch nehmen. Der Verantwortliche ist dann entsprechend verpflichtet, alle Daten, die zum Zeitpunkt des Auskunftsverlangens vorhanden sind, dem Betroffenen mitzuteilen. Der Umfang ergibt sich dabei aus dem Katalog nach Art. 15 Abs. 1 DSGVO. Dabei kann im Rahmen des Auskunftsersuchens eine Präzisierung durch den Betroffenen notwendig sein, wenn große Mengen an Daten verarbeitet werden, was im Rahmen moderner datengetriebener Mobilitätskonzepte nicht von der Hand zu weisen ist. Der Verantwortliche muss dem Auskunftsersuchenden eine Kopie der Daten zur Verfügung stellen, was idealerweise auch in elektronischer Form erfolgen kann. Bei der Übermittlung der maßgeblichen Informationen dürfen Rechte Dritter – also insbesondere personenbezogene Daten von anderen Personen – nicht beeinträchtigt werden. Hier sind also technisch-organisatorische Maßnahmen auf Seiten des Verantwortlichen notwendig, die eine effektive Auskunftserteilung bei gleichzeitiger Berücksichtigung der maßgeblichen gesetzlichen Anforderungen ermöglichen.

---

282 *Datenschutzkonferenz*, Kurzpapier Nr. 6 – Auskunftsrecht der betroffenen Person, https://www.datenschutzkonferenz-online.de/media/kp/dsk_kpnr_6.pdf, S. 3.

5. Recht auf Löschung (Art. 17 DSGVO)

a) Rechtssystematische Grundlagen der Norm

Art. 17 Abs. 1 DSGVO normiert das Recht auf Löschung und benennt diejenigen Fälle, in denen eine Löschung unverzüglich erfolgen muss.[283] Eine Verlängerungsmöglichkeit der Frist besteht nicht, sodass die erforderlichen Maßnahmen ohne schuldhaftes Zögern zu treffen sind. Gleichwohl ist dem Verantwortlichen eine angemessene Frist zur Prüfung einzuräumen.[284] Das mit dem Löschungsanspruch der betroffenen Person verbundene „Recht auf Vergessenwerden" wird erstmalig ausdrücklich in Art. 17 Abs. 2 DSGVO normiert.[285] Art. 17 Abs. 3 DSGVO statuiert schließlich Ausnahmen von der Löschungspflicht, soweit eine Verarbeitung personenbezogener Daten erforderlich ist. Das Recht auf Löschung nach Art. 17 DSGVO ermöglicht den Betroffenen somit steuernd auf die Verarbeitung ihrer Daten einzuwirken und deren Löschung zu erzwingen.[286]

Der Begriff der (datenschutzrechtlichen) Löschung wird in der DSGVO selbst nicht näher erläutert.[287] Allerdings können Daten beispielsweise durch eine ordnungsgemäße Vernichtung des betreffenden Datenträgers oder durch (mehrfaches) Überschreiben gelöscht werden (physikalische Löschung).[288] Da sich durch den technischen Fortschritt die Anforderungen an eine datenschutzkonforme Löschung ständig verändern, muss immer wieder neu geprüft werden, welche Maßnahmen effektiv in Betracht kommen. Hier bietet sich die vom *Bundesamt für Sicherheit in der Informationstechnik (BSI)* herausgegebene Empfehlung „Daten endgültig löschen" für einen vertieften Einblick an.[289] Die Möglichkeit der Wiederherstellung durch entsprechende Spezialprogramme darf dabei nicht außer Acht gelas-

283 Vgl. allgemein dazu *Hunzinger*, Das Löschen im Datenschutzrecht.

284 *Dix*, in: Simitis/Hornung/Spiecker gen. Döhmann (Hrsg.), Datenschutzrecht, Art. 17 Rn. 8.

285 Vgl. zum „Recht auf Vergessenwerden" etwa *Becker*, Das Recht auf Vergessenwerden.

286 *Dix*, in: Simitis/Hornung/Spiecker gen. Döhmann (Hrsg.), Datenschutzrecht, Art. 17 Rn. 1.

287 Vgl. aber etwa § 3 Abs. 5 Nr. 5 BDSG aF, der vom „Unkenntlichmachen gespeicherter personenbezogener Daten" spricht.

288 *Dix*, in: Simitis/Hornung/Spiecker gen. Döhmann (Hrsg.), Datenschutzrecht, Art. 17 Rn. 5.

289 Siehe dazu https://www.bsi-fuer-buerger.de/BSIFB/DE/Empfehlungen/RichtigLoeschen/richtigloeschen_node.html.

sen werden.[290] Der Einsatz spezieller Löschsoftware ist mit verhältnismäßigem Aufwand möglich und daher in aller Regel auch geboten.[291]

Art. 17 Abs. 1 DSGVO zählt die Fälle der Löschungspflicht abschließend auf. Entsprechend muss eine Löschung in folgenden Fällen erfolgen:[292]

- die Notwendigkeit der Verarbeitung zur Zweckerreichung ist entfallen,
- die betroffene Person hat ihre Einwilligung widerrufen und es besteht auch keine sonstige Rechtsgrundlage,
- die betroffene Person legt gemäß Art. 21 Abs. 1 oder Abs. 2 DSGVO Widerspruch gegen die Verarbeitung ein und es liegen keine vorrangigen berechtigten Gründe für die Verarbeitung vor,
- die personenbezogenen Daten wurden unrechtmäßig verarbeitet,
- die Löschung der personenbezogenen Daten ist zur Erfüllung einer rechtlichen Verpflichtung nach dem Unionsrecht oder dem Recht der Mitgliedstaaten erforderlich, dem der Verantwortliche unterliegt oder,
- die personenbezogenen Daten wurden in Bezug auf angebotene Dienste der Informationsgesellschaft gemäß Art. 8 Abs. 1 DSGVO erhoben.

Art. 17 Abs. 2 DSGVO normiert das sogenannte „Recht auf Vergessenwerden“.[293] Damit ist das Problem angesprochen, das dadurch entsteht, dass Daten, die im Internet veröffentlicht werden, häufig von anderen Verantwortlichen gespeichert und teilweise wiederum (weiter-)veröffentlicht werden.[294] Das Recht erfasst die Tilgung (von Spuren) personenbezogener Daten, die durch Veröffentlichungen, insbesondere im Internet, einer breiten Öffentlichkeit zugänglich sind.[295] Der Verantwortliche, der die personenbezogenen Daten öffentlich gemacht hat und zu deren Löschung nach Art. 17 Abs. 1 DSGVO verpflichtet ist, hat unter Berücksichtigung der verfügbaren Technologie und der Implementierungskosten angemessen Maß-

---

290 *Dix*, in: Simitis/Hornung/Spiecker gen. Döhmann (Hrsg.), Datenschutzrecht, Art. 17 Rn. 5; aA *Paal*, in: Paal/Pauly (Hrsg.), DSGVO/BDSG, Art. 17 Rn. 30 mwN.

291 Ausführlich dazu *Herbst*, in: Kühling/Buchner (Hrsg.), DS-GVO BDSG, Art. 17 Rn. 38 mwN.

292 Vgl. dazu auch *Datenschutzkonferenz*, Kurzpapier Nr. 11 – Recht auf Löschung/“Recht auf Vergessenwerden“, https://www.datenschutzkonferenz-online.de/media/kp/dsk_kpnr_11.pdf, S. 3.

293 Vgl. dazu ausführlich *Dix*, in: Simitis/Hornung/Spiecker gen. Döhmann (Hrsg.), Datenschutzrecht, Art. 17 Rn. 21 ff.; *Herbst*, in: Kühling/Buchner (Hrsg.), DS-GVO BDSG, Art. 17 Rn. 49 ff.

294 Vgl. etwa *Nolte*, ZRP 2011, 236.

295 *Datenschutzkonferenz*, Kurzpapier Nr. 11 – Recht auf Löschung/“Recht auf Vergessenwerden“, https://www.datenschutzkonferenz-online.de/media/kp/dsk_kpnr_11.pdf, S. 2.

nahmen, auch technischer Art, zu treffen, um für die Datenverarbeitung Verantwortliche, die die personenbezogenen Daten ebenfalls verarbeiten, darüber zu informieren, dass eine betroffene Person von ihnen die Löschung aller Links zu diesen personenbezogenen Daten oder von Kopien oder Replikationen dieser personenbezogenen Daten verlangt hat. Es geht also um das Informieren einer unbestimmten Vielzahl von Adressaten, die dem Verantwortlichen grundsätzlich nicht bekannt sind.[296] Die Angemessenheit ist generell danach zu beurteilen, welche Technologie verfügbar ist und wie hoch die Kosten der Implementierung sind. Ebenso ist die Art der zu löschenden Daten und in welcher Weise ihre fortgesetzte Verarbeitung die Rechte der betroffenen Person beeinträchtigt, zu berücksichtigen.[297] Eine Information über ein Löschungsverlangen – beispielsweise auf der Webseite des Verantwortlichen – scheidet allerdings aus, weil dies den Eingriff in die Rechte der betroffenen Person noch verschärfen würde, indem die zu löschenden Daten möglicherweise erstmals einem unbegrenzten Personenkreis mitgeteilt würden (sog. Streisand-Effekt).[298]

Schließlich zählt Art. 17 Abs. 3 DSGVO abschließend diejenigen Fälle auf, in denen eine grundsätzlich bestehende Löschungspflicht entfällt. Das ist der Fall, wenn die Datenverarbeitung erforderlich ist:

- zur Ausübung des Rechts auf freie Meinungsäußerung und Information,
- zur Erfüllung einer rechtlichen Verpflichtung, zur Wahrnehmung einer Aufgabe im öffentlichen Interesse oder zur Ausübung öffentlicher Gewalt,
- aus Gründen des öffentlichen Interesses im Bereich der öffentlichen Gesundheit,
- für im öffentlichen Interesse liegende Archivzwecke, wissenschaftliche oder historische Forschungszwecke oder für statistische Zwecke gemäß Art. 89 Abs. 1 DSGOV, soweit die Löschung die Verwirklichung dieser Ziele ernsthaft beeinträchtigt,
- zur Geltendmachung, Ausübung oder Verteidigung von Rechtsansprüchen.

296 *Herbst*, in: Kühling/Buchner (Hrsg.), DS-GVO BDSG, Art. 17 Rn. 53.

297 *Dix*, in: Simitis/Hornung/Spiecker gen. Döhmann (Hrsg.), Datenschutzrecht, Art. 17 Rn. 27.

298 *Peuker*, in: Sydow (Hrsg.), DSGVO, Art. 13 Rn. 10; *Dix*, in: Simitis/Hornung/Spiecker gen. Döhmann (Hrsg.), Datenschutzrecht, Art. 17 Rn. 27; aA wohl *Herbst*, in: Kühling/Buchner (Hrsg.), DS-GVO BDSG, Art. 17 Rn. 53; *Jandt/Kieselmann/Wacker*, DuD 2013, 235 (238).

Allerdings berechtigten die Ausnahmen nicht zu einer zeitlich unbegrenzten Verarbeitung der jeweiligen personenbezogenen Daten. Auch diese Zwecke werden zu einem bestimmten Zeitpunkt erfüllt und die Verarbeitung der Daten ist für die Zweckerreichung dann nicht mehr erforderlich, sodass die Daten spätestens dann zu löschen sind.[299] Die technische Unmöglichkeit der Löschung oder ein mit ihr verbundener größerer Aufwand stellen hingegen keine zulässige Ausnahme dar.[300] Eingesetzte Datenverarbeitungsprogramme müssen deshalb so gestaltet sein, dass sie personenbezogene Daten idealerweise automatisiert löschen und die Speichermedien ganz generell wieder beschreibbar sind und somit eine selektive Löschung zulassen.[301] Im Zusammenhang mit modernen und datengetriebenen Mobilitätskonzepten könnte für bestimmte Datenkategorien eine Ausnahme nach Art. 17 Abs. 3 lit. b) DSGVO in Betracht kommen, da beispielsweise gesetzliche Aufbewahrungspflichten nach dem Handels- und Steuerrecht die generelle Löschungspflicht begrenzen.[302]

b) Handlungsempfehlungen für moderne Mobilitätskonzepte im Öffentlichen Nahverkehr

In allen drei Anwendungsfeldern – autonomes Fahren, Infrastrukturdaten sowie Nutzerdaten – können die Betroffenen ihr Recht auf Löschung geltend machen, sofern die gesetzlichen Anforderungen nach Art. 17 Abs. 1 DSGVO einschlägig sind. In Betracht kommen hier insbesondere die Fallgruppe der „Zweckerreichung" sowie – und das gilt insbesondere bei der Verarbeitung von Nutzerdaten – der Widerruf der Einwilligung. Im Rahmen neuer Mobilitätskonzepte im Öffentlichen Nahverkehr ist dem Verantwortlichen deshalb zu empfehlen, dass bereits von Beginn an auch technische Maßnahmen ergriffen werden[303], um das Löschungsrecht effek-

---

299 *Datenschutzkonferenz*, Kurzpapier Nr. 11 – Recht auf Löschung/"Recht auf Vergessenwerden", https://www.datenschutzkonferenz-online.de/media/kp/dsk_kpnr_11.pdf, S. 2.

300 *Dix*, in: Simitis/Hornung/Spiecker gen. Döhmann (Hrsg.), Datenschutzrecht, Art. 17 Rn. 29.

301 *Dix*, in: Simitis/Hornung/Spiecker gen. Döhmann (Hrsg.), Datenschutzrecht, Art. 17 Rn. 29 mwN; vgl. ausführlich dazu auch *Keppeler/Berning*, ZD 2017, 314; *Katko/Knöpfle/Kirschner*, ZD 2014, 238.

302 *Dix*, in: Simitis/Hornung/Spiecker gen. Döhmann (Hrsg.), Datenschutzrecht, Art. 17 Rn. 32.

303 Vgl. dazu auch unter Art. 25 DSGVO; siehe unter B. IV. 2.

tiv ermöglichen zu können sowie es dann auch entsprechend wirksam um- und durchzusetzen. Eine Orientierungshilfe bietet dabei etwa der vom BSI herausgegebene Leitfaden „Daten endgültig löschen“ an.[304] Sind im Rahmen datengetriebener Mobilitätskonzepte personenbezogene Daten durch den Verantwortlichen öffentlich gemacht worden und dadurch die Daten an Dritte gelangt, so muss der Verantwortliche zumutbare Maßnahmen ergreifen, um die weiteren Datenverarbeiter zu informieren, dass ein Löschbegehren der betroffenen Person vorliegt. Schließlich kann für bestimmte Kategorien von personenbezogenen Daten aufgrund gesetzlicher Aufbewahrungspflichten die Löschungspflicht entfallen. Auch diesbezüglich hat der Verantwortliche frühzeitig entsprechende Überlegungen anzustellen.

6. Recht auf Datenübertragbarkeit (Art. 20 DSGVO)

a) Rechtssystematische Grundlagen der Norm

Das Recht auf Datenübertragbarkeit ist ein völlig neues rechtliches Instrument[305], das die Rechtsordnung in dieser Gestalt bisher nicht kannte.[306] Es handelt sich um ein modernes Instrument der DSGVO und stellt Querverbindungen zwischen Datenschutz-, Verbraucherschutz- und Wettbewerbsrecht her.[307] Nach Art. 20 Abs. 1 DSGVO hat der Betroffene ein Recht auf Erhalt und Übermittlung „seiner“ personenbezogenen Daten. Art. 20 Abs. 2 DSGVO spezifiziert das Recht insoweit, dass die betroffene Person auch das Recht hat, den Verantwortlichen zur direkten Übermittlung der Daten an einen anderen Verantwortlichen aufzufordern. Das Recht auf Datenübertragbarkeit steht weiterhin neben dem Recht auf Löschung (Art. 17 Abs. 3 DSGVO). Schließlich darf die Ausübung des Rechts auf Datenübertragbarkeit nicht die Rechte und Freiheiten anderer Personen beeinträchtigen (Art. 20 Abs. 4 DSGVO).

---

304 Siehe dazu https://www.bsi-fuer-buerger.de/BSIFB/DE/Empfehlungen/RichtigLoeschen/richtigloeschen_node.html, zuletzt abgerufen am 18.6.2020.

305 Vgl. zur Entstehungsgeschichte *Dix*, in: Simitis/Hornung/Spiecker gen. Döhmann (Hrsg.), Datenschutzrecht, Art. 20 Rn. 2 f.

306 *Dix*, in: Simitis/Hornung/Spiecker gen. Döhmann (Hrsg.), Datenschutzrecht, Art. 20 Rn. 1; *Herbst*, in: Kühling/Buchner (Hrsg.), DS-GVO BDSG, Art. 20 Rn. 1 ff.; *Sydow/Wilhelm*, in: Sydow (Hrsg.), DSGVO, Art. 20 Rn. 1 ff.

307 Vgl. dazu etwa *Hennemann*, PinG 2017, 5; *Jülicher/Röttgen/v. Schönfeld*, ZD 2016, 358 (360); *Kühling/Martini*, EuZW 2016, 448 (350 f.).

Grundsätzlich sind nur solche Daten übertragbar, die sich auf die Person beziehen, die das Recht auf Datenübertragbarkeit geltend macht.[308] In Betracht können etwa personenbezogene Daten kommen, die in einer Cloud gespeichert sind, die durch Big-Data Analysen erzeugt werden, die mithilfe von Fitness-Trackern, Smart Watches oder Smartphone-Apps Aktivitäts- und Gesundheitsdaten auf Servern der Anbieter oder Gerätehersteller speichern oder die für Kundenkarten und ähnliche Kundenbindungsprogramme gespeichert werden.[309] Während anonyme Daten nicht in den Anwendungsbereich der Norm fallen, werden pseudonymisierte Daten hingegen erfasst.[310] Außerdem beschränkt sich das Recht auf Datenübertragbarkeit nur auf solche Daten, die die betroffene Person einem Verantwortlichen bereitgestellt hat. Wie das Merkmal der „Bereitstellung" auszulegen ist, ist strittig.[311] Die vormalige Art.-29-Datenschutzgruppe interpretiert es weit, sodass auch die durch die Beobachtung der Nutzer erlangten Daten und nicht nur die aktiv und wissentlich übermittelten Daten unter das Tatbestandsmerkmal fallen sollen.[312] Darum sollen etwa auch Rohdaten, die in einem intelligenten Messgerät oder von anderen miteinander vernetzten Geräten verarbeitet werden, zu den „bereitgestellten" Daten zählen. Das gilt auch für die Übermittlung von personenbezogenen Daten aus einem vernetzten Fahrzeug an den Hersteller.[313]

Demgegenüber sollen jedoch solche Daten nicht erfasst sein, die der Verantwortliche unter Verwendung erfasster oder direkt eingegebener Daten selbst erzeugt, wie beispielsweise ein Nutzerprofil auf Basis einer Analyse von mithilfe eines intelligenten Zählers erfassten Rohdaten.[314] Des-

---

308 *Dix*, in: Simitis/Hornung/Spiecker gen. Döhmann (Hrsg.), Datenschutzrecht, Art. 20 Rn. 6.

309 Vgl. dazu auch *Dix*, in: Simitis/Hornung/Spiecker gen. Döhmann (Hrsg.), Datenschutzrecht, Art. 20 Rn. 6.

310 *Art. 29-Datenschutzgruppe*, Leitlinien zum Recht auf Datenübertragbarkeit, WP 242 rev.01, 16/DE, https://ec.europa.eu/newsroom/article29/item-detail.cfm?item_id=611233, S. 10.

311 *Sydow/Wilhelm*, in: Sydow (Hrsg.), DSGVO, Art. 20 Rn. 14 mwN.

312 *Art. 29-Datenschutzgruppe*, Leitlinien zum Recht auf Datenübertragbarkeit, WP 242 rev.01, 16/DE, https://ec.europa.eu/newsroom/article29/item-detail.cfm?item_id=611233.

313 So *Dix*, in: Simitis/Hornung/Spiecker gen. Döhmann (Hrsg.), Datenschutzrecht, Art. 20 Rn. 8; kritisch demgegenüber *Herbst*, in: Kühling/Buchner (Hrsg.), DS-GVO BDSG, Art. 20 Rn. 11.

314 *Art. 29-Datenschutzgruppe*, Leitlinien zum Recht auf Datenübertragbarkeit, WP 242 rev.01, 16/DE, https://ec.europa.eu/newsroom/article29/item-detail.cfm?item_id=611233, S. 11.

halb kann nicht etwa die Übertragung von personenbezogenen Auswertungsergebnissen verlangt werden, die der Verantwortliche erst mithilfe der bereitgestellten Daten gewonnen hat.[315] Abgrenzungsschwierigkeiten werden in der Praxis künftig verbleiben, sodass eine eingehende Analyse der verarbeiteten Daten durch den Verantwortlichen geboten ist.

Schließlich ist das Recht auf Datenübertragbarkeit ohnehin auf solche Daten beschränkt, deren Verarbeitung entweder durch eine Einwilligung oder einen Vertrag legitimiert[316] ist und deren Verarbeitung mithilfe automatisierter Verfahren erfolgt. Bei Vorliegen der Voraussetzungen hat die betroffene Person das Recht, die auf sie zu beziehenden Daten in einem bestimmten Format zu erhalten und sie selbst ohne Behinderung durch den Verantwortlichen (z.B. einen Cloud-Anbieter) einem anderen Verantwortlichen zu übermitteln.[317]

Die Übermittlung der Daten erfolgt in erster Linie durch die Bereitstellung zum Download.[318] Das Format muss strukturiert, gängig und maschinenlesbar sein. Gibt es für eine gegebene Branche oder für einen gegebenen Kontext keine gängigen Formate, so sollten Verantwortliche personenbezogene Daten in gemeinhin verwendeten offenen Formaten wie XML, JSON oder CSV zusammen mit sachdienlichen Metadaten in der bestmöglichen Granularitätsstufe bereitstellen, dabei aber ein hohes Abstraktionsniveau beibehalten.[319] Die Verantwortlichen sind damit einerseits aufgefordert, interoperable Formate zu entwickeln, wobei sie andererseits nicht verpflichtet werden, technisch kompatible Datenverarbeitungssysteme zu übernehmen oder beizubehalten.[320]

Als maschinenlesbar gilt ein Format dann, wenn es so strukturiert ist, dass Softwareanwendungen konkrete Daten, einschließlich einzelner Sachverhaltsdarstellungen und deren interner Struktur, leicht identifizieren, erkennen und extrahieren können.[321] Die DSGVO enthält sich allerdings,

---

315 *Dix*, in: Simitis/Hornung/Spiecker gen. Döhmann (Hrsg.), Datenschutzrecht, Art. 20 Rn. 8.

316 Vgl. zu den Rechtsgrundlagen bereits oben unter B. I.

317 *Dix*, in: Simitis/Hornung/Spiecker gen. Döhmann (Hrsg.), Datenschutzrecht, Art. 20 Rn. 11.

318 Ebd.

319 *Art. 29-Datenschutzgruppe*, Leitlinien zum Recht auf Datenübertragbarkeit, WP 242 rev.01, 16/DE, https://ec.europa.eu/newsroom/article29/item-detail.cfm?item_id=611233, S. 21.

320 EG 68 DSGVO.

321 Vgl. Art. 2 Nr. 6 der RL 2003/98/EG über die Weiterverwendung von Informationen des öffentlichen Sektors, geändert durch die RL 2013/37/EU

wie auf Anfragen zu reagieren ist, wenn eine große Datensammlung oder eine komplexe Datenstruktur vorliegt, die den Verantwortlichen oder den betroffenen Personen Schwierigkeiten bei der Ausübung des Rechts bereiten könnten.[322] Die betroffene Person sollte zumindest in der Lage sein, Schema und Struktur der personenbezogenen Daten, die vom Verantwortlichen bereitgestellt werden, zu erfassen. So könnten etwa Daten zunächst unter Verwendung von Dashboards zusammengefasst werden, was der betroffenen Person ermöglichen würde, wenigstens Teilmengen der personenbezogenen Daten anstelle des gesamten Katalogs zu übertragen. Für Verantwortliche besteht eine praktische Möglichkeit, Portabilitätsanfragen nachzukommen, darin, eine ausreichend gesicherte und dokumentierte Anwendungsprogrammierschnittstelle (API) vorzuhalten und anzubieten.[323]

Nach Art. 17 Abs. 2 DSGVO hat der Betroffene auch das Recht, den Verantwortlichen zur direkten Übermittlung der Daten an einen anderen Verantwortlichen aufzufordern. Insofern hat die betroffene Person ein Wahlrecht, ob sie selbst die Daten erhalten möchte oder eine direkte Übermittlung an den neuen Verantwortlichen erwirken will.[324] Dieses Recht findet seine Grenze jedoch in der technischen Machbarkeit der Übermittlung.[325] Die Voraussetzung der technischen Machbarkeit hat zwei Komponenten. Erstens die technische Machbarkeit der Übermittlung durch den bisherigen Verantwortlichen und zweitens die technische Machbarkeit der Übermittlung als solches, d.h. der Kompatibilität der Datenverarbeitungssysteme von bisherigem und neuem Verantwortlichen.[326] Das Recht umfasst gleichwohl keine Pflicht, technisch kompatible Datenverarbeitungssysteme zu übernehmen oder beizubehalten.[327]

über die Weiterverwendung von Informationen des öffentlichen Sektors vom 26.06.2013, ABl. 2013 L 175, 6.

322 Dazu umfangreich *Art. 29-Datenschutzgruppe*, Leitlinien zum Recht auf Datenübertragbarkeit, WP 242 rev.01, 16/DE, https://ec.europa.eu/newsroom/article29/item-detail.cfm?item_id=611233, S. 22.

323 *Art. 29-Datenschutzgruppe*, Leitlinien zum Recht auf Datenübertragbarkeit, WP 242 rev.01, 16/DE, https://ec.europa.eu/newsroom/article29/item-detail.cfm?item_id=611233, S. 22.

324 *Dix*, in: Simitis/Hornung/Spiecker gen. Döhmann (Hrsg.), Datenschutzrecht, Art. 20 Rn. 13.

325 *Herbst*, in: Kühling/Buchner (Hrsg.), DS-GVO BDSG, Art. 20 Rn. 27.

326 *Kamann/Braun*, in: Ehmann/Selmayr (Hrsg.), DS-GVO, Art. 20 Rn. 29.

327 Vgl. EG 68 S. 7 DSGVO.

Das Recht auf Datenübertragbarkeit steht ferner neben dem Recht auf Löschung (vgl. Art. 20 Abs. 3 S. 1 DSGVO), sodass die Übertragung der Daten nicht automatisch auch zu ihrer Löschung führt.[328]

Schließlich darf die Ausübung des Rechts auf Datenübertragbarkeit nicht die Rechte und Freiheiten anderer Personen beeinträchtigen (Art. 17 Abs. 4 DSGVO). Dazu zählt insbesondere das Recht auf Schutz personenbezogener Daten aus Art. 8 GRCh, das zu beachten ist, soweit die zu übermittelnden Datensätze Informationen zu anderen natürlichen Personen enthalten.[329] Daneben können auch Betriebs- und Geschäftsgeheimnisse sowie Urheberrechte die Datenübertragung beschränken.[330]

b) Handlungsempfehlungen für moderne Mobilitätskonzepte im Öffentlichen Nahverkehr

In modernen und datengetriebenen Mobilitätskonzepten kommen für einen Datenportabilitätsanspruch nach Art. 20 DSGVO zunächst generell alle personenbezogenen Daten in Betracht, die in einem der jeweiligen Anwendungsfelder – autonomes Fahren, Infrastrukturdaten oder Nutzerdaten – anfallen und vom Verantwortlichen verarbeitet werden. Der Schwerpunkt dürfte dabei gleichwohl auf dem Anwendungsfeld der Nutzerdaten liegen. Die dort vom Betroffenen bereitgestellten personenbezogenen Daten – etwa der Name und eine Kontaktadresse – können Gegenstand eines Datenportabilitätsgesuchs sein. In welchem Umfang personenbezogene Daten in den Anwendungsfeldern autonomes Fahren und Infrastrukturdaten durch den Betroffenen bereitgestellt worden sind – also inwiefern hier ein aktives Handeln zugrunde liegt – muss für den Einzelfall spezifisch geprüft werden.

Daneben kommen als mögliche Daten aber auch die in der Dienstleistungsplattform – aufgrund der drei Anwendungsfelder autonomes Fahren, Infrastrukturdaten und Nutzerdaten – selbst generierten Daten in Betracht, sofern diese einen Personenbezug aufweisen und von den Betroffenen bereitgestellt worden sind. Die Übertragung von personenbezogenen Auswertungsergebnissen kann grundsätzlich nicht verlangt werden, da der Verantwortliche diese überhaupt erst mithilfe der bereitgestellten Daten

---

328 *Dix*, in: Simitis/Hornung/Spiecker gen. Döhmann (Hrsg.), Datenschutzrecht, Art. 20 Rn. 16.

329 *Herbst*, in: Kühling/Buchner (Hrsg.), DS-GVO BDSG, Art. 20 Rn. 17.

330 Vgl. EG 63 DSGVO.

gewonnen hat.[331] Insofern ist gleichwohl für moderne Mobilitätskonzepte im Öffentlichen Nahverkehr besonders kritisch zu prüfen, inwiefern die neu generierten Daten durch den Betroffenen „bereitgestellt" worden sind.

Kann man eine Bereitstellung bejahen, kommt schließlich ein Angebot der Daten zum Download in Betracht, wobei die Daten in einem geeigneten Format vorliegen müssen. Hier ist zu erörtern, ob sie beispielsweise im XML-, JSON- oder CSV-Format oder als pdf-Dokument oder im html-Format zu übermitteln sind. Da in intelligenten datengetriebenen Mobilitätskonzepten oftmals große Datenmengen aus den drei unterschiedlichen Anwendungsfeldern zusammengeführt und verarbeitet werden, könnten die personenbezogenen Daten mithilfe von Dashboards zusammengefasst werden, sodass der Betroffene als Anspruchsteller auch bloß eine mögliche Teilmenge – also einen bestimmten Ausschnitt aller Daten – erhalten kann.[332] Der Verantwortliche solcher Mobilitätskonzepte sollte darum über eine gesicherte und dokumentierte Anwendungsprogrammierschnittstelle (API) verfügen, um möglichen Portabilitätswünschen nachkommen zu können.

Die dem Anspruchsteller übermittelten Datenpakete sollten sodann grundsätzlich keine personenbezogenen Daten anderer Personen enthalten – sofern diese vorher nicht in die Datenübertragung eingewilligt haben oder ein gesetzlicher Erlaubnistatbestand die Datenübertragung erlaubt – und ebenso mögliche Betriebs- und Geschäftsgeheimnisse schützen. Dies ist jeweils vor der Befriedigung des Anspruchs zu prüfen und zu dokumentieren.

7. Zusammenfassung der wesentlichen Ergebnisse

Die in modernen datengetriebenen Mobilitätskonzepten und seinen einzelnen Anwendungsfeldern autonomes Fahren, Infrastrukturdaten und Nutzerdaten zu berücksichtigenden Betroffenenrechte nach Maßgabe der DSGVO sind umfassend. So unterliegt der Verantwortliche zunächst umfangreichen Transparenzpflichten (vgl. dazu im Einzelnen ausführlich unter B. III. 1.). Daneben sind die wesentlichen Informationspflichten aus Art. 13 DSGVO (vgl. dazu im Einzelnen ausführlich unter B. III. 2.) sowie

331 *Dix*, in: Simitis/Hornung/Spiecker gen. Döhmann (Hrsg.), Datenschutzrecht, Art. 20 Rn. 8.

332 Vgl. zur Erfüllung von Transparenzanforderungen generell unter Art. 12 DSGVO weiter oben.

Art. 14 DSGVO (vgl. dazu im Einzelnen ausführlich unter B. III. 3.) zu berücksichtigen und bei der Konzeption derartiger neuer Mobilitätskonzepte bereits frühzeitig mitzudenken. Als weitere und wesentliche Rechtsanforderungen muss der Verantwortliche bereits frühzeitig Überlegungen berücksichtigen, die das Auskunftsrecht nach Art. 15 DSGVO (vgl. dazu im Einzelnen ausführlich unter B. III. 4.), das Recht auf Löschung nach Art. 17 DSGVO (vgl. dazu im Einzelnen ausführlich unter B. III. 5.) sowie das Recht auf Datenübertragbarkeit nach Art. 20 DSGVO (vgl. dazu im Einzelnen ausführlich unter B. III. 6.) betreffen. Denn diese Rechte können jederzeit von betroffenen Personen gegenüber dem Verantwortlichen geltend gemacht werden, sodass eine frühzeitige Befassung mit derartigen Fragestellungen angezeigt ist.

IV. Pflichten des Datenverarbeiters

Die Verarbeitung personenbezogener Daten hat als weitere Konsequenz, dass dem Datenverarbeiter umfangreiche Pflichten auferlegt werden. Kapitel IV (Artt. 24 – 43 DSGVO) der DSGVO regelt die Rechte und Pflichten der Verantwortlichen und Auftragsverarbeiter umfassend. Das Kapitel gliedert sich in fünf Abschnitte. Der erste Abschnitt (Artt. 24 – 31 DSGVO) normiert die allgemeinen Pflichten, denen sich Verantwortliche und Auftragsverarbeiter bei der Verarbeitung personenbezogener Daten ausgesetzt sehen. Der zweite Abschnitt (Artt. 32 – 34 DSGVO) beschäftigt sich mit Maßnahmen für die Sicherheit personenbezogener Daten. Der dritte Abschnitt (Artt. 35 – 36 DSGVO) hat die Datenschutz-Folgenabschätzung sowie die vorherige Konsultation der Aufsichtsbehörde zum Gegenstand, wenn die Datenverarbeitung voraussichtlich zu einem hohen Risiko für den Betroffenen führt. Der vorletzte und vierte Abschnitt (Artt. 37 – 39 DSGVO) setzt sich mit den generellen Vorschriften zum Datenschutzbeauftragten auseinander, bevor sich der fünfte und letzte Abschnitt (Artt. 40 – 43 DSGVO) mit Verhaltensregeln und der Zertifizierung beschäftigt.

Die Rechte und Pflichten von Verantwortlichen und Auftragsverarbeitern sind in der DSGVO gegenüber der vormaligen DSRL wesentlich umfangreicher und detaillierter normiert. Besonders deutlich wird dies am nunmehr geltenden risikobasierten Ansatz der DSGVO.[333] Anstelle starrer Vorgaben entscheidet das Risiko der jeweiligen Datenverarbeitung

333 Vgl. dazu etwa *Veil*, ZD 2015, 347; *Thoma*, ZD 2013, 578.

darüber, welche konkreten Pflichten Verantwortliche im Einzelfall erfüllen müssen.[334]

Gleichwohl ist der Begriff des Risikos in der DSGVO selbst nicht ausdrücklich definiert. Aus den EG 75 und 94 Satz 2 DSGVO kann jedoch folgende Definition hergeleitet werden:[335] Ein Risiko im Sinne der DSGVO ist das Bestehen der Möglichkeit des Eintritts eines Ereignisses, das selbst einen Schaden (einschließlich ungerechtfertigter Beeinträchtigung von Rechten und Freiheiten natürlicher Personen) darstellt oder zu einem weiteren Schaden für eine oder mehrere natürliche Personen führen kann. Das Risiko hat dabei zwei Dimensionen. Erstens die Schwere des Schadens und zweitens die Wahrscheinlichkeit, dass das Ereignis und die Folgeschäden eintreten. Die objektive Ermittlung und Beurteilung des Risikos einer Verarbeitung personenbezogener Daten ist somit erforderlich, um festzustellen, wie die Rechte und Freiheiten natürlicher Personen wirksam geschützt werden können.[336]

Im Folgenden werden nunmehr ausgewählte und besonders relevante Regelungen für moderne datengetriebene Mobilitätskonzepte im Öffentlichen Nahverkehr aus Kapitel IV der DSGVO detailliert dargestellt (Artt. 24, 25, 26, 32, 35 und 37 DSGVO), um sodann die spezifischen Anforderungen auf die zu untersuchenden Anwendungsfelder (autonomes Fahren, Infrastrukturdaten, Nutzerdaten) zu übertragen.

1. Verantwortung des für die Verarbeitung Verantwortlichen (Art. 24 DSGVO)

a) Rechtssystematische Grundlagen der Norm

Art. 24 DSGVO ist die zentrale Vorschrift zur Pflichtenstellung des Verantwortlichen für die Einhaltung der Vorschriften der DSGVO.[337] Normad-

---

334 *Albrecht/Jotzo*, Das neue Datenschutzrecht der EU, S. 92.

335 *Datenschutzkonferenz*, Kurzpapier Nr. 18 – Risiko für die Rechte und Freiheiten natürlicher Personen, https://www.datenschutzkonferenz-online.de/media/kp/dsk_kpnr_18.pdf, S. 1; vgl. auch *Petri*, in: Simitis/Hornung/Spiecker gen. Döhmann (Hrsg.), Datenschutzrecht, Art. 24 Rn. 4.

336 Ausführlich dazu *Datenschutzkonferenz*, Kurzpapier Nr. 18 – Risiko für die Rechte und Freiheiten natürlicher Personen, https://www.datenschutzkonferenz-online.de/media/kp/dsk_kpnr_18.pdf, S. 6.

337 *Petri*, in: Simitis/Hornung/Spiecker gen. Döhmann (Hrsg.), Datenschutzrecht, Art. 24 Rn. 1.

ressat der Regelung ist der Verantwortliche. Er muss insbesondere geeignete technische und organisatorische Maßnahmen umsetzen, um sicherzustellen, dass die Datenverarbeitung gemäß der DSGVO erfolgt. Zur erstmaligen Feststellung der notwendigen Maßnahmen zur Anpassung an die DSGVO ist eine umfassende Bestandsaufnahme der einzelnen Verarbeitungstätigkeiten sowie der bereits vorhandenen Maßnahmen geboten.[338] Der Verantwortliche muss anhand einer objektiven Risikobewertung feststellen, ob die Datenverarbeitung für die hiervon betroffenen Personen ein Risiko darstellt.[339]

Als Orientierungsmaßstab für eine Risikobeurteilung und das damit verknüpfte anschließende Risikomanagement können ISO-Standards[340] oder das Standarddatenschutzmodell[341] der DSK herangezogen werden.[342] Als taugliche Kriterien für die qualitative und quantitative Einordnung von Verarbeitungsrisiken nennt Art. 24 Abs. 1 S. 1. DSGVO die Art, den Umfang, die Umstände und die Zwecke der Verarbeitung sowie die unterschiedliche Eintrittswahrscheinlichkeit und die Schwere der Risiken für die Rechte und Freiheiten der betroffenen Person. Eine risikobehaftete Art der Datenverarbeitung kann etwa die Veröffentlichung der Daten darstellen oder wenn sensible Daten verarbeitet werden, Daten besonders lange gespeichert werden oder Daten in einen anderen Kontext überführt werden.[343] Aus einer Datenverarbeitung können so auch mögliche Ursachen generiert werden, um weitere (neue) Schäden entstehen zu lassen. Deshalb müssen die getroffenen Maßnahmen geeignet sein, die Einhaltung der Vorschriften der DSGVO sicherzustellen.

---

338 *Petri*, in: Simitis/Hornung/Spiecker gen. Döhmann (Hrsg.), Datenschutzrecht, Art. 24 Rn. 11; siehe dazu auch *Datenschutzkonferenz*, Kurzpapier Nr. 8 – Maßnahmenplan „DS-GVO" für Unternehmen, https://www.datenschutzkonferenz-online.de/media/kp/dsk_kpnr_8.pdf, S. 1 f.

339 Vgl. EG 76 S. 2 DSGVO.

340 Vgl. etwa *Kranig/Sachs/Gierschmann*, Datenschutz-Compliance nach der DSGVO, S. 88.

341 *Datenschutzkonferenz*, Das Standard-Datenschutzmodell – Eine Methode zur Datenschutzberatung und -prüfung auf der Basis einheitlicher Gewährleistungsziele, Version 2.0b, https://www.datenschutzkonferenz-online.de/media/ah/SDM-Methode_V20b.pdf.

342 *Petri*, in: Simitis/Hornung/Spiecker gen. Döhmann (Hrsg.), Datenschutzrecht, Art. 24 Rn. 11.

343 *Petri*, in: Simitis/Hornung/Spiecker gen. Döhmann (Hrsg.), Datenschutzrecht, Art. 24 Rn. 12.

Die Grundsätze des Datenschutzes durch Technik (vgl. Art. 25 DSGVO)[344] sowie datenschutzfreundliche Voreinstellungen zählen zu den geeigneten Maßnahmen nach Art. 24 Abs. 1 DSGVO.[345] Hinzu treten allgemeine Pflichten wie Maßnahmen zur Sensibilisierung und Fortbildung des zur Verarbeitung eingesetzten Personals sowie die Sanktionierung von datenschutzrechtlichem Fehlverhalten. Letztlich läuft die Umsetzung des Art. 24 Abs. 1 DSGVO darauf hinaus, dass der Verantwortliche ein Datenschutzmanagementsystem etabliert.

Nach Art. 24 Abs. 1 S. 2 DSGVO müssen die getroffenen Maßnahmen erforderlichenfalls überprüft und aktualisiert werden. Unklar ist dabei jedoch, ob die Maßnahmen regelmäßig kontrolliert werden müssen oder ob eine punktuelle Kontrolle ausreicht. Vereinzelt wird vertreten, dass eine regelmäßige Überprüfung sämtlicher Maßnahmen nicht geboten ist.[346] Maßnahmen, die nicht die Sicherheit der Verarbeitung nach Art. 32 DSGVO betreffen, müssten danach nur bei konkreten Anlässen überprüft und aktualisiert werden.[347] Demgegenüber spricht jedoch einiges dafür, dass der Verantwortliche jederzeit in der Lage sein muss, die Rechtmäßigkeit der Datenverarbeitung nachzuweisen, da nur so die Sicherstellung der Einhaltung der datenschutzrechtlichen Vorschriften garantiert werden kann.[348] Den Verantwortlichen trifft also eine stetige Beobachtungspflicht.[349]

Nach Art. 24 Abs. 2 DSGVO werden die nach Abs. 1 zu treffenden Maßnahmen auf geeignete Datenschutzvorkehrungen erweitert, wenn diese in einem angemessenen Verhältnis zu den Verarbeitungstätigkeiten stehen. Die DSGVO enthält sich allerdings dazu, was unter dem Begriff der geeigneten Datenschutzvorkehrungen zu verstehen ist. Man wird hierunter jedoch Datenschutzrichtlinien bzw. Privacy Policies fassen. Es handelt sich also um eine Art Datenschutzpolitik, die der Verantwortliche nach innen

---

344 Siehe hierzu ausführlich unter B. IV. 2.

345 *Petri*, in: Simitis/Hornung/Spiecker gen. Döhmann (Hrsg.), Datenschutzrecht, Art. 24 Rn. 18.

346 *Petri*, in: Simitis/Hornung/Spiecker gen. Döhmann (Hrsg.), Datenschutzrecht, Art. 24 Rn. 19.

347 So etwa *Bertermann*, in: Ehmann/Selmayr (Hrsg.), DS-GVO, Art. 24 Rn. 8; *Raschauer*, in: Sydow (Hrsg.), DSGVO, Art. 24 Rn. 45 spricht von einer periodischen Überprüfung und empfiehlt eine anlassunabhängige Überprüfung alle drei bis sechs Monate.

348 In diese Richtung auch *Petri*, in: Simitis/Hornung/Spiecker gen. Döhmann (Hrsg.), Datenschutzrecht, Art. 24 Rn. 20 mwN.

349 So wohl auch *Piltz*, in: Gola (Hrsg.), Datenschutzgrundverordnung, Art. 24 Rn. 48.

und nach außen vertritt.[350] In diesem Sinne stellen Privacy Policies ein Instrument des organisationsinternen Datenschutzmanagements dar.[351]

Schließlich dürfen die Einhaltung von genehmigten Verhaltensregeln nach Art. 40 DSGVO[352] oder eines genehmigten Zertifizierungsverfahrens nach Art. 42 DSGVO[353] jeweils als Gesichtspunkt herangezogen werden, um die Erfüllung der Pflichten des Verantwortlichen nachzuweisen (vgl. Art. 24 Abs. 3 DSGVO). Als alternative Nachweismöglichkeiten kommen auch Leitlinien des Europäischen Datenschutzausschusses nach Art. 70 Abs. 1 DSGVO sowie Hinweise eines betrieblichen oder behördlichen Datenschutzbeauftragten nach Art. 37 ff. DSGVO in Betracht.[354]

b) Handlungsempfehlungen für moderne Mobilitätskonzepte im Öffentlichen Nahverkehr

In modernen und datengetriebenen Mobilitätskonzepten ist zunächst jeweils für die einzelnen Anwendungsfelder autonomes Fahren, Infrastrukturdaten sowie Nutzerdaten eine umfassende Bestandsaufnahme der einzelnen Datenverarbeitungsschritte notwendig. Außerdem sind bereits vorhandene Schutzmaßnahmen zu prüfen. Gleiches gilt sodann aber auch für das Gesamtkonzept, da die Infrastruktur-, Sensor- und Nutzerdaten in der Dienstleistungsplattform zusammenlaufen und dort zu neuen Daten und Informationen verarbeitet werden.

---

350 *Petri*, in: Simitis/Hornung/Spiecker gen. Döhmann (Hrsg.), Datenschutzrecht, Art. 24 Rn. 22.

351 *Wichtermann*, ZD 2016, 421; *Petri*, in: Simitis/Hornung/Spiecker gen. Döhmann (Hrsg.), Datenschutzrecht, Art. 24 Rn. 22 mwN.

352 Hierunter versteht man Vorschriften, die sich die Regelungsadressaten selbst geben, um ihr Verhalten in gleicher Weise zu regeln. Vgl. *Roßnagel*, in: Simitis/Hornung/Spiecker gen. Döhmann (Hrsg.), Datenschutzrecht, Art. 40 Rn. 20.

353 Zertifizierungsverfahren sollen die Transparenz der Datenverarbeitung erhöhen und die Einhaltung der Verordnung verbessern, indem sie Verantwortlichen und Auftragsverarbeitern als Nachweis ihr Datenschutzkonformität dienen und den betroffenen Personen einen schnellen Überblick über das gewährleistete Datenschutzniveau ermöglichen. Vgl. dazu *Scholz*, in: Simitis/Hornung/Spiecker gen. Döhmann (Hrsg.), Datenschutzrecht, Art. 42 Rn. 1 ff.

354 *Petri*, in: Simitis/Hornung/Spiecker gen. Döhmann (Hrsg.), Datenschutzrecht, Art. 24 Rn. 27; *Heckmann/Scheurer* in: Heckmann, jurisPK-Internetrecht, Rn. 228.

Es ist eine entsprechende Risikobewertung durchzuführen, die beispielsweise anhand des Standard-Datenschutzmodells[355] erfolgen kann, sodass die Risiken der einzelnen Verarbeitungsschritte spezifiziert und bewertet werden. Dabei dürften in datengetriebenen Mobilitätskonzepten insbesondere die verarbeiteten Nutzerdaten sowie die in der Dienstleistungsplattform erzeugten Daten gegenüber den Daten aus den Bereichen des autonomen Fahrens sowie der Infrastrukturdaten zu einem höheren Risiko für Betroffene führen, da in diesen beiden Anwendungsfeldern personenbezogene Daten verarbeitet werden. Inwiefern jedoch in den Anwendungsfeldern autonomes Fahren und Infrastrukturdaten personenbezogene Daten verarbeitet werden, bedarf einer (vorherigen) spezifischen Analyse. Gleichzeitig sind deshalb frühzeitig Datenschutz durch Technik sowie datenschutzfreundliche Voreinstellungen zu berücksichtigen, die idealerweise bereits bei der Entwicklung intelligenter Mobilitätskonzepte im Öffentlichen Nahverkehr integriert werden (vgl. Art. 25 DSGVO).[356] Daneben sind die mit der Datenverarbeitung betrauten Personen fortzubilden und auch zu sensibilisieren.

Insgesamt ist daher ein umfassendes (organisatorisches) Datenschutzmanagementsystem zu etablieren. Der Verantwortliche kann so jederzeit den Nachweis der Rechtmäßigkeit der Datenverarbeitung erbringen.

Daneben sind auch interne Datenschutzrichtlinien sowie Privacy Policies hilfreich. Schließlich können genehmigte Verhaltensregelungen sowie genehmigte Zertifizierungsverfahren als weitere Nachweispflichten für die Einhaltung der Anforderungen der DSGVO in Betracht kommen.

2. Datenschutz durch Technikgestaltung und durch datenschutzfreundliche Voreinstellungen (Art. 25 DSGVO)

a) Rechtssystematische Grundlagen der Norm

Art. 25 DSGVO normiert erstmalig und umfassend das Grundprinzip „Datenschutz durch Technikgestaltung und durch datenschutzfreundliche

355 *Datenschutzkonferenz*, Das Standard-Datenschutzmodell – Eine Methode zur Datenschutzberatung und -prüfung auf der Basis einheitlicher Gewährleistungsziele, Version 2.0b, https://www.datenschutzkonferenz-online.de/media/ah/SDM-Methode_V20b.pdf.

356 Siehe hierzu ausführlich unter B. IV. 2.

Voreinstellungen".[357] Der Verantwortliche[358] muss gemäß Art. 25 Abs. 1 DSGVO geeignete technische und organisatorische Maßnahmen treffen, um die Datenschutzgrundsätze und die Anforderungen der DSGVO wirksam umzusetzen. Daneben muss er gewährleisten, dass durch Voreinstellung die personenbezogenen Daten nur im Rahmen ihrer Erforderlichkeit für den Verarbeitungszweck verarbeitet werden (Art. 25 Abs. 2 DSGVO).[359] Ein genehmigtes Zertifizierungsverfahren nach Art. 42 DSGVO kann als Faktor herangezogen werden, um die Erfüllung der in den Absätzen 1 und 2 des vorliegenden Artikels genannten Anforderungen nachzuweisen (Art. 25 Abs. 3 DSGVO).

Das Ziel dieser neuen Regelung ist ein in die Verarbeitung personenbezogener Daten eingebauter Datenschutz, sodass datenschutzrechtliche Grundsätze proaktiv in Datenverarbeitungssystemen verankert werden.[360] Gleichwohl beschränkt sich die Regelung nicht nur ausschließlich auf den technischen Datenschutz, sondern nimmt vielmehr eine ganzheitliche Systemgestaltung in den Blick, die etwa auch organisatorische Prozesse, vertragliche Zusammenhänge und Geschäftsmodelle berücksichtigt.[361] Verstöße gegen Art. 25 DSGVO sind im Übrigen nunmehr besonders sanktionsbewehrt, sodass nach Art. 83 Abs. 4 lit. a) DSGVO bei einem Verstoß Geldbußen von bis zu 10 Mio. € oder im Falle eines Unternehmens von bis zu 2% des weltweiten Vorjahresumsatzes verhängt werden können.[362] Dabei können Sanktionen theoretisch auch schon im Vorfeld eines Schadenseintritts verhängt werden.[363]

Art. 25 DSGVO konkretisiert die Anforderungen des Art. 24 DSGVO zur Verantwortung, um die Einhaltung der DSGVO sicherzustellen und

---

357 *Hansen*, in: Simitis/Hornung/Spiecker gen. Döhmann (Hrsg.), Datenschutzrecht, Art. 25 Rn. 1.

358 Vgl. hierzu ausführlich unter B. IV. 3.

359 Vgl. zum Verhältnis von Art. 25 Abs. 1 und Abs. 2 *Hansen*, in: Simitis/Hornung/Spiecker gen. Döhmann (Hrsg.), Datenschutzrecht, Art. 25 Rn. 24.

360 *Mantz*, in: Sydow (Hrsg.), DSGVO, Art. 25 Rn. 2; *Hansen*, in: Simitis/Hornung/Spiecker gen. Döhmann (Hrsg.), Datenschutzrecht, Art. 25 Rn. 1.

361 *Hansen*, in: Simitis/Hornung/Spiecker gen. Döhmann (Hrsg.), Datenschutzrecht, Art. 25 Rn. 7.

362 Inwiefern bei einem direkten Verstoß gegen die Datenschutzgrundsätze nach Art. 5 DSGVO über Art. 83 Abs. 5 lit. a) DSGVO Geldbußen von bis zu 20 Mio. € oder 4% des weltweiten Vorjahresumsatzes verhängt werden können, ist umstritten. Siehe dazu *Hansen*, in: Simitis/Hornung/Spiecker gen. Döhmann (Hrsg.), Datenschutzrecht, Art. 25 Rn. 25.

363 So *Mantz*, in: Sydow (Hrsg.), DSGVO, Art. 25 Rn. 75.

den Nachweis dafür zu erbringen.[364] Adressat der Regelung ist ausschließlich der Verantwortliche.[365] Die Norm verfolgt dabei einen holistischen Ansatz und wird somit unter einer gestalterischen und operativen Perspektive zu einer der umfassendsten Normen der DSGVO.[366] Um das Ziel der Datenverarbeitung mit eingebautem Datenschutz effektiv zu erreichen, erstreckt sich die in Art. 25 Abs. 1 DSGVO normierte Gestaltungsanforderung auf die gesamte Verarbeitung einschließlich der organisatorischen Prozesse sowie der rechtlichen Ausgestaltung für den konkreten Fall.[367] Die Anforderungen des „Datenschutz by Design"[368] erfordern, dass frühzeitig Einfluss auf die Gestaltung der Verarbeitung im Sinne der Datenschutzanforderungen genommen wird.[369] Bei der Eigenentwicklung eines Datenverarbeitungssystems, das personenbezogene Daten verarbeitet, müssen also bereits bei der Konzeption des informationstechnischen Systems sowie der Verfahrensabläufe die Anforderungen der DSGVO einfließen und bei der konkreten Umsetzung berücksichtigt werden.

Art. 25 Abs. 1 DSGVO stellt keine absolute Vorgabe dar, vielmehr hat der Verantwortliche eine Verpflichtung zur Abwägung, um die geeigneten technischen und organisatorischen Maßnahmen zu wählen.[370] Zu den bereits in Art. 24 DSGVO genannten Abwägungskriterien (Art, Umfang, Umstände und Zwecke der Verarbeitung)[371] treten der Stand der Technik sowie die Implementierungskosten ergänzend hinzu. Die Regelung hat dabei zwei wesentliche Ziele. Einerseits die wirksame Umsetzung der in Art. 5 DSGVO normierten Datenschutzgrundsätze sowie andererseits die Aufnahme der notwendigen Garantien in den Verarbeitungsprozess,

---

364 Umfangreich *Hartung*, in: Kühling/Buchner (Hrsg.), DS-GVO BDSG, Art. 25 Rn. 9 f.

365 Ausführlich dazu *Mantz*, in: Sydow (Hrsg.), DSGVO, Art. 25 Rn. 16 f. sowie *Hansen*, in: Simitis/Hornung/Spiecker gen. Döhmann (Hrsg.), Datenschutzrecht, Art. 25 Rn. 20 ff.

366 *Hansen*, in: Simitis/Hornung/Spiecker gen. Döhmann (Hrsg.), Datenschutzrecht, Art. 25 Rn. 15.

367 *Hansen*, in: Simitis/Hornung/Spiecker gen. Döhmann (Hrsg.), Datenschutzrecht, Art. 25 Rn. 16.

368 Vgl. zur Abgrenzung von „Privacy by Design" und „Datenschutz by Design" *Hansen*, in: Simitis/Hornung/Spiecker gen. Döhmann (Hrsg.), Datenschutzrecht, Art. 25 Rn. 23 ff.

369 *Hansen*, in: Simitis/Hornung/Spiecker gen. Döhmann (Hrsg.), Datenschutzrecht, Art. 25 Rn. 18.

370 *Hansen*, in: Simitis/Hornung/Spiecker gen. Döhmann (Hrsg.), Datenschutzrecht, Art. 25 Rn. 28.

371 Siehe dazu unter B. IV. 1.

um den Anforderungen der DSGVO zu genügen und die Rechte der betroffenen Personen zu schützen.[372] Art. 25 Abs. 1 DSGVO bestimmt zwei maßgebliche Zeitpunkte für die zu treffenden Maßnahmen.[373] So müssen spätestens bei „Festlegung der Mittel für die Verarbeitung“ und sodann bei der „eigentlichen Verarbeitung“ die relevanten Maßnahmen getroffen werden.

Maßgeblich für die Entscheidung des Verantwortlichen ist sodann die Abwägung beim Treffen der geeigneten technischen und organisatorischen Maßnahmen. Insoweit überlässt Art. 25 DSGVO dem Verantwortlichen die Wahl der konkreten Maßnahmen.[374] Die in Art. 24 DSGVO und Art. 25 DSGVO genannten Faktoren sind konkretisierungsbedürftig, wobei der Verantwortliche die notwendige Auslegung im Zuge seiner Abwägung leisten muss.[375] Zu berücksichtigen sind insbesondere der Stand der Technik, Art, Umfang, Umstände und Zwecke der Verarbeitung, mögliche Risiken für die Betroffenen, die Wirksamkeit der getroffenen Maßnahmen sowie die Implementierungskosten.[376]

Als den Stand der Technik ist dabei ein entwickeltes Stadium der technischen Möglichkeiten zu einem bestimmten Zeitpunkt zu verstehen, basierend auf entsprechend gesicherten Kenntnissen von Wissenschaft, Technik und Erfahrung.[377] Beim Stand der Technik nach Art. 25 Abs. 1 DSGVO handelt es sich daher in der Regel um Techniken, die bereits eine gewisse Erprobung durchlaufen haben. Nicht notwendig ist aber, dass sie sich durchgesetzt haben.[378] Die Beachtung aktueller nationaler oder internationaler Normen – etwa der ISO 27001 oder des Standard-Datenschutzmodell (SDM) der deutschen Aufsichtsbehörden – dürfte für die Erfüllung des Standes der Technik allein allerdings nicht in jedem Fall ausreichen.[379] Gleichwohl bieten diese Standards einen ersten gewichtigen Anknüpfungspunkt bei der Umsetzung und Erfüllung der gesetzlichen

---

372 *Hansen*, in: Simitis/Hornung/Spiecker gen. Döhmann (Hrsg.), Datenschutzrecht, Art. 25 Rn. 29 ff.

373 Siehe dazu *Mantz*, in: Sydow (Hrsg.), DSGVO, Art. 25 Rn. 31 ff.

374 *Mantz*, in: Sydow (Hrsg.), DSGVO, Art. 25 Rn. 36.

375 *Hansen*, in: Simitis/Hornung/Spiecker gen. Döhmann (Hrsg.), Datenschutzrecht, Art. 25 Rn. 37.

376 Nach *Mantz*, in: Sydow (Hrsg.), DSGVO, Art. 25 Rn. 37 ff.

377 Grundlegend *Seibel*, NJW 2013, 3000 (3002 f.); DIN EN 45020:2006, Ziff. 1.4; *Mantz*, in: Sydow (Hrsg.), DSGVO, Art. 25 Rn. 38.

378 *Mantz*, in: Sydow (Hrsg.), DSGVO, Art. 25 Rn. 38.

379 *Seibel*, NJW 2013, 3000 (3002); *Mantz*, in: Sydow (Hrsg.), DSGVO, Art. 25 Rn. 38.

Anforderungen. Die Bestimmung des Stands der Technik kann somit für Verantwortliche eine erhebliche Schwierigkeit darstellen, sodass hierfür entsprechende Ressourcen einzuplanen sind. Anhaltspunkte für einen entsprechenden Reifegrad von Privacy by Design-Techniken gibt etwa der Privacy by Design-Bericht der European Union Agency for Cybersecurity[380] (ENISA).[381] Für den Verantwortlichen empfiehlt sich aufgrund der Unsicherheit bei der Auslegung und Anwendung des Begriffs des Stands der Technik eine Orientierung an künftig zu erwartenden Bewertungen von ENISA.[382] Daneben werden Konkretisierungen insbesondere durch Leitlinien, Empfehlungen und bewährte Verfahren zur Sicherstellung einer einheitlichen Anwendung der DSGVO, die etwa der Europäische Datenschutzausschuss[383] nach Art. 70 Abs. 1 lit. e) DSGVO bereitstellt, sowie durch Datenschutzaufsichtsbehörden[384] in ihrer Aufgabenerfüllung nach Art. 57 Abs. 1 lit. a) oder durch gerichtliche Entscheidungen erwartet.[385] Hierbei sollte der Leitfaden des Europäischen Datenschutzausschusses zu Art. 25 DSGVO und Datenschutz by Design und Datenschutz by default entsprechend berücksichtigt werden.[386]

Hinsichtlich Art, Umfang, Umständen und Zwecken der Verarbeitung gilt grundsätzlich, dass je mehr Daten verarbeitet werden und je sensitiver diese sind, desto zumutbarer und dringender sind technische und organisatorische Maßnahmen für den Verantwortlichen. Werden also eine Vielzahl von Daten verarbeitet – etwa bei Big Data Analysen –, sind an die Maßnahmen strengere Anforderungen zu stellen als bei der gelegentlichen Verarbeitung nur vereinzelter Datensätze.[387]

Daneben müssen auch die ermittelten Risiken als maßgebliche Faktoren berücksichtigt werden. Risiken drohen durch solche Datenverarbeitungen, die beim Betroffenen zu einer physischen, materiellen oder immateriellen

---

380 https://www.enisa.europa.eu.

381 *ENISA*, Privacy and Data Protection by Design – from policy to engineering, https://www.enisa.europa.eu/publications/privacy-and-data-protection-by-design/at_download/fullReport.

382 *Mantz*, in: Sydow (Hrsg.), DSGVO, Art. 25 Rn. 39.

383 Vgl. dazu https://edpb.europa.eu/edpb_de.

384 Vgl. dazu etwa https://www.ldi.nrw.de sowie https://www.datenschutzkonferenz-online.de.

385 *Hansen*, in: Simitis/Hornung/Spiecker gen. Döhmann (Hrsg.), Datenschutzrecht, Art. 25 Rn. 37.

386 *European Data Protection Board*, Guidelines 4/2019 on Article 25 Data Protection by Design and by Default, https://edpb.europa.eu/our-work-tools/public-consultations-art-704/2019/guidelines-42019-article-25-data-protection-design_en.

387 *Mantz*, in: Sydow (Hrsg.), DSGVO, Art. 25 Rn. 41.

Schädigung in Form von erheblichen wirtschaftlichen oder gesellschaftlichen Nachteilen führen können.[388] Dabei sollte der Verantwortliche anhand einer nach objektiven Kriterien durchzuführenden Bewertung der Eintrittswahrscheinlichkeit zumindest die Einordnung der Verarbeitung in die Risikokategorien „geringes Risiko", „mittleres Risiko" und „hohes Risiko" durchführen.[389]

Die Art. 29-Datenschutzgruppe hat hierfür eine Liste von neun risikoträchtigen Verarbeitungssituationen aufgestellt, an denen eine Orientierung möglich ist.[390] Ein hohes Risiko kann beispielsweise anzunehmen sein, wenn Daten aus verschiedenen Quellen oder solche mit ursprünglich unterschiedlicher Zweckbindung kombiniert werden.[391] Ebenso können neue Technologien oder innovative Lösungen, bei denen Daten kombiniert werden, besondere Risiken für den Betroffenen hervorrufen.[392] Insofern ist für jedes Risiko zumindest eine grobe Folgenabschätzung vorzunehmen.[393]

Zur systematischen Erfassung und Klassifizierung von Datenschutz- und Datensicherheitsrisiken kann etwa das von der ENISA empfohlene LINDDUN-Modell[394] herangezogen werden. Dieses erleichtert die Risikoabschätzung durch ein schrittweises, strukturiertes Vorgehen.[395] Danach soll der Verantwortliche zunächst ein Datenflussdiagramm entwerfen, in dem alle an der Verarbeitung Beteiligten und der zugehörige Datenfluss wiedergegeben sind. Sodann werden für jeden Beteiligten verschiedene Risiken betrachtet und bewertet, um anschließend die Bedrohungsszenarien zu analysieren. Im Weiteren dient das Modell der Ermittlung von Maßnahmen zur Vermeidung oder Abmilderung der zuvor durch die Risikoanalyse aufgeworfenen Risiken. Die französische Datenschutzaufsichts-

---

388 In diese Richtung EG 75 DSGVO.

389 EG 76 DSGVO differenziert jedenfalls zwischen Risiko und hohem Risiko. Vgl. im Übrigen *Mantz*, in: Sydow (Hrsg.), DSGVO, Art. 25 Rn. 23.

390 *Art. 29-Datenschutzgruppe*, Leitlinien zur Datenschutz-Folgenabschätzung (DSFA) und Beantwortung der Frage, ob eine Verarbeitung im Sinne der Verordnung 2016/679 „wahrscheinlich ein hohes Risiko mit sich bringt", WP 248 Rev. 01, 17/DE, http://ec.europa.eu/newsroom/document.cfm?doc_id=47711, S. 10 ff.

391 *Mantz*, in: Sydow (Hrsg.), DSGVO, Art. 25 Rn. 23.

392 *Art. 29-Datenschutzgruppe*, Leitlinien zur Datenschutz-Folgenabschätzung (DSFA) und Beantwortung der Frage, ob eine Verarbeitung im Sinne der Verordnung 2016/679 „wahrscheinlich ein hohes Risiko mit sich bringt", WP 248 Rev. 01, 17/DE, http://ec.europa.eu/newsroom/document.cfm?doc_id=47711, S. 10.

393 *Mantz*, in: Sydow (Hrsg.), DSGVO, Art. 25 Rn. 24.

394 https://linddun.org.

395 *Mantz*, in: Sydow (Hrsg.), DSGVO, Art. 25 Rn. 27.

behörde CNIL hat hierzu eine Software-Lösung zur Durchführung einer Risikoabschätzung (PIA-Tool) veröffentlicht.[396]

Solange die Leitlinien und Vorgaben des Europäischen Datenschutzausschuss nicht vorliegen, bietet es sich im Hinblick auf die bereits laufenden oder noch geplanten Verarbeitungen von personenbezogenen Daten an, auf ein strukturiertes Modell wie LINDDUN zurückzugreifen.[397]

Zumindest sollte der Verantwortliche aber folgende Fragen beantworten können:[398]

- Wer ist an der Datenverarbeitung beteiligt?
- Welche Arten von Daten werden in welchem Umfang verarbeitet?
- Welche Risiken drohen bei der Datenverarbeitung?
- Wie sind die Folgen des Eintritts eines Risikos einzuschätzen (gering, mittel, hoch)?
- Wie hoch ist die Eintrittswahrscheinlichkeit (gering, mittel, hoch)?
- Als Resultat für jedes Risiko: Ist dieses „akzeptabel", „abzumildern" oder „um jeden Fall zu vermeiden"?

Von wesentlicher Bedeutung ist ferner, dass die Maßnahmen wirksam umgesetzt werden, wobei sich der Verantwortliche bei der Frage der Wirksamkeit an seiner ursprünglichen Risikoabschätzung festhalten lassen muss.[399] Schließlich sind die Implementierungskosten zu berücksichtigen, wodurch eine wirtschaftliche Komponente bei der Abwägung Eingang in die Bewertung findet.[400]

Umstritten ist, ob die Implementierungskosten nur objektiv[401] oder auch bezogen auf den Verantwortlichen zu bewerten sind, ob also die wirtschaftliche Leistungsfähigkeit des Verantwortlichen in der Bewertung der Maßnahmen für einzelne Risiken eine Rolle spielen kann.[402] Hier wird man dem Verantwortlichen einen Gestaltungsspielraum einräumen müssen, sodass er zwar zwischen mehreren zur Verfügung stehenden Maßnahmen wählen kann, gleichwohl aber die gewählte – ggf. kostengünstigste – Maßnahme auch wirksam sein muss.[403] Bei der Bewertung der einzelnen

---

396 https://www.cnil.fr/en/open-source-pia-software-helps-carry-out-data-protection-impact-assesment.

397 So *Mantz*, in: Sydow (Hrsg.), DSGVO, Art. 25 Rn. 29.

398 Nach *Mantz*, in: Sydow (Hrsg.), DSGVO, Art. 25 Rn. 29.

399 *Mantz*, in: Sydow (Hrsg.), DSGVO, Art. 25 Rn. 44.

400 *Mantz*, in: Sydow (Hrsg.), DSGVO, Art. 25 Rn. 45 mwN.

401 So *Schaffland/Holthaus*, in: Schaffland/Wiltfang (Hrsg.), DSGVO/BDSG, Lfg. 6/2017, Art. 25 Rn. 9.

402 *Mantz*, in: Sydow (Hrsg.), DSGVO, Art. 25 Rn. 46.

403 *Mantz*, in: Sydow (Hrsg.), DSGVO, Art. 25 Rn. 46.

maßgeblichen Faktoren wird man dem Verantwortlichen in der Praxis jeweils einen weiten Ermessensspielraum einräumen müssen.[404]

Hinsichtlich der konkret zu ergreifenden Maßnahmen enthält sich der Gesetzestext weitgehend, um die Anforderungen aus Art. 25 Abs. 1 DSGVO zu erfüllen. Art. 25 Abs. 1 DSGVO führt unmittelbar selbst nur die Pseudonymisierung auf. Darunter versteht man die Verarbeitung personenbezogener Daten in einer Weise, dass die personenbezogenen Daten ohne Hinzuziehung zusätzlicher Informationen nicht mehr einer spezifischen betroffenen Person zugeordnet werden können, sofern diese zusätzlichen Informationen gesondert aufbewahrt werden und technischen und organisatorischen Maßnahmen unterliegen, die gewährleisten, dass die personenbezogenen Daten nicht einer identifizierten oder identifizierbaren natürlichen Person zugewiesen werden (vgl. Art. 4 Nr. 5 DSGVO).

Die Pseudonymisierung ist hier als durchaus wirksame Maßnahme zu betrachten, denn für einen Außenstehenden kann bereits die Pseudonymisierung eine hohe Hürde darstellen, die die Nutzbarkeit ansonsten öffentlich verfügbarer oder durch unbefugten Zugriff erlangter Daten erheblich einschränkt.[405] Ein mögliches Anwendungsbeispiel für Pseudonymisierung hat die Art. 29-Datenschutzgruppe aufgezeigt:[406] So sollen Namen von Patienten und sonstige Personen-Identifikatoren, die in Informationssystemen von Krankenhäusern gespeichert werden, von den Daten über den Gesundheitszustand und über medizinische Behandlungen getrennt und nur insoweit kombiniert werden, wie es für medizinische oder andere angemessen Gründe in einem sicheren Umfeld erforderlich ist.

Weitere konkretisierende Maßnahmen lassen sich außerdem EG 78 DSGVO entnehmen. Sie können neben der Datenminimierung insbesondere in der Herstellung von Transparenz sowie von Überwachungsmöglichkeiten hinsichtlich der Datenverarbeitung für den Betroffenen bestehen. Weitere konkrete Handlungsmaßnahmen, Entwurfsstrategien und Entwurfsmuster schlägt die ENISA in ihrem Leitfaden „Privacy and Data Protection by Design" vor.[407]

---

404 Umfangreich dazu *Mantz*, in: Sydow (Hrsg.), DSGVO, Art. 25 Rn. 48.

405 *Mantz*, in: Sydow (Hrsg.), DSGVO, Art. 25 Rn. 51.

406 *Art. 29-Datenschutzgruppe*, Die Zukunft des Datenschutzes, WP 168, 02356/09/DE, https://ec.europa.eu/justice/article-29/documentation/opinion-recommendation/files/2009/wp168_de.pdf, S. 16.

407 *ENISA*, Privacy and Data Protection by Design – from policy to engineering, https://www.enisa.europa.eu/publications/privacy-and-data-protection-by-design/at_download/fullReport.

Darüber hinaus hat etwa auch die norwegische Datenschutzaufsichtsbehörde einen Leitfaden für Softwareentwicklung unter Beachtung von Privacy by Design und by Default entwickelt, der zudem die verschiedenen Stadien der Software-Entwicklung (insbesondere Design, Implementierung, Test, Wartung etc.) einzeln betrachtet.[408] Somit zeigt sich, dass Datenschutz durch Technik immer auch mit Datensicherheit (vgl. Art. 32 DSGVO)[409] einhergeht.[410]

Weiterhin sollten Daten so weit wie möglich verschlüsselt werden.[411] So sind etwa Passwörter von Nutzern zwingend mit einer starken Verschlüsselung zu sichern. Empfehlenswert ist auch, dass die Verschlüsselung von Daten in einer Art und Weise erfolgt, dass auch der Verantwortliche auf die unverschlüsselten Daten nicht zugreifen kann („user-centric encryption"). Dies kann bei Kommunikationsmitteln durch eine Ende-zu-Ende-Transportverschlüsselung realisiert werden.[412]

Eine weitere Möglichkeit besteht in der Aggregation von Daten. Bei dieser Methode kann die Eingriffsintensität deutlich reduziert werden.[413] Um den Grundsatz der Zweckbindung sicherzustellen, können Daten bereits bei ihrer Erhebung mit einer den Zweck kennzeichnenden Markierung („tag") versehen werden, die bei jeder weiteren Verarbeitung der Daten berücksichtigt werden muss.[414]

Weitere Maßnahmen können die Schließung von Schnittstellen, die Begrenzung und ggf. Trennung der Zugriffsmöglichkeiten zwischen Organisationen oder Abteilungen und/oder die Einführung von Rollenkonzepten und die Nutzung von anonymen Credentials, also der Möglichkeit der anonymen Authentifikation von Nutzern sein.[415] Daneben sollte der Verantwortliche ein Löschkonzept erstellen, das idealerweise durch Softwarelö-

---

408 https://www.datatilsynet.no/en/about-privacy/virksomhetenes-plikter/innebygd-personvern/data-protection-by-design-and-by-default/?print=true.

409 Siehe hierzu unter B. IV. 4.

410 *Mantz*, in: Sydow (Hrsg.), DSGVO, Art. 25 Rn. 55.

411 *Mantz*, in: Sydow (Hrsg.), DSGVO, Art. 25 Rn. 56.

412 *ENISA*, Privacy and Data Protection by Design – from policy to engineering, https://www.enisa.europa.eu/publications/privacy-and-data-protection-by-design/at_download/fullReport, S. 27 ff.

413 *Mantz*, in: Sydow (Hrsg.), DSGVO, Art. 25 Rn. 57.

414 *Martini*, in: Paal/Pauly (Hrsg.), DSGVO/BDSG, Art. 25 Rn. 30.

415 *Datenschutzkonferenz*, Das Standard-Datenschutzmodell – Eine Methode zur Datenschutzberatung und -prüfung auf der Basis einheitlicher Gewährleistungsziele, Version 2.0b, https://www.datenschutzkonferenz-online.de/media/ah/SDM-Methode_V20b.pdf, S. 32.

sungen automatisch umgesetzt werden kann.[416] Neben diesen primär technisch motivierten Maßnahmen sind auch organisatorische Maßnahmen im Hinblick auf die Gestaltung der Verarbeitungsprozesse zu ergreifen. Zu denken ist hier an klare Regelungen von Verantwortlichkeiten und internen Informationsflüssen, Einführung eines Vier-Augen-Prinzips, Festlegung von Verhaltensregeln und entsprechende (bei Bedarf) wiederholte Schulungen.[417]

Daneben gibt es für ausgewählte Anwendungsfelder bereits vereinzelt spezifische Dokumente.[418] So haben die Datenschutzaufsichtsbehörden und der Verband der Automobilindustrie eine gemeinsame Erklärung zum Datenschutz beim „Connected Car" veröffentlicht.[419] Der Europäische Datenschutzausschuss hat diesbezüglich ebenfalls eine erste Leitlinie publiziert.[420]

Bei Videoüberwachung im öffentlichen Raum sollten Systeme so eingerichtet werden, dass die Gesichter der Betroffenen nicht erkennbar sind, sofern dies nicht erforderlich ist.[421] Für soziale Netzwerke wurde eigens ein Datenschutz-Framework entworfen.[422]

Auch für mobile Apps liegen bereits „Privacy By Design"-Richtlinien bzw. Empfehlungen vor.[423] Allgemeine Methoden wie „Differential Privacy" erlauben eine Veränderung von Daten in Datenbanken in einer Art und Weise, die bestimmte Operationen wie Suche und Analyse der Da-

---

416 *Hornung*, ZD 2011, 51 (52); *Mantz*, in: Sydow (Hrsg.), DSGVO, Art. 25 Rn. 59.

417 *Mantz*, in: Sydow (Hrsg.), DSGVO, Art. 25 Rn. 60.

418 *Mantz*, in: Sydow (Hrsg.), DSGVO, Art. 25 Rn. 61.

419 *Gemeinsame Erklärung der Konferenz der unabhängigen Datenschutzbehörden und des Bundes und der Länder und des Verbandes der Automobilindustrie (VDA)*, Datenschutzrechtliche Aspekte bei der Nutzung vernetzter und nicht vernetzter Kraftfahrzeuge, https://www.vda.de/dam/vda/Medien/DE/Themen/Innovation-und-Technik/Vernetzung/Gemeinsame-Erkl-rung-VDA-und-Datenschutzbeh-rden-2016/Gemeinsame-Erklaerung-VDA-und-Datenschutzbehoerden-2016.pdf.

420 *European Data Protection Board*, Guidelines 1/2020 on processing personal data in the context of connected vehicles and mobility related applications, https://edpb.europa.eu/sites/edpb/files/files/file1/edpb_guidelines_202001_connected_vehicles_v2.0_adopted_en.pdf.

421 *Bier/Spiecker gen. Döhmann*, CR 2012, 610; *Bretthauer*, Intelligente Videoüberwachung.

422 *Islam*, Privacy by Design for Social Networks, Brisbane 2014, https://eprints.qut.edu.au/71389/1/Mohammad%20Badiul_Islam_Thesis.pdf.

423 GSMA Association, Mobile Privacy Principles, https://www.gsma.com/publicpolicy/wp-content/uploads/2016/02/GSMA2016_Guidelines_Mobile_Privacy_Principles.pdf.

ten ermöglicht, aber Rückschlüsse auf einzelne Personen nicht oder nur erschwert gezogen werden können.[424]

Ferner können aus vorhandenen personenbezogenen Daten mittels Datensynthese neue, anonyme Daten bzw. ein entsprechendes Modell erstellt werden, sodass trotz der Synthese Analysen weiterhin möglich sind.[425]

b) Handlungsempfehlungen für moderne Mobilitätskonzepte im Öffentlichen Nahverkehr

In modernen datengetriebenen Mobilitätskonzepten nimmt Art. 25 Abs. 1 DSGVO und das dort verankerte Grundprinzip „Datenschutz durch Technikgestaltung“ eine besonders exponierte Stellung ein. Der proaktive Einbau datenschutzrechtlicher Grundsätze in ein umfassendes Mobilitätskonzept im Öffentlichen Nahverkehr erfordert sowohl die Realisierung technischer als auch die Umsetzung organisatorischer Schutzmaßnahmen. Deshalb ist es nur konsequent, dass bereits bei der konzeptionellen und technischen Gestaltung derartiger Lösungen sowie der entsprechenden Verfahrensabläufe die Anforderungen der DSGVO berücksichtigt werden.

Adressat der Verpflichtungen, die sich aus dem Grundprinzip „Datenschutz durch Technikgestaltung“ nach Art. 25 Abs. 1 DSGVO ergeben, ist der rechtliche Verantwortliche des modernen datengetriebenen Mobilitätskonzepts.[426] Für dessen Bestimmung kommt es entscheidend auf die organisatorische Struktur an. So kann – und das hängt von der konkreten Ausgestaltung der Plattform ab – eine alleinige verantwortliche Stelle agieren, etwa dann, wenn eine natürliche oder juristische Person allein über die Zwecke und Mittel der Datenverarbeitung von personenbezogenen Daten entscheidet. Es kann aber auch eine gemeinsame Verantwortlichkeit mehrerer rechtlich Verpflichteter begründet werden, wenn zwei oder mehr Verantwortliche gemeinsam die Zwecke der und die Mittel zur Verarbeitung für das Mobilitätskonzept festlegen.[427] Insofern ist zu klären, wie die rechtlichen Verantwortungsstrukturen innerhalb eines solchen Mobilitätskonzepts festgelegt sind. Sodann hat bzw. haben der bzw.

424 *ENISA*, Privacy and Data Protection by Design – from policy to engineering, https://www.enisa.europa.eu/publications/privacy-and-data-protection-by-design/at_download/fullReport, S. 33 f.

425 *Patki/Wedge/Veeramachaneni*, The Synthetic data vault, https://ieeexplore.ieee.org/stamp/stamp.jsp?tp=&arnumber=7796926.

426 Siehe hierzu unter B. IV. 3.

427 Siehe hierzu ausführlich unter B. IV. 3.

die Verantwortliche/n die notwendige Abwägung im Rahmen von Art. 25 DSGVO selbst vorzunehmen.

Als wesentliche bei der Implementierung von Datenschutz durch Technikgestaltung zu berücksichtigende Faktoren sind die Art, der Umfang, die Umstände sowie die Zwecke der Verarbeitung, der Stand der Technik, die Implementierungskosten sowie die Eintrittswahrscheinlichkeiten und die Schwere der möglichen Risiken heranzuziehen und zu bewerten, um ableitend hieraus die geeigneten technischen und organisatorischen Maßnahmen zu treffen.

Hinsichtlich der Art der Datenverarbeitung wird zunächst zu differenzieren sein zwischen der Verarbeitung personenbezogener Daten sowie der Verarbeitung nicht-personenbezogener Daten, da die datenschutzrechtlichen Anforderungen nur für die Verarbeitung personenbezogener Daten gelten. Bereits das wird eine (erste) erhebliche Herausforderung darstellen, da etwa Informationen aus der Stadtinfrastruktur nicht unmittelbar personenbezogen sein müssen, dies aber durch Verknüpfung mit weiteren Daten – etwa mit Daten aus den autonomen Fahrzeugen oder Nutzerverhaltensdaten – werden können. Bei der Verarbeitung von Daten aus autonomen Fahrzeugen sowie dem Nutzerverhalten werden personenbezogene Daten eine Rolle spielen. Betreffend den Umfang sowie die Umstände wird darauf zu achten sein, dass nur die wirklich notwendigen Informationen verarbeitet werden. Zudem müssen unterschiedliche Verarbeitungszwecke berücksichtigt werden, die sodann in die Dienstleistungsplattform einfließen.[428] Der übergeordnete Datenverarbeitungszweck betrifft die Optimierung der innerstädtischen Mobilität. Da schließlich eine Vielzahl unterschiedlicher Daten aus verschiedenen Datenquellen im Rahmen datengetriebener Mobilitätskonzepte verarbeitet werden, sind besondere Schutzvorkehrungen notwendig.

Um den Stand der Technik bei der Bewertung solcher Mobilitätskonzepte zu berücksichtigen, sollte auf die bereits genannten Dokumente (ISO 27001, Standard-Datenschutzmodell, Privacy by Design-Bericht der European Agency for Cybersecurity) zurückgegriffen werden.[429] Ebenso ist auch der Leitfaden des Europäischen Datenschutzausschusses heranzuziehen.[430]

---

428 Vgl. zur Zweckbindung bereits unter B. II. 1. a).

429 Siehe hierzu weiter oben.

430 *European Data Protection Board*, Guidelines 4/2019 on Article 25 Data Protection by Design and by Default, https://edpb.europa.eu/our-work-tools/public-consultations-art-704/2019/guidelines-42019-article-25-data-protection-design_en.

Hinsichtlich der Implementierungskosten dürfen zwar wirtschaftliche Aspekte berücksichtigt werden, gleichwohl ist der Verantwortliche bzw. sind die Verantwortlichen verpflichtet, nur solche Maßnahmen zu ergreifen, die auch effektiv und wirksam sind.

Schließlich müssen die ermittelten Risiken berücksichtigt werden, wobei sich eine Klassifizierung hinsichtlich der Datenverarbeitung zwischen „geringes Risiko", „mittleres Risiko" und „hohes Risiko" anbietet. Als Grundlage lässt sich mit dem von der ENISA empfohlenen LINDDUN-Modell arbeiten. Anzuraten ist insofern, zunächst anhand eines Datenflussdiagramms die konkreten Datenströme innerhalb der jeweiligen Mobilitätsplattform nachzuvollziehen, um sowohl hinsichtlich der einzelnen Bestandteile der Plattform sowie schließlich auch der gesamten Plattform die möglichen Risiken zu bewerten.

Für moderne datengetriebene Mobilitätskonzepte wird man nach einer ersten groben Einschätzung feststellen können, dass die Datenverarbeitung im Hinblick auf die Verarbeitung von Stadtinfrastrukturdaten ein weniger starkes Risiko nach sich ziehen wird wie die Verarbeitung der Daten aus autonomen Fahrzeugen sowie von Nutzerverhaltensdaten. Bei der Verarbeitung der Nutzerverhaltensdaten ist ein höheres Risiko anzunehmen, da möglicherweise Profile der einzelnen Nutzer in die Datenanalyse einfließen. Was die Gesamtheit einer solchen Plattform angeht, so wird man jedenfalls nicht die höchste Risikostufe anlegen müssen, da etwa – soweit ersichtlich – auf die Verarbeitung besonderer Kategorien personenbezogener Daten[431] verzichtet wird. Gleichwohl ist eine intensive Prüfung notwendig, um ein abschließendes Urteil zu bilden.

Welche konkreten Schutzmaßnahmen für die jeweilige Mobilitäts-Plattform schließlich in Betracht kommen, hängt von der zuvor durchgeführten eingehenden Risikoanalyse ab. Gleichwohl lassen sich einige grundlegende Maßnahmen identifizieren, die generell anzudenken sind.

- So sollten personenbezogene Daten frühzeitig anonymisiert oder wenigstens pseudonymisiert werden. Ebenfalls sind Daten und Kommunikationskanäle zu verschlüsseln.
- Daneben können Daten möglicherweise auch aggregiert werden.
- Ebenso sollten über die ganze Dienstleistungsplattform betrachtet Zugriffsmöglichkeiten begrenzt und ggf. getrennt sein.
- Ferner sollte ein schlüssiges Löschkonzept vorhanden sein sowie eindeutige Regelungen von internen und externen Verantwortlichkeiten bestehen.

---

431 Vgl. Art. 9 DSGVO.

- Die mit der Datenverarbeitung betrauten Mitarbeiter sollten anhand entsprechender Verhaltensregeln arbeiten und bei Bedarf entsprechende (datenschutzrechtliche) Schulungen erhalten.
- Es sind regelmäßige Überprüfungen durchzuführen und auch gezielt neue Entwicklungen zu integrieren.

Einen empfehlenswerten Anknüpfungspunkt für eine vertiefte Beschäftigung mit der Thematik ermöglichen der ENISA Leitfaden „Privacy and Data Protection by Design“[432] sowie der Leitfaden des Europäischen Datenschutzausschusses zu Art. 25 DSGVO[433].

3. Gemeinsam für die Verarbeitung Verantwortliche (Art. 26 DSGVO)

a) Rechtssystematische Grundlagen der Norm

Art. 26 DSGVO regelt den Fall „Gemeinsam für die Verarbeitung Verantwortliche[r]“. Dieses Rechtsinstitut war zwar auch schon bisher in der EG-Datenschutzrichtlinie (vgl. dort Art. 2 lit. d) DSGVO) angelegt, dort allerdings nicht detailliert reguliert, und spielte deshalb bisher nur eine untergeordnete Rolle. Seit einer Entscheidung des EuGH zur Ausgestaltung der gemeinsamen Verantwortlichkeit[434] hat dieses Rechtsinstitut große Aufmerksamkeit erfahren, denn der Entscheidung lässt sich entnehmen, dass auch dann eine gemeinsame Verantwortlichkeit angenommen wird, wenn nur eine untergeordnete Einflussnahme eines Partners auf die Datenverarbeitung des anderen besteht, der Partner aber von der Datenverarbeitung des anderen jedenfalls in Teilen profitiert. Daher wird die ausdrückliche Regelung der gemeinsamen Verantwortlichkeit in der DSGVO nunmehr erhebliche Auswirkungen für die Praxis haben.[435]

---

432 *ENISA*, Privacy and Data Protection by Design – from policy to engineering, https://www.enisa.europa.eu/publications/privacy-and-data-protection-by-design/at_download/fullReport, S. 33 f.

433 *European Data Protection Board*, Guidelines 4/2019 on Article 25 Data Protection by Design and by Default, https://edpb.europa.eu/our-work-tools/public-consultations-art-704/2019/guidelines-42019-article-25-data-protection-design_en.

434 Grundlegend dazu jeweils EuGH, Urt. v. 5.6.2018 – C-210/16, ECLI:EU:C:2018:388 – Facebook-Fanpages; EuGH, Urt. v. 29.7.2019 – C-40/17, ECLI:EU:C:2019:629 – Fashion ID; EuGH, Urt. v. 10.7.2018 – C-25/17, ECLI:EU:C:2018:551 – Zeugen Jehovas.

435 *Datenschutzkonferenz*, Kurzpapier Nr. 16 – Gemeinsam für die Verarbeitung Verantwortliche, Art. 26 DSGVO, https://www.datenschutzkonferenz-online.de/media/kp/dsk_kpnr_16.pdf, S. 1.

Art. 26 DSGVO reagiert auf die zunehmend vernetzte Verarbeitung personenbezogener Daten, wie sie für die Digitalisierung ganz generell und etwa das Internet charakteristisch ist. Verarbeiten mehrere oder gar viele Stellen arbeitsteilig personenbezogene Daten, kann diese Kooperation erhebliche datenschutzrechtliche Auswirkungen auf die betroffenen Personen haben, da die Dienstleistungen für die Betroffenen oftmals intransparent sind, weil Datenflüsse regelmäßig nicht nachvollzogen werden können.[436] Deshalb ist eine klare Zuteilung von Verantwortlichkeiten sowie der Haftung geboten.[437] Gleichwohl regelt Art. 26 DSGVO die konkrete Zuteilung der Verantwortlichkeit und Haftung nicht unmittelbar, sondern beauftragt die beteiligten Stellen mit der Klärung dieser Fragen selbst.[438] Das betrifft etwa die Frage, wer welche datenschutzrechtlichen Pflichten zu übernehmen hat, sofern das Unionsrecht oder einzelstaatliches Recht diese Frage nicht näher regelt. Art. 26 DSGVO stellt insofern keine Befugnis zur Datenverarbeitung dar, sondern regelt nur, wer welche Aufgaben aus der DSGVO zu erfüllen hat.[439]

Art. 26 Abs. 1 DSGVO normiert das Innenverhältnis zwischen mehreren Verantwortlichen. Art. 26 Abs. 2 und Abs. 3 DSGVO regeln demgegenüber das Verhältnis der gemeinsam Verantwortlichen zu den betroffenen Personen. Beispiele für gemeinsame Verantwortliche kann es bei allen Formen von Kooperationen geben, die mit der Verarbeitung personenbezogener Daten vertraut sind.[440] Das betrifft traditionell etwa Konzernstrukturen, projektbezogene Verarbeitungen durch mehrere Unternehmen („joint ventures") oder internetbasierte Dienstleistungen, die auf einem vernetzten Zusammenwirken verschiedener Dienste beruhen. Eine gemeinsame Verantwortlichkeit kann etwa auch bei der gemeinsamen Einrichtung einer Infrastruktur in Betracht kommen, auf der mehrere Beteiligte ihre jeweils individuellen Zwecke verfolgen (beispielsweise das gemeinsame Betreiben einer internetgestützten Plattform für Reisereservierungen durch

436 *Petri*, in: Simitis/Hornung/Spiecker gen. Döhmann (Hrsg.), Datenschutzrecht, Art. 26 Rn. 2.

437 Vgl. EG 79 DSGVO.

438 *Petri*, in: Simitis/Hornung/Spiecker gen. Döhmann (Hrsg.), Datenschutzrecht, Art. 26 Rn. 4.

439 *Datenschutzkonferenz*, Kurzpapier Nr. 16 – Gemeinsam für die Verarbeitung Verantwortliche, Art. 26 DSGVO, https://www.datenschutzkonferenz-online.de/media/kp/dsk_kpnr_16.pdf, S. 1.

440 Vgl. die Beispiele bei *Petri*, in: Simitis/Hornung/Spiecker gen. Döhmann (Hrsg.), Datenschutzrecht, Art. 26 Rn. 3.

ein Reisebüro, eine Hotelkette oder eine Fluggesellschaft).[441] Eine gemeinsame Verantwortlichkeit liegt ferner auch dann vor, wenn einzelne Beteiligte für bestimmte Teile bzw. Phasen einer Verarbeitung getrennt verantwortlich sind, jedoch die Daten über eine gemeinsame Plattform zusammengetragen werden.[442] Die gemeinsame Verarbeitung beschränkt sich dann allerdings auf den Betrieb der Plattform. Für die getrennten Verantwortungsbereiche muss die Plattform selbst bereits zwischen den einzelnen dann nicht mehr gemeinsamen Verantwortlichen differenzieren.

Art. 26 Abs. 1 S. 1 DSGVO normiert im Sinne einer Legaldefinition, wann eine gemeinsame Verantwortlichkeit bei zwei oder mehreren Verantwortlichen gegeben ist. Demnach liegt eine gemeinsame Verantwortlichkeit vor, wenn zwei oder mehrere Verantwortliche gemeinsam die Zwecke der und die Mittel zur Datenverarbeitung festlegen. Wünschenswert wäre gewesen, die wesentlichen Elemente der gemeinsamen Verantwortlichkeit normativ zu bestimmen, da so grundlegende Fragen nach wie vor ungeklärt und umstritten sind.[443] Nach der Rechtsprechung genügt es jedenfalls insoweit, dass eine Person oder Stelle aus Eigeninteresse auf die Verarbeitung personenbezogener Daten Einfluss nimmt und so an der Entscheidung über Zweck und Mittel der Verarbeitung mitwirkt.[444] Jedenfalls setzt eine gemeinsame Entscheidung voraus, dass jeder der Beteiligten einen bestimmenden tatsächlichen Einfluss auf die Datenverarbeitung nehmen muss.[445]

---

441 *Datenschutzkonferenz*, Kurzpapier Nr. 16 – Gemeinsam für die Verarbeitung Verantwortliche, Art. 26 DSGVO, https://www.datenschutzkonferenz-online.de/media/kp/dsk_kpnr_16.pdf, S. 4.

442 *Art. 29-Datenschutzgruppe*, Stellungnahme 1/2010 zu den Begriffen „für die Verarbeitung Verantwortlicher" und „Auftragsverarbeiter", WP 169, 00264/10/DE, https://ec.europa.eu/justice/article-29/documentation/opinion-recommendation/files/2010/wp169_de.pdf, S. 25; *Datenschutzkonferenz*, Kurzpapier Nr. 16 – Gemeinsam für die Verarbeitung Verantwortliche, Art. 26 DSGVO, https://www.datenschutzkonferenz-online.de/media/kp/dsk_kpnr_16.pdf, S. 3.

443 *Petri*, in: Simitis/Hornung/Spiecker gen. Döhmann (Hrsg.), Datenschutzrecht, Art. 26 Rn. 12.

444 Grundlegend dazu jeweils EuGH, Urt. v. 5.6.2018 – C-210/16, ECLI:EU:C:2018:388 – Facebook-Fanpages; EuGH, Urt. v. 29.7.2019 – C-40/17, ECLI:EU:C:2019:629 – Fashion ID; EuGH, Urt. v. 10.7.2018 – C-25/17, ECLI:EU:C:2018:551 – Zeugen Jehovas.

445 *Datenschutzkonferenz*, Kurzpapier Nr. 16 – Gemeinsam für die Verarbeitung Verantwortliche, Art. 26 DSGVO, https://www.datenschutzkonferenz-online.de/media/kp/dsk_kpnr_16.pdf, S. 2.

Gleichwohl ist umstritten, welche konkreten Anforderungen an die gemeinsame Festlegung der Zwecke und Mittel zu stellen sind.[446]

Einerseits wird gefordert, dass eine gemeinsame Verantwortlichkeit nur dann vorliegt, wenn diese durch eine grundsätzlich gleichberechtigte Verantwortung der Kooperationspartner geprägt ist.[447] Insofern ist auch nicht ausgeschlossen, dass jeder gemeinsam Verantwortliche eigene Zwecke verfolgt, die sich von den Verarbeitungszwecken der anderen Verantwortlichen unterscheiden. Um jedenfalls davon sprechen zu können, dass eine Partei „die Zwecke der und die Mittel zur Verarbeitung" festlegt, sei zu fordern, dass sie selbst ihre eigenen Zwecke verfolgt.[448]

Andererseits verfolgt Art. 26 DSGVO eine flexiblere Handhabung dieser Frage. Ausweislich des Wortlauts der Norm muss eine „gemeinsame" Festlegung der Zwecke und Mittel jedenfalls nicht „gleichberechtigt" oder „einstimmig" erfolgen. Der Begriff „gemeinsam" könne nämlich auch bedeuten, dass die Verarbeitung „hauptsächlich", aber nicht ausschließlich durch einen Verantwortlichen festgelegt wird.[449] Diesen Ansatz greift Art. 26 Abs. 1 S. 1 DSGVO jedenfalls auf.[450] Der EuGH legt das Merkmal der „gemeinsamen Verantwortlichkeit" darum auch weit aus.[451] So sei es insbesondere nicht notwendig, dass bei mehreren Betreibern für dieselbe Verarbeitung jeder Zugang zu den betreffenden personenbezogenen Daten haben muss.[452]

Schließlich sind nach Art. 26 Abs. 1 S. 2 und Art. 26 Abs. 2 DSGVO die gemeinsam Verantwortlichen verpflichtet, in einer Vereinbarung festzulegen, wer von ihnen welche Verpflichtungen aus der DSGVO zu erfüllen

---

446 *Petri*, in: Simitis/Hornung/Spiecker gen. Döhmann (Hrsg.), Datenschutzrecht, Art. 26 Rn. 14.

447 So wohl *Spoerr*, in: Wolff/Brink (Hrsg.), BeckOK Datenschutzrecht, Art. 26 Rn. 16.

448 *Petri*, in: Simitis/Hornung/Spiecker gen. Döhmann (Hrsg.), Datenschutzrecht, Art. 26 Rn. 14.

449 In diese Richtung *Ingold*, in: Sydow (Hrsg.), DSGVO, Art. 26 Rn. 4; ebenso *Art. 29-Datenschutzgruppe*, Stellungnahme 1/2010 zu den Begriffen „für die Verarbeitung Verantwortlicher" und „Auftragsverarbeiter", WP 169, 00264/10/DE, https://ec.europa.eu/justice/article-29/documentation/opinion-recommendation/files/2010/wp169_de.pdf, S. 23.

450 *Petri*, in: Simitis/Hornung/Spiecker gen. Döhmann (Hrsg.), Datenschutzrecht, Art. 26 Rn. 14.

451 Vgl. dazu EuGH, Urt. v. 5.6.2018 – C-210/16, ECLI:EU:C:2018:388 – Facebook-Fanpages sowie EuGH, Urt. v. 29.7.2019 – C-40/17, ECLI:EU:C:2019:629 – Fashion ID.

452 EuGH, Urt. v. 5.6.2018 – C-210/16, ECLI:EU:C:2018:388, Ziffer 38 – Facebook-Fanpages.

hat und wer für was verantwortlich ist. Die Vereinbarung erzwingt somit eine klare Definition der Rolle der jeweiligen Verantwortlichen.[453] Eine von den Beteiligten selbst gewählte Bezeichnung oder etwaige vertragliche Vereinbarungen können als Hinweis auf die tatsächliche Rollenverteilung dienen.[454] Sinnvollerweise sollte damit eine spezifische Erfassung der tatsächlichen logischen Infrastruktur, also der Anwendungsprogramme, ihrer Schnittstellen und der ihnen zu Grunde liegenden physikalischen Infrastrukturen, einhergehen.[455] Zu empfehlen ist ebenso, eine Regelung zu treffen, wie Eingaben betroffener Personen intern weiterverarbeitet werden.[456]

Eine bestimmte Form schreibt Art. 26 DSGVO zwar nicht vor, allerdings dürfte in der Praxis eine schriftliche Vereinbarung notwendig sein, um allein schon der Rechenschaftspflicht nachzukommen.[457] Insofern sollten zumindest die offenzulegenden Vertragsteile separat in einer Vertragsanlage geregelt werden, um jedenfalls vertrauliche Inhalte wie Betriebs- und Geschäftsgeheimnisse nicht offenbaren zu müssen.[458] Ein gut ausgearbeitetes Vertragsverhältnis zu den jeweiligen Verantwortlichkeiten als Grundlage der transparenten Vereinbarung liegt somit auch im Interesse der Verantwortlichen, die Haftungsfragen im Innenverhältnis zu klären.[459] Schließlich kann in der Vereinbarung eine zentrale Anlaufstelle für die betroffenen Personen festgelegt werden (Art. 26 Abs. 1 S. 3 DSGVO). Ob eine solche Anlaufstelle tatsächlich empfehlenswert ist, hängt maßgeblich von der Anzahl der beteiligten gemeinsamen Verantwortlichen und der Komplexität der Verarbeitungsprozesse ab.[460] Gleichwohl muss allen Be-

---

453 *Bertermann*, in: Ehmann/Selmayr (Hrsg.), DS-GVO, Art. 26 Rn. 10.

454 *Datenschutzkonferenz*, Kurzpapier Nr. 16 – Gemeinsam für die Verarbeitung Verantwortliche, Art. 26 DSGVO, https://www.datenschutzkonferenz-online.de/media/kp/dsk_kpnr_16.pdf, S. 3 mwN.

455 *Petri*, in: Simitis/Hornung/Spiecker gen. Döhmann (Hrsg.), Datenschutzrecht, Art. 26 Rn. 16; umfangreich zu weiteren Regelungsgegenständen *Hartung*, in: Kühling/Buchner (Hrsg.), DS-GVO BDSG, Art. 26 Rn. 25.

456 *Petri*, in: Simitis/Hornung/Spiecker gen. Döhmann (Hrsg.), Datenschutzrecht, Art. 26 Rn. 17.

457 *Petri*, in: Simitis/Hornung/Spiecker gen. Döhmann (Hrsg.), Datenschutzrecht, Art. 26 Rn. 18.

458 Ebd.

459 *Datenschutzkonferenz*, Kurzpapier Nr. 16 – Gemeinsam für die Verarbeitung Verantwortliche, Art. 26 DSGVO, https://www.datenschutzkonferenz-online.de/media/kp/dsk_kpnr_16.pdf, S. 4.

460 *Petri*, in: Simitis/Hornung/Spiecker gen. Döhmann (Hrsg.), Datenschutzrecht, Art. 26 Rn. 24.

teiligten klar sein, dass eine Freizeichnung von Verantwortlichkeit und Haftung gegenüber den betroffenen Personen durch eine Vereinbarung nicht möglich ist (vgl. Art. 26 Abs. 3 DSGVO).

b) Handlungsempfehlungen für moderne Mobilitätskonzepte im Öffentlichen Nahverkehr

Für moderne datengetriebene Mobilitätskonzepte und die darin integrierten Anwendungsfelder Infrastrukturdaten, Sensordaten und Nutzerdaten sowie die Bereitstellung der Dienstleistungsplattform ist der organisatorische Aufbau des in diesem Zusammenhang angedachten bzw. bereits praktizierten Geschäftsmodells von Relevanz, um hieraus entsprechende Verantwortungs- und Haftungsbereiche abzugrenzen und abzuschichten sowie daraus entweder eine alleinige Verantwortlichkeit oder eine gemeinsame Verantwortlichkeit mehrerer für die Verarbeitung Verantwortlichen herzuleiten. Wie bereits dargelegt kommt es entscheidend darauf an, wer über die Zwecke der Verarbeitung sowie über die Mittel zur Verarbeitung entscheidet.

Letztendlich ist abzuklären, ob und wie die beteiligten Akteure in welcher Art und Weise überhaupt über die Zwecke und Mittel der Datenverarbeitung entscheiden. In Anlehnung an die Rechtsprechung des EuGHs und dessen weite Interpretation der datenschutzrechtlichen Verantwortlichkeit spricht derzeit jedenfalls vieles dafür, dass für die separierten Datensilos auf unterster Ebene jeweils die beteiligten Akteure allein verantwortlich sind, wohingegen für die Dienstleistungsplattform mehrere Akteure gemeinschaftlich verantwortlich sind.

Denn was die Zwecke und Mittel zur Verarbeitung angeht, die die Dienstleistungsplattform betreffen, können hierüber auch mehrere Akteure entscheiden. Dagegen spricht auch nicht, dass beispielsweise nur ein beteiligter Akteur die technische Organisation in Form der Bereitstellung der Dienstleistungsplattform übernimmt, da diese Plattform wiederum erst durch die einzelnen Datensilos mit Informationen gespeist wird, sodass auch diese Datenakteure auf Zwecke der Datenverarbeitung sowie über die Mittel zur Verarbeitung Einfluss nehmen. Für die Datensilos auf unterster Ebene – Infrastrukturdaten, Sensordaten und Nutzerdaten – sind hingegen jeweils nur die betroffenen Akteure verantwortlich, die diese Daten zunächst erheben.

Entsprechend dieser gemeinsamen Verantwortlichkeit in Bezug auf die Dienstleistungsplattform sollten die beteiligten Akteure eine Vereinbarung treffen, die die wesentlichen Punkte eines solchen modernen datengetriebenen Mobilitätskonzepts umfasst. Dabei sind folgende Regelungspunkte zu empfehlen:[461]

- eine detaillierte Beschreibung der Datenverarbeitung (beispielsweise könnte sich hier ein Datenflussdiagramm anbieten), d.h. Gegenstand und Dauer, Art und Zweck, Art der personenbezogenen Daten sowie Kategorie von betroffenen Personen, z.B. das ein bestimmter Akteur personenbezogene Daten erhebt und diese der Dienstleistungsplattform zur Verfügung stellt,
- basierend darauf die verschiedenen Phasen, Funktionen und Beziehungen der einzelnen gemeinsam Verantwortlichen, d.h. jeweils für die an einem solchen Konsortium beteiligten Akteure, z.B. das ein bestimmter Akteur die Sensordaten zur Verfügung stellt, gleichzeitig aber auch an der Dienstleistungsplattform partizipiert,
- eine generelle Beschreibung der datenschutzrechtlichen Verantwortlichkeiten,
- ggf. eine Festlegung der jeweiligen Rechtmäßigkeitsvoraussetzungen, insbesondere dann, wenn eine übergreifende Zusammenarbeit bei der Umsetzung erforderlich ist (z.B. wer verfasst welche Einwilligungserklärungen, wer legt berechtigte Interessen fest und wer kümmert sich um Widersprüche der Betroffenen nach Art. 21 Abs. 1 DSGVO),
- Betroffenenrechte I: wer erteilt wie die Informationen nach Artt. 13, Art. 14 DSGVO, z. B. wer erteilt Auskünfte, die die Dienstleistungsplattform betreffen,
- Betroffenenrechte II: soll es einen gemeinsamen Ansprechpartner für Anfragen und Ausübung der Betroffenenrechte geben?,
- Betroffenenrechte III: eine Vereinbarung über die interne praktische Umsetzung und die technische Verwirklichung der Betroffenenrechte treffen, z.B. wie kann ein Löschungsbegehren effektiv bei allen Verantwortlichen realisiert werden,
- eine Vereinbarung über die Vornahme von technisch-organisatorischen Maßnahmen nach Art. 32 DSGVO[462] unter Berücksichtigung des Grundsatzes von Privacy by Design und Privacy by Default nach Art. 25 DSGVO[463], z.B. wer ist wofür verantwortlich oder welche Schnittstellen gibt es,

461 Nach *Hartung*, in: Kühling/Buchner (Hrsg.), DS-GVO BDSG, Art. 26 Rn. 25.
462 Vgl. hierzu ausführlich unter B. IV. 4.
463 Vgl. hierzu ausführlich unter B. IV. 2.

- ggf. die notwendige Zusammenarbeit und gegenseitige Unterstützung im Rahmen einer möglichen Datenschutz-Folgenabschätzung nach Art. 35 DSGVO[464],
- die Zusammenarbeit bei der Feststellung, Behandlung und Meldung von Datenschutzverletzungen, z.B. gegenseitige Information, eventuell die Bestimmung eines federführenden Verantwortlichen,
- die Nennung von gegenseitigen Ansprechpartnern für den Datenschutz und Vereinbarung von Notfall- und Eskalationsmechanismen, z.B. im Falle von Datenschutzverletzungen oder Behördenanfragen,
- gegenseitige Pflichten zur Information soweit dies erforderlich ist, z.B. für die Erstellung von Verarbeitungsverzeichnissen,
- die Bestimmung über den Umgang mit Änderungen, die Auswirkungen auf den Datenschutz und die anderen Verantwortlichen haben können, z.B. neuartige und verbesserte Tools zur Datenanalyse,
- Regelungen über den Haftungsausgleich im Innenverhältnis wegen der gesamtschuldnerischen (Außen-)Haftung nach Art. 82 DSGVO, eventuell auch mit der Einrichtung von insolvenzfesten Sicherungstools[465].

Über diese Regelungspunkte muss ein derartiges Konsortium diskutieren, entsprechende Handlungsempfehlungen erörtern und Maßnahmen festlegen. Diese müssen gegebenenfalls angepasst werden, insbesondere wenn sich rechtlich weitere Konkretisierungen zur Ausgestaltung der gemeinsamen Verantwortlichkeit ergeben.

4. Sicherheit der (Daten-)Verarbeitung (Art. 32 DSGVO)

a) Rechtssystematische Grundlagen der Norm

Art. 32 DSGVO regelt die Pflicht des Verantwortlichen und des Auftragsverarbeiters, bestimmte technische und organisatorische Maßnahmen zu ergreifen, um ein angemessenes Schutzniveau im Hinblick auf die verarbeiteten personenbezogenen Daten zu gewährleisten.[466] Der Fokus der Norm ist die Sicherheit der Datenverarbeitung. Während im englischen Sprachgebrauch die Begriffe Security (Sicherheit vor Angriffen) und Safety (Zuverlässigkeit eines Systems) unterschieden werden, wird beides vom

464 Vgl. hierzu ausführlich unter B. IV. 5.
465 Siehe dazu *Boehm*, in: Simitis/Hornung/Spiecker gen. Döhmann (Hrsg.), Datenschutzrecht, Art. 82 Rn. 33 ff.
466 *Mantz*, in: Sydow (Hrsg.), DSGVO, Art. 32 Rn. 1.

deutschen Wort Sicherheit erfasst.[467] Die in der Regelung adressierten Sicherheitsrisiken betreffen nicht nur Security, sondern auch Safety-Aspekte.[468] Die Norm konkretisiert insbesondere den Datenschutzgrundsatz „Integrität und Vertraulichkeit“ aus Art. 5 Abs. 1 lit. f) DSGVO – allerdings nicht ausschließlich[469] – und stellt insoweit auch kein neues Instrument dar, sondern folgt dem bisherigen Art. 17 Abs. 1 DSRL.[470]

Art. 32 Abs 1 DSGVO formuliert die Kernaussage der Norm und verpflichtet insbesondere die Verantwortlichen zum Treffen von geeigneten technischen und organisatorischen Maßnahmen, die beispielhaft in Abs. 1 lit. a) – d) erläutert werden. Art. 32 Abs. 2 DSGVO geht sodann auf die Beurteilung des angemessenen Schutzniveaus ein, bei der alle Sicherheitsrisiken zu berücksichtigen sind. Art. 32 Abs. 3 DSGVO weist darauf hin, dass für den Nachweis der Erfüllung der Anforderungen aus Art. 32 Abs. 1 DSGVO genehmigte Verhaltensregeln nach Art. 40 DSGVO[471] oder ein genehmigtes Zertifizierungsverfahren nach Art. 42 DSGVO[472] als Faktor herangezogen werden können. Schließlich sieht Art. 32 Abs. 4 DSGVO vor, dass Mitarbeiter nur nach Weisung des Verantwortlichen handeln dürfen.

Art. 32 Abs. 1 DSGVO regelt näher, wie das Ziel der Verarbeitungssicherheit erreicht werden kann. Um diesbezüglich festzulegen, welche Maßnahmen konkret geeignet sind, gibt Art. 32 Abs. 1 DSGVO – ähnlich wie bereits Art. 25 Abs. 1 DSGVO – zunächst vier für die Abwägung relevante Kriterien vor.

Neben dem Risiko mit Eintrittswahrscheinlichkeit und dessen Schwere sind der Stand der Technik, die Implementierungskosten sowie Art, Umfang, Umstände und Zwecke der Verarbeitung in die Abwägung einzubeziehen.[473] Bereits an dieser Stelle sind Verantwortliche aufgefordert zu dokumentieren, auf welcher Basis sie zu der Auswahl der Maßnahmen

---

467 *Hansen*, in: Simitis/Hornung/Spiecker gen. Döhmann (Hrsg.), Datenschutzrecht, Art. 32 Rn. 9.

468 Ebd.

469 *Hansen*, in: Simitis/Hornung/Spiecker gen. Döhmann (Hrsg.), Datenschutzrecht, Art. 32 Rn. 13.

470 *Hansen*, in: Simitis/Hornung/Spiecker gen. Döhmann (Hrsg.), Datenschutzrecht, Art. 32 Rn. 1.

471 *Roßnagel*, in: Simitis/Hornung/Spiecker gen. Döhmann (Hrsg.), Datenschutzrecht, Art. 40 Rn. 1 ff.

472 *Scholz*, in: Simitis/Hornung/Spiecker gen. Döhmann (Hrsg.), Datenschutzrecht, Art. 42 Rn. 1 ff.

473 *Hansen*, in: Simitis/Hornung/Spiecker gen. Döhmann (Hrsg.), Datenschutzrecht, Art. 32 Rn. 19.

gekommen sind und wie sie die Abwägung der genannten Kriterien vorgenommen haben.[474] Es ist zu erwarten, dass der Europäische Datenschutzausschuss (EDSA) sowie die Datenschutzaufsichtsbehörden oder das BSI entsprechende Hilfestellungen herausgeben werden, an denen sich datenschutzrechtlich Verantwortliche orientieren sollten.

Das erstgenannte Kriterium für die Abwägung ist der Stand der Technik.[475] Der Stand der Technik umfasst mehr als die anerkannten Regeln der Technik (die sich bereits in der Praxis bewährt und verbreitet haben) und weniger als der Stand von Wissenschaft und Technik (der auch neueste Erkenntnisse der Forschung umfasst).[476] Im Bereich der Informationssicherheit sind bereits einige Ansätze zum „State-of-the-art" oder zu den verwandten „Best available techniques" ausgearbeitet.[477] Das bedeutet gleichzeitig aber auch, dass keine Verpflichtung für den Verantwortlichen besteht, die neuesten wissenschaftlichen Trends und Prototypen zu implementieren. Zur weiteren Konkretisierung kommen allgemein anerkannte, teils internationale Normen im Bereich der Datensicherheit in Betracht, wie etwa das IT-Grundschutz-Kompendium[478] oder die ISO 27001.[479] Verantwortliche sollten sich aber insofern hinsichtlich der neusten technischen Entwicklungen auf dem Laufenden halten.

Als weiteres Kriterium sind bei der Abwägung auch die Implementierungskosten zu berücksichtigen, also sämtliche Kosten, die der Umsetzung der Maßnahmen dienen.[480] Sie beinhalten etwa mögliche Installationskosten im Vorfeld der Verarbeitung sowie auch anfallende Folgekosten (etwa Ausgaben für Hardware, für Software und Personalaufwände).[481]

---

474 *Hansen*, in: Simitis/Hornung/Spiecker gen. Döhmann (Hrsg.), Datenschutzrecht, Art. 32 Rn. 20.

475 Siehe hierzu bereits unter B. IV 2.

476 *Hansen*, in: Simitis/Hornung/Spiecker gen. Döhmann (Hrsg.), Datenschutzrecht, Art. 32 Rn. 22.

477 Vgl. etwa *ENISA*, Pseudonymisation techniques and best practices, 2019, https://www.enisa.europa.eu/publications/pseudonymisation-techniques-and-best-practices; *BSI*, BSI TR-02102-1 „Kryptographische Verfahren: Empfehlungen und Schlüssellängen" Version 2019-01, https://www.bsi.bund.de/SharedDocs/Downloads/DE/BSI/Publikationen/TechnischeRichtlinien/TR02102/BSI-TR-02102.html.

478 Siehe dazu: https://www.bsi.bund.de/DE/Themen/ITGrundschutz/ITGrundschutzKompendium/itgrundschutzKompendium_node.html;jsessionid=6C0CAD2754B3E45145FBD5268BA6C744.1_cid501.

479 *Mantz*, in: Sydow (Hrsg.), DSGVO, Art. 32 Rn. 10.

480 Vgl. hierzu bereits unter B. IV. 2.

481 *Hansen*, in: Simitis/Hornung/Spiecker gen. Döhmann (Hrsg.), Datenschutzrecht, Art. 32 Rn. 26.

Als drittes wesentliches Kriterium müssen Art, Umfang, Umstände und Zwecke der Verarbeitung festgestellt werden, da diese als Grundlagen für die konkreten technischen und organisatorischen Maßnahmen dienen.[482]

Schließlich ist als viertes und besonders bedeutsames Kriterium das Risiko mit Eintrittswahrscheinlichkeit und Schwere in den Blick zu nehmen.[483] In der Informationssicherheit ist das Risiko als die Eintrittswahrscheinlichkeit *p* (für „probability") multipliziert mit dem Schaden *i* (für „impact") definiert.[484] Der Risikobegriff der DSGVO weist gegenüber dem Begriff, wie er in der Informationssicherheit gebräuchlich ist, allerdings einen wesentlichen Unterschied auf. Während die Informationssicherheit üblicherweise aus Sicht der verarbeitenden Organisation bestimmt wird, die ihre Schutzgüter gegen Angriffe oder andere Risiken abwehren muss, sind die europäischen Grundrechte – insbesondere Artt. 7, 8 GRCh – das Schutzgut des Risikos in der DSGVO.[485] Es steht demnach nicht die Organisation mit ihren Schutzgütern im Fokus, sondern das Risiko für die betroffenen Personen muss bestimmt werden.[486] Für die Risikobeurteilung müssen darum zunächst die Risiken identifiziert und ihre Eintrittswahrscheinlichkeit sowie die Schwere der möglichen Schäden abgeschätzt werden.[487] Als tauglicher Anknüpfungspunkt für die Schutzbedarfsfeststellung kann beispielsweise auf das IT-Grundschutz-Kompendium[488] und das Standard-Datenschutzmodell[489] zurückgegriffen werden.[490] Ebenso enthält

---

482 Vgl. hierzu bereits unter B. IV. 2. sowie *Hansen*, in: Simitis/Hornung/Spiecker gen. Döhmann (Hrsg.), Datenschutzrecht, Art. 32 Rn. 27.

483 Vgl. hierzu ebenfalls bereits unter B. IV. 2.

484 *Hansen*, in: Simitis/Hornung/Spiecker gen. Döhmann (Hrsg.), Datenschutzrecht, Art. 32 Rn. 28.

485 Ausführlich *Bieker*, DuD 2018, 27 (27 f.); *Hansen*, in: Simitis/Hornung/Spiecker gen. Döhmann (Hrsg.), Datenschutzrecht, Art. 32 Rn. 28.

486 Zu möglichen Schäden vgl. EG 75 DSGVO.

487 *Hansen*, in: Simitis/Hornung/Spiecker gen. Döhmann (Hrsg.), Datenschutzrecht, Art. 32 Rn. 29.

488 https://www.bsi.bund.de/DE/Themen/ITGrundschutz/ITGrundschutzKompendium/itgrundschutzKompendium_node.html;jsessionid=6C0CAD2754B3E45145FBD5268BA6C744.1_cid501.

489 *Datenschutzkonferenz*, Das Standard-Datenschutzmodell – Eine Methode zur Datenschutzberatung und -prüfung auf der Basis einheitlicher Gewährleistungsziele, Version 2.0b, https://www.datenschutzkonferenz-online.de/media/ah/SDM-Methode_V20b.pdf.

490 *Hansen*, in: Simitis/Hornung/Spiecker gen. Döhmann (Hrsg.), Datenschutzrecht, Art. 32 Rn. 30.

das Kurzpapier Nr. 18 „Risiko für die Rechte und Freiheiten natürlicher Personen" der Datenschutzkonferenz weitere nützliche Informationen.[491]

Nachdem das relevante Schutzniveau festgestellt wurde, sind sodann die geeigneten technischen und organisatorischen Maßnahmen zu treffen. Diesbezüglich überlässt die DSGVO dem Verantwortlichen die konkrete Auswahl der Mittel. Als Hilfestellung dient jedoch die beispielhafte Aufzählung der in Abs. 1 genannten Maßnahmen. Als taugliche Maßnahmen kommen darum insbesondere in Betracht:

- Die Pseudonymisierung und Verschlüsselung personenbezogener Daten;
- Die Fähigkeit, die Vertraulichkeit, Integrität, Verfügbarkeit und Belastbarkeit der Systeme und Dienste im Zusammenhang mit der Verarbeitung auf Dauer sicherzustellen;
- Die Fähigkeit, die Verfügbarkeit der personenbezogenen Daten und den Zugang zu ihnen bei einem physischen oder technischen Zwischenfall rasch wiederherzustellen;
- Ein Verfahren zur regelmäßigen Überprüfung, Bewertung und Evaluierung der Wirksamkeit der technischen und organisatorischen Maßnahmen zur Gewährleistung der Sicherheit der Verarbeitung.

Die Pseudonymisierung wird in Art. 4 Nr. 5 DSGVO legal definiert. Demnach meint Pseudonymisierung die Verarbeitung personenbezogener Daten in einer Weise, dass die personenbezogenen Daten ohne Hinzuziehung zusätzlicher Informationen nicht mehr einer spezifischen betroffenen Person zugeordnet werden können, sofern diese zusätzlichen Informationen gesondert aufbewahrt werden und technischen und organisatorischen Maßnahmen unterliegen, die gewährleisten, dass die personenbezogenen Daten nicht einer identifizierten oder identifizierbaren natürlichen Person zugewiesen werden. Es handelt sich insofern um eine technisch-organisatorische Maßnahme, die risikoreduzierend wirken und damit zur Sicherheit der Verarbeitung beitragen kann.[492] Für eine taugliche Pseudonymisierung kommen beispielsweise geeignete Hashwert- oder Verschlüsselungsverfahren, Referenztabellen oder Treuhänder in Betracht.[493] Mit Verschlüsselung meint die DSGVO Maßnahmen, die geeignet sind, personenbezogene Da-

491 *Datenschutzkonferenz*, Kurzpapier Nr. 18 – Risiko für die Rechte und Freiheiten natürlicher Personen, https://www.datenschutzkonferenz-online.de/media/kp/dsk_kpnr_18.pdf.

492 *Hansen*, in: Simitis/Hornung/Spiecker gen. Döhmann (Hrsg.), Datenschutzrecht, Art. 32 Rn. 34.

493 *Art. 29-Datenschutzgruppe*, Stellungnahme 5/2014 zu Anonymisierungstechniken, WP 216 0829/14/DE, S. 24 ff.

ten für alle unbefugten Personen unzugänglich zu machen.[494] Es handelt sich also um einen Vorgang, dem eine klar lesbare Information mit Hilfe eines kryptographischen Verfahrens in eine „unleserliche" Zeichenfolge umgewandelt wird.[495] So sind ganz konkret die Verfahren der Kryptographie gemäß dem Stand der Technik ein wichtiger Mechanismus, um Informationssicherheit zu implementieren.[496] Es sind deshalb auch Daten auf „smarten" Geräten, die als Teil des Internet der Dinge (IoT) personenbezogene Daten erheben und übermitteln, stets zu verschlüsseln, sofern Dritte physisch Zugriff auf diese Geräte haben können. Bei der Übermittlung von Daten sollte darum immer eine Ende-zu-Ende-Transportverschlüsselung verwendet werden, was auch für sämtliche IoT-Geräte gilt.[497]

Um die Vertraulichkeit, Integrität, Verfügbarkeit und Belastbarkeit der Systeme und Dienste auf Dauer sicherzustellen, kann ein Informationssicherheitsmanagement sinnvoll sein.[498] Die Anforderungen beschreiben insbesondere den Präventionsgedanken in Bezug auf die Datensicherheit.[499] Es handelt sich bei ihnen um die klassischen Schutzziele der Informationssicherheit, ergänzt um das Schutzziel der Belastbarkeit.[500] Dabei adressieren Vertraulichkeit, Integrität und Verfügbarkeit die gesamte Datenverarbeitung einschließlich der Gestaltung der Systeme und Dienste, wohingegen die Belastbarkeit vornehmlich nur die Systeme und Dienste adressiert.[501]

Die Begriffe der Vertraulichkeit und Integrität werden in Art. 5 Abs. 1 lit. f) DSGVO legal definiert. Ein Bruch der Vertraulichkeit liegt demnach bei unbefugter oder unrechtmäßiger Verarbeitung und bei unbeabsichtigtem Verlust vor, wobei auch der reine Zugriff auf die Daten oder die sie verarbeitenden Systeme erfasst ist.[502] Zur Gewährleistung von Vertraulichkeit gehören etwa die Verschlüsselung von Daten, die Nutzung von

494 *Hansen*, in: Simitis/Hornung/Spiecker gen. Döhmann (Hrsg.), Datenschutzrecht, Art. 32 Rn. 35.
495 *Mantz*, in: Sydow (Hrsg.), DSGVO, Art. 32 Rn. 11.
496 *Hansen*, in: Simitis/Hornung/Spiecker gen. Döhmann (Hrsg.), Datenschutzrecht, Art. 32 Rn. 35.
497 *Mantz*, in: Sydow (Hrsg.), DSGVO, Art. 32 Rn. 11.
498 *Mantz*, in: Sydow (Hrsg.), DSGVO, Art. 32 Rn. 14.
499 *Hansen*, in: Simitis/Hornung/Spiecker gen. Döhmann (Hrsg.), Datenschutzrecht, Art. 32 Rn. 36.
500 *Hansen*, in: Simitis/Hornung/Spiecker gen. Döhmann (Hrsg.), Datenschutzrecht, Art. 32 Rn. 38.
501 Ebd.
502 *Mantz*, in: Sydow (Hrsg.), DSGVO, Art. 32 Rn. 15.

Berechtigungssystemen für Zutritt, Zugang und Zugriff zusammen mit einer Authentifizierung.[503]

Für die Integrität sind Daten gegen unbeabsichtigte Zerstörung und unbeabsichtigte Schädigung zu schützen.[504] Hier kommen Maßnahmen wie Zutritts-, Zugangs-, Zugriffs-, Weitergabe- oder Eingabekontrollen sowie eine kontinuierliche Datensicherung in Betracht.[505] Für die Gewährleistung der Verfügbarkeit der Systeme und Dienste sind Maßnahmen zu ergreifen, die das System bzw. die Systeme vor inneren und äußeren Einflüssen schützen. Derartige Maßnahmen können etwa eine unterbrechungsfreie Stromversorgung, Vertretungsregeln, Speicherung in RAID-Systemen oder in (mehreren) Clouds sowie Datensicherungen darstellen.[506]

Von Belastbarkeit – hierbei handelt es sich nicht um ein klassisches viertes elementares Schutzziel der Informationssicherheit – spricht man im Zusammenhang mit IT-Sicherheit insbesondere in Bezug auf Angriffe von außen.[507] Maßnahmen zur Resilienz beinhalten ganz generell Vorkehrungen hinsichtlich der Verringerung von Angriffsflächen.[508] So kann etwa bei zu erwartender starker Beanspruchung oder zur Abwehr von Angriffen der redundante Aufbau eines Systems mit Techniken der Lastbalance („load balancing") angebracht sein.[509] Auch hier gilt jedoch, dass der Grad der zu ergreifenden Maßnahmen wesentlich von der Art und Relevanz des Systems abhängt.

Kommt es zu einer Verletzung der Datensicherheit oder der Sicherheit des personenbezogene Daten verarbeitenden Systems sind schließlich Maßnahmen zu ergreifen, die den Verantwortlichen in die Lage versetzen, die Verfügbarkeit der personenbezogenen Daten und den Zugang zu ihnen rasch wiederherzustellen. Dabei geht es insbesondere um die Etablierung eines Notfallmanagements.[510] Um nach einem Zwischenfall die Wiederherstellung rasch zu ermöglichen, sollten etwa regelmäßig Backups gemacht werden. Ebenso ist die Schaffung redundanter Systeme, die im

503 *Hansen*, in: Simitis/Hornung/Spiecker gen. Döhmann (Hrsg.), Datenschutzrecht, Art. 32 Rn. 39.

504 *Mantz*, in: Sydow (Hrsg.), DSGVO, Art. 32 Rn. 15.

505 Ebd.

506 *Hansen*, in: Simitis/Hornung/Spiecker gen. Döhmann (Hrsg.), Datenschutzrecht, Art. 32 Rn. 41.

507 *Mantz*, in: Sydow (Hrsg.), DSGVO, Art. 32 Rn. 17.

508 *Hansen*, in: Simitis/Hornung/Spiecker gen. Döhmann (Hrsg.), Datenschutzrecht, Art. 32 Rn. 45.

509 *Mantz*, in: Sydow (Hrsg.), DSGVO, Art. 32 Rn. 17.

510 *Mantz*, in: Sydow (Hrsg.), DSGVO, Art. 32 Rn. 18.

Falle des Ausfalls des Primärsystems eingesetzt werden können, denkbar. Aber auch hier kommt es wieder auf die Art des Systems und die Relevanz der kurzfristigen Verfügbarkeit der betroffenen Daten an. An ein System mit besonders schützenswerten Daten – etwa Gesundheitsdaten im Krankenhausbereich – sind andere Maßstäbe anzulegen wie an ein System mit weniger sensiblen Daten wie beispielsweise die Kundendatenbank eines mittelständischen Unternehmens.[511]

Schließlich besteht für den Verantwortlichen die Verpflichtung, die Wirksamkeit der technischen und organisatorischen Maßnahmen regelmäßig zu prüfen, zu bewerten und zu evaluieren. Diese Verpflichtung dient letztendlich dem Informationssicherheitsmanagement.[512] Dieses ist dabei in den gesamten Organisationsprozess einzubetten und sollte parallel zum Datenschutzmanagementsystem installiert werden.[513] Mit diesem Verfahren steht grundsätzlich die Wirksamkeit der Maßnahmen auf dem Prüfstand, die für den Nachweis des Verantwortlichen, dass die Datenverarbeitung entsprechend der DSGVO erfolgt, notwendig ist.[514] Auch hier gilt wieder, dass je höher das Risiko und das angemessene Schutzniveau sind, desto öfter und genauer müssen sich der Verantwortliche und der Auftragsverarbeiter der Wirksamkeit der Maßnahmen versichern.

Wie häufig die Sicherheit der Datenverarbeitung zu prüfen ist, hängt von der Relevanz der Systeme, der Bedeutung der verarbeitenden Daten und den ermittelten Risiken ab, sodass Zeiträume von wenigen Monaten bis zu zwei Jahren denkbar sind.[515] Generell können bei besonders datenintensiven und sensiblen Systemen, bei denen die Risikoabschätzung ein hohes Risiko ergeben hat, Penetrationstests durchzuführen sein, um Sicherheits- und Schutzlücken aufzudecken.[516] Datenschutz- und Informationssicherheitsmanagement sind getrennt durchzuführen, wenngleich beide Systeme aber Schnittstellen aufweisen sollten, um einen regelmäßigen

511 Beispiel nach *Mantz*, in: Sydow (Hrsg.), DSGVO, Art. 32 Rn. 18.

512 *Hansen*, in: Simitis/Hornung/Spiecker gen. Döhmann (Hrsg.), Datenschutzrecht, Art. 32 Rn. 53.

513 *Hansen*, in: Simitis/Hornung/Spiecker gen. Döhmann (Hrsg.), Datenschutzrecht, Art. 32 Rn. 57.

514 *Hansen*, in: Simitis/Hornung/Spiecker gen. Döhmann (Hrsg.), Datenschutzrecht, Art. 32 Rn. 54.

515 *Mantz*, in: Sydow (Hrsg.), DSGVO, Art. 32 Rn. 21.

516 *Mantz*, in: Sydow (Hrsg.), DSGVO, Art. 32 Rn. 20.

Informationsaustausch zwischen den verschiedenen Teams, die sich mit den einzelnen Themen beschäftigen, zu gewährleisten.[517]

Welche Kriterien bei der Beurteilung des angemessenen Schutzniveaus nach Abs. 1 besonders zu berücksichtigen sind, beschreibt Abs. 2. Dabei geht es insbesondere um Risiken, die mit der Datenverarbeitung verbunden sind.[518] Konkret betrifft das solche Risiken, die durch Vernichtung, Verlust, Veränderung oder unbefugte Offenlegung von beziehungsweise unbefugten Zugang zu personenbezogenen Daten, die übermittelt, gespeichert oder auf andere Weise verarbeitet wurden, entstehen. Ohne dass dabei ausdrücklich die Schutzziele der IT-Sicherheit (Vertraulichkeit, Integrität und Verfügbarkeit) genannt werden, spannt Abs. 2 das Feld hier insbesondere in Bezug auf personenbezogene Daten auf, die sich jeweils auf alle möglichen Ausprägungen der Verarbeitung beziehen.[519] In der Dokumentation der Risiken, der Beurteilung des angemessenen Schutzniveaus und der ausgewählten Maßnahmen zur Eindämmung der Risiken, wie dies nach Abs. 1 erforderlich ist, müssen als Minimalanforderungen die in Abs. 2 beschriebenen Punkte, d.h. die möglichen Sicherheitsvorfälle, aufgegriffen und nachvollziehbar beschrieben werden.[520]

Verantwortliche müssen jederzeit das Einhalten der in Abs. 1 genannten Anforderungen nachweisen können. Genehmigte Verhaltensregeln nach Art. 40 DSGVO oder ein genehmigtes Zertifizierungsverfahren nach Art. 42 DSGVO können dabei als ein wichtiger Faktor herangezogen werden, wenngleich sie dem Nachweis allein noch nicht erbringen.[521] Außerdem müssen sie dann auch tatsächlich auf die Anforderungen des Abs. 1 eingehen. Es reicht also nicht aus, wenn sich Verantwortliche ohne eine weitere eigene Prüfung darauf verlassen, dass die Sicherheit der Verarbeitung vollumfänglich gewährleistet ist. Stattdessen müssen sie prüfen, inwieweit die Verhaltensregeln oder Zertifizierungsverfahren die aktuellen Anforderungen aus Abs. 1 adressieren und ob diese geeignet sind, um den

---

517 *Hansen*, in: Simitis/Hornung/Spiecker gen. Döhmann (Hrsg.), Datenschutzrecht, Art. 32 Rn. 57.

518 *Hansen*, in: Simitis/Hornung/Spiecker gen. Döhmann (Hrsg.), Datenschutzrecht, Art. 32 Rn. 59.

519 *Hansen*, in: Simitis/Hornung/Spiecker gen. Döhmann (Hrsg.), Datenschutzrecht, Art. 32 Rn. 60.

520 *Hansen*, in: Simitis/Hornung/Spiecker gen. Döhmann (Hrsg.), Datenschutzrecht, Art. 32 Rn. 62.

521 *Mantz*, in: Sydow (Hrsg.), DSGVO, Art. 32 Rn. 29; *Hansen*, in: Simitis/Hornung/Spiecker gen. Döhmann (Hrsg.), Datenschutzrecht, Art. 32 Rn. 63.

Nachweis der Einhaltung zu erbringen.[522] Damit verbunden ist das Vorhalten einer Dokumentation für diese Prüfung. Es ist zu berücksichtigen, dass Sicherheit nichts Statisches ist, sondern stets dynamisch an die jeweiligen Gegebenheiten angepasst werden muss, sodass die Verarbeitungen – auch in Bezug auf diejenigen Verarbeitungen, für die Verhaltensregeln gelten oder die eine Zertifizierung durchlaufen haben – in das Informationssicherheitsmanagementsystem einzubetten sind.[523]

Schließlich müssen nach Abs. 4 Verantwortliche sicherstellen, dass ihnen unterstellte natürliche Personen, die Zugang zu personenbezogenen Daten haben, diese Daten nur auf Anweisung des Verantwortlichen verarbeiten. Diesen Anforderungen kann durch eine Verpflichtung der Mitarbeiter auf entsprechende Vorgaben und Verhaltensregeln sowie durch Schulungen Genüge getan werden.[524]

b) Handlungsempfehlungen für moderne Mobilitätskonzepte im Öffentlichen Nahverkehr

Für moderne datengetriebene Mobilitätskonzepte und die darin integrierten Anwendungsfelder Infrastrukturdaten, Sensordaten und Nutzerdaten sowie die Bereitstellung der Dienstleistungsplattform sind die Vorgaben über die Sicherheit der Datenverarbeitung und damit die Sicherheit personenbezogener Daten in jeder einzelnen Datenverarbeitungsstufe mit Nachdruck zu ermöglichen.

Der jeweilige Verantwortliche hat entsprechende geeignete technische und organisatorische Maßnahmen zu treffen. Dabei spielt insbesondere das mit der Datenverarbeitung verbundene Risiko und dessen Eintrittswahrscheinlichkeit und Schwere eine entscheidende Rolle, wobei immer die Perspektive der von der Datenverarbeitung betroffenen Personen, auch bei einer Weitergabe der Daten, in den Blick zu nehmen ist.

So liegt für die durch einen beteiligten Akteur verarbeiteten Kundendaten sowie die durch einen anderen Akteur verarbeiteten Sensordaten – sofern diese Personenbezug aufweisen – ein höheres Risiko vor als durch die von einem weiteren Akteur verarbeiteten Infrastrukturdaten, sofern diese

---

522 *Hansen*, in: Simitis/Hornung/Spiecker gen. Döhmann (Hrsg.), Datenschutzrecht, Art. 32 Rn. 64.

523 *Hansen*, in: Simitis/Hornung/Spiecker gen. Döhmann (Hrsg.), Datenschutzrecht, Art. 32 Rn. 65.

524 *Mantz*, in: Sydow (Hrsg.), DSGVO, Art. 32 Rn. 25.

ohne Personenbezug auskommen. Da die zunächst separiert erhobenen Daten in der Dienstleistungsplattform zusammengeführt und kombiniert werden, ist das mit dieser Datenverarbeitung verbundene Risiko höher zu gewichten als die Ausgangsdaten, zumal auch die Datenverarbeitung in der Dienstleistungsplattform der Datenverarbeitung in einer Black-Box ähnelt. Um die konkrete Schutzbedarfsfeststellung zu bestimmen, kann auf das IT-Grundschutz-Kompendium[525] oder das Standard-Datenschutzmodell[526] zurückgegriffen werden. Ebenso ist das Kurzpaper Nr. 18 „Risiko für die Rechte und Freiheiten natürlicher Personen“ der Datenschutzkonferenz zu berücksichtigen.[527]

Entsprechend der Schutzbedarfsfeststellung kommen unterschiedliche Schutzmaßnahmen in Betracht. Personenbezogene Daten sind nach Möglichkeit – etwa durch einen Akteur, der Kundendaten verarbeitete – zu pseudonymisieren. Die Datenübertragung sollte in der gesamten Plattform verschlüsselt erfolgen, idealerweise mit einer Ende-zu-Ende-Verschlüsselung, sodass die Datenübertragungswege von den einzelnen unterschiedlichen Datensilos zur Dienstleistungsplattform geschützt sind. Außerdem ist ein ganzheitliches Informationssicherheitsmanagement zu etablieren, um die Vertraulichkeit, Integrität und Verfügbarkeit zu garantieren, aber auch um die Wirksamkeit der getroffenen technischen und organisatorischen Maßnahme regelmäßig und kontinuierlich zu prüfen. Dazu gehören auch simulierte Angriffe.

Typische Maßnahmen zur Gewährleistung der Verfügbarkeit sind etwa die Anfertigung von Sicherheitskopien von Daten, Prozesszuständen, Konfigurationen und Datenstrukturen oder aber auch die Dokumentation der Syntax der Daten.[528] Um die Integrität zu gewährleisten bzw. Integritätsverletzungen festzustellen, kommen etwa der Einsatz von Prüfsummen,

---

525 Siehe dazu: https://www.bsi.bund.de/DE/Themen/ITGrundschutz/ITGrundschutzKompendium/itgrundschutzKompendium_node.html;jsessionid=6C0CAD2754B3E45145FBD5268BA6C744.1_cid501.

526 *Datenschutzkonferenz*, Das Standard-Datenschutzmodell – Eine Methode zur Datenschutzberatung und -prüfung auf der Basis einheitlicher Gewährleistungsziele, Version 2.0b, https://www.datenschutzkonferenz-online.de/media/ah/SDM-Methode_V20b.pdf.

527 *Datenschutzkonferenz*, Kurzpapier Nr. 18 – Risiko für die Rechte und Freiheiten natürlicher Personen, https://www.datenschutzkonferenz-online.de/media/kp/dsk_kpnr_18.pdf.

528 *Datenschutzkonferenz*, Das Standard-Datenschutzmodell – Eine Methode zur Datenschutzberatung und -prüfung auf der Basis einheitlicher Gewährleistungsziele, Version 2.0b, https://www.datenschutzkonferenz-online.de/media/ah/SDM-Methode_V20b.pdf, S. 30.

elektronischen Siegeln und Signaturen in Datenverarbeitungsprozessen entsprechend eines Kryptokonzepts oder aber auch Prozesse zur Aufrechterhaltung der Aktualität der Daten in Betracht.[529]

Typische Maßnahmen für die Gewährleistung der Vertraulichkeit sind etwa die Implementierung eines sicheren Authentifizierungsverfahrens, die Festlegung eines Berechtigungs- und Rollenkonzeptes nach dem Erforderlichkeitsprinzip auf der Basis eines Identitätsmanagements durch den Datenverarbeiter oder aber auch die Verschlüsselung von gespeicherten oder transferierten Daten sowie Prozesse zur Verwaltung und zum Schutz der kryptographischen Informationen.[530]

Ein Informationssicherheitsmanagement ist einerseits für die einzelnen Datensilos zu etablieren und andererseits die ganzheitliche Dienstleistungsplattform. Daneben ist auch die Etablierung eines Notfallmanagements anzudenken, um nach einem Zwischenfall die Wiederherstellung der Daten zu ermöglichen. Insofern sind regelmäßig Backups der Daten vorzuhalten. Informationssicherheits- und Notfallmanagementmaßnahmen sind anhand der Relevanz der einzelnen Datensilos als auch anhand der Gesamtplattform festzulegen.

Dabei gilt für ein solches datengetriebenes Mobilitätskonzept, dass – im Vergleich etwa zu einer Datenverarbeitung in einem besonders sensiblen Bereich – keine überhöhten Anforderungen zu stellen sind. Denn kommt es zu einem Sicherheitsvorfall, so sind damit grundsätzlich keine besonders sensiblen Daten betroffen. Im schlimmsten Fall kommt es zu einem Ausfall der intelligenten Mobilitätssteuerung.

Schließlich sind genehmigte Verhaltensregeln oder Zertifizierungsverfahren zu berücksichtigen, sofern diese bereits vorhanden und etabliert sind.

Es ist zu gewährleisten, dass dies alles konsequent dynamisch erfolgt, d.h. dass regelmäßige Überprüfungen stattfinden und Aktualisierungen der technischen, rechtlichen und tatsächlichen Grundlagen vorgenommen werden.

---

529 *Datenschutzkonferenz*, Das Standard-Datenschutzmodell – Eine Methode zur Datenschutzberatung und -prüfung auf der Basis einheitlicher Gewährleistungsziele, Version 2.0b, https://www.datenschutzkonferenz-online.de/media/ah/SDM-Methode_V20b.pdf, S. 30 f.

530 *Datenschutzkonferenz*, Das Standard-Datenschutzmodell – Eine Methode zur Datenschutzberatung und -prüfung auf der Basis einheitlicher Gewährleistungsziele, Version 2.0b, https://www.datenschutzkonferenz-online.de/media/ah/SDM-Methode_V20b.pdf, S. 31.

5. Datenschutz-Folgenabschätzung (Art. 35 DSGVO)

a) Rechtssystematische Grundlagen der Norm

Art. 35 DSGVO regelt umfangreich und detailliert die Datenschutz-Folgenabschätzung.[531] Die Norm gliedert sich in drei Regelungsbereiche.[532] Die Absätze 1, 3 und 8 legen die materiell-rechtlichen Bedingungen für die Durchführung und die Zielrichtung der Datenschutz-Folgenabschätzung fest. Die Absätze 2, 7, 9 und 11 regeln die verfahrensmäßige Durchführung der Datenschutz-Folgenabschätzung und die Absätze 4, 5, 6 und 10 betreffen die Aufstellung von Positiv- und Negativlisten.

Adressat der Datenschutz-Folgenabschätzung ist der datenschutzrechtlich Verantwortliche (Art. 35 Abs. 1 DSGVO).[533] Hersteller von Soft- und Hardware werden hingegen nicht adressiert.[534] Gegenstand der Datenschutz-Folgenabschätzung sind zunächst ganz allgemein die „Folgen der vorhergesehenen Verarbeitungsvorgänge“. Das bezieht sich folglich auch auf die zu verarbeitenden Daten und deren Formate, die verwendeten IT-Systeme und deren Schnittstellen sowie die Prozess- und Funktionsrollen.[535] In einem zweistufigen Verfahren ist darum zunächst festzustellen, ob überhaupt eine Datenschutz-Folgenabschätzung nach Art. 35 DSGVO durchzuführen ist. Ist dieses Ergebnis positiv, ist über das „wie“ – also das konkrete Verfahren der Folgenabschätzung selbst – zu befinden.

Ob für das zu prüfende Verarbeitungsverfahren bzw. den konkreten Verarbeitungsvorgang eine Datenschutz-Folgenabschätzung durchzuführen ist, bemisst sich grundsätzlich anhand der in den Art. 35 Abs. 1

---

531 Vgl. dazu auch *Datenschutzkonferenz*, Kurzpapier Nr. 5 – Datenschutz-Folgenabschätzung nach Art. 35 DS-GVO, https://www.datenschutzkonferenz-online.de/media/kp/dsk_kpnr_5.pdf sowie *Art. 29-Datenschutzgruppe*, Leitlinien zur Datenschutz-Folgenabschätzung (DSFA) und Beantwortung der Frage, ob eine Verarbeitung im Sinne der Verordnung 2016/679 „wahrscheinlich ein hohes Risiko mit sich bringt“, WP 248 Rev. 01, 17/DE, https://www.datenschutzkonferenz-online.de/media/wp/20171004_wp248_rev01.pdf.

532 *Karg*, in: Simitis/Hornung/Spiecker gen. Döhmann (Hrsg.), Datenschutzrecht, Art. 35 Rn. 14.

533 Vgl. ausführlich zur Verantwortlichkeit unter B. IV. 3.

534 *Karg*, in: Simitis/Hornung/Spiecker gen. Döhmann (Hrsg.), Datenschutzrecht, Art. 35 Rn. 16.

535 *Karg*, in: Simitis/Hornung/Spiecker gen. Döhmann (Hrsg.), Datenschutzrecht, Art. 35 Rn. 17; *Datenschutzkonferenz*, Kurzpapier Nr. 5 – Datenschutz-Folgenabschätzung nach Art. 35 DS-GVO, https://www.datenschutzkonferenz-online.de/media/kp/dsk_kpnr_5.pdf, S. 1.

DSGVO (Grundtatbestand) und Art. 35 Abs. 3 DSGVO (gesetzliche Regelfälle) normierten Anforderungen.[536] Daneben können die Aufsichtsbehörden eine Liste von Verarbeitungsvorgängen erstellen, für die ebenfalls eine Datenschutz-Folgenabschätzung durchzuführen ist (Art. 35 Abs. 4 DSGVO). Die Erstellung solcher Listen folgt den Vorgaben von Art. 35 Abs. 1 und Abs. 3 DSGVO, sodass ihnen eine quasi-gesetzgeberische Wirkung verliehen wird.[537] Die Datenschutzkonferenz hat eine solche Liste von Verarbeitungsvorgängen nach Art. 35 Abs. 4 DSGVO für den nicht-öffentlichen Bereich vorgelegt und Verarbeitungstätigkeiten und typische Einsatzfelder beschrieben.[538] Der Europäische Datenschutzausschuss hat diese Liste auch weitgehend angenommen, sodass die Liste als Grundlage, der eine Indizwirkung zukommt, für die rechtliche Bewertung herangezogen werden kann.[539]

Demnach bedarf es etwa in folgenden Fällen einer Datenschutz-Folgenabschätzung:[540]

- umfangreiche Verarbeitung von personenbezogenen Daten über den Aufenthalt von natürlichen Personen (beispielsweise im Bereich der Datenverarbeitung beim Car-Sharing und sonstiger Mobilitätsdienste oder bei der Verkehrsstromanalyse auf der Grundlage von Standortdaten des öffentlichen Mobilfunknetzes),
- mobile optisch-elektronische Erfassung personenbezogener Daten in öffentlichen Bereichen, sofern die Daten aus ein oder mehreren Erfassungssystemen in großem Umfang zentral zusammengeführt werden

536 Dazu ausführlich *Karg*, in: Simitis/Hornung/Spiecker gen. Döhmann (Hrsg.), Datenschutzrecht, Art. 35 Rn. 20 ff.

537 *Karg*, in: Simitis/Hornung/Spiecker gen. Döhmann (Hrsg.), Datenschutzrecht, Art. 35 Rn. 55.

538 *Datenschutzkonferenz*, Liste der Verarbeitungstätigkeiten, für die eine DSFA durchzuführen ist, Version 1.1 v. 17.10.2018, https://www.datenschutzkonferenz-online.de/media/ah/20181017_ah_DSK_DSFA_Muss-Liste_Version_1.1_Deutsch.pdf.

539 *Europäischer Datenschutzausschuss*, Stellungnahme 5/2018 zu der von den zuständigen Aufsichtsbehörden Deutschlands entworfenen Liste der Verarbeitungsvorgänge, für die eine Datenschutz-Folgenabschätzung durchzuführen ist (Artikel 35 Absatz 4 DSGVO) v. 25.9.2018, https://edpb.europa.eu/sites/edpb/files/files/file1/2018-09-25-opinion_2018_art_64_de_sas_dpia_list_de_0.pdf.

540 *Datenschutzkonferenz*, Liste der Verarbeitungstätigkeiten, für die eine DSFA durchzuführen ist, Version 1.1 v. 17.10.2018, https://www.datenschutzkonferenz-online.de/media/ah/20181017_ah_DSK_DSFA_Muss-Liste_Version_1.1_Deutsch.pdf, Ziffer 4, 6, 10, 12.

(beispielsweise bei der Fahrzeugdatenverarbeitung mithilfe von Umgebungssensoren),

- bei der Zusammenführung von personenbezogenen Daten aus unterschiedlichen Datenquellen und Verarbeitung der so zusammengeführten Daten, sofern die Zusammenführung oder Verarbeitung in großem Umfang vorgenommen wird und für Zwecke erfolgt, für welche nicht alle der zu verarbeitenden Daten direkt bei den betroffenen Personen erhoben wurden, einschließlich der Anwendung von Algorithmen, die für die betroffenen Personen nicht nachvollziehbar sind, und der Entdeckung vorher unbekannter Zusammenhänge zwischen den Daten für nicht im Vorhinein bestimmte Zwecke dienen (beispielsweise bei Big-Data-Analysen von Kundendaten, die mit Angaben aus Drittquellen angereichert werden),
- bei der nicht bestimmungsgemäßen Nutzung von Sensoren eines Mobilfunkgeräts im Besitz der betroffenen Personen oder von Funksignalen, die von solchen Geräten versandt werden, zur Bestimmung des Aufenthaltsorts oder der Bewegung von Personen über einen substanziellen Zeitraum (beispielsweise bei der Verkehrsstromanalyse auf der Grundlage von Standortdaten des öffentlichen Mobilfunknetzes).

Art. 35 DSGVO enthält jedoch keine detaillierten Vorgaben zur konkreten Durchführung der sich anschließenden Datenschutz-Folgenabschätzung, sondern lediglich einen normativen Rahmen, der Mindestanforderungen an die Operationalisierung der Folgenabschätzung stellt.[541] Die konkrete Durchführung muss sodann auf Grundlage einer eigenen Methodik und Fachlichkeit erfolgen. Dabei besteht für Verantwortliche die Herausforderung darin, die gesetzgeberischen Zielvorstellungen in konkrete Datenschutzmanagementmaßnahmen umzusetzen.[542] Einen ersten Anknüpfungspunkt bietet das von der Deutschen Datenschutzkonferenz herausgegebene Kurzpapier Nr. 5 zur Datenschutz-Folgenabschätzung nach Art. 35 DSGVO, das als erste Orientierung für den praktischen Vollzug der rechtlichen Anforderungen dient.[543]

Die Datenschutz-Folgenabschätzung muss generell vor Beginn der Verarbeitung personenbezogener Daten durchgeführt werden (vgl. Art. 35

541 *Karg*, in: Simitis/Hornung/Spiecker gen. Döhmann (Hrsg.), Datenschutzrecht, Art. 35 Rn. 60.

542 Ebd.

543 *Datenschutzkonferenz*, Kurzpapier Nr. 5 – Datenschutz-Folgenabschätzung nach Art. 35 DS-GVO, https://www.datenschutzkonferenz-online.de/media/kp/dsk_kpnr_5.pdf.

Abs. 7 lit. a) sowie EG 90 DSGVO). Da dabei die Bewertung von Risiken für die Rechte und Freiheiten Betroffener im Mittelpunkt der Untersuchung steht, liegt eine enge Verzahnung zu den in Art. 25 DSGVO enthaltenen Anforderungen des Prinzips „Datenschutz durch Technikgestaltung" vor.[544]

Das konkrete Verfahren der Folgenabschätzung lässt sich generell in vier Verfahrensphasen gliedern (vgl. auch Art. 35 Abs. 7 DSGVO):[545] die Vorbereitungsphase, die Durchführungsphase, die Umsetzungsphase sowie die Überprüfungsphase.

Zunächst ist in der ersten Phase die konkrete Umschreibung des Prüfgegenstandes von zentraler Bedeutung. Dazu zählen auch schon die Daten und deren Formate bei der Verarbeitung, die verwendete Hard- und Software, die genutzten IT-Systeme und deren Schnittstellen sowie die Prozesse und jeweiligen Funktionsrollen. Ebenso sind bereits in der Vorbereitungsphase mögliche Risikoquellen zu identifizieren. In der Durchführungs- bzw. Bewertungsphase erfolgen dann der eigentliche normative und wertende Abwägungsprozess und die Bestimmung der durch die Verarbeitungsverfahren entstehenden potenziellen Gefährdung der Rechte der betroffenen Person. Im Zentrum der rechtlichen Betrachtung stehen dabei primär Art. 7 und Art. 8 GRCh der von der Datenverarbeitung betroffenen Personen.[546] Kein Gegenstand der Bewertung ist hingegen das Risiko für den Verantwortlichen.[547] Ziel dieses Vorgangs ist die Ermittlung der spezifischen Eintrittswahrscheinlichkeit sowie die Schwere der Risiken.[548] In der Umsetzungs- und Überprüfungsphase muss der Verantwortliche nunmehr die zur Minimierung des Risikos erforderlichen technischen und organisatorischen Maßnahmen treffen und diese gleichzeitig auch dokumentieren.[549]

---

544 *Karg*, in: Simitis/Hornung/Spiecker gen. Döhmann (Hrsg.), Datenschutzrecht, Art. 35 Rn. 62; siehe hierzu auch unter B. IV. 2.

545 Vgl. *Karg*, in: Simitis/Hornung/Spiecker gen. Döhmann (Hrsg.), Datenschutzrecht, Art. 35 Rn. 75; *Datenschutzkonferenz*, Kurzpapier Nr. 5 – Datenschutz-Folgenabschätzung nach Art. 35 DS-GVO, https://www.datenschutzkonferenz-online.de/media/kp/dsk_kpnr_5.pdf, S. 2.

546 *Karg*, in: Simitis/Hornung/Spiecker gen. Döhmann (Hrsg.), Datenschutzrecht, Art. 35 Rn. 81.

547 *Karg*, in: Simitis/Hornung/Spiecker gen. Döhmann (Hrsg.), Datenschutzrecht, Art. 35 Rn. 80.

548 Vgl. dazu ebenfalls umfangreich bereits unter B. IV. 2.

549 *Karg*, in: Simitis/Hornung/Spiecker gen. Döhmann (Hrsg.), Datenschutzrecht, Art. 35 Rn. 86.

Schließlich ist zu berücksichtigen, dass die Datenschutz-Folgenabschätzung kein strikt linearer oder abgeschlossener Prozess ist. Die Einhaltung der DSGVO muss vielmehr während der gesamten Dauer der Verarbeitungsvorgänge kontinuierlich überwacht werden. Hierfür bietet sich also die Etablierung eines Datenschutz-Managementsystems an.[550]

b) Handlungsempfehlungen für moderne Mobilitätskonzepte im Öffentlichen Nahverkehr

Für moderne Mobilitätskonzepte im Öffentlichen Nahverkehr und die darin integrierten Anwendungsfelder Infrastrukturdaten, Sensordaten und Kundendaten sowie die Bereitstellung der Dienstleistungsplattform ist grundsätzlich eine Datenschutz-Folgenabschätzung durchzuführen.

Adressaten der Datenschutz-Folgenabschätzung sind zunächst die datenschutzrechtlich Verantwortlichen. Das betrifft auf der unteren Ebene diejenigen Akteure, die für die Infrastrukturdaten, die Sensordaten und die Kundendaten verantwortlich sind. Dabei wird jedoch zu berücksichtigen sein, ob für die Datensilos auf dieser Ebene überhaupt personenbezogene Daten anfallen, da nur dann eine Datenschutz-Folgenabschätzung durchzuführen ist. Hinsichtlich der Dienstleistungsplattform wird man von einer gemeinsamen Verantwortlichkeit der beteiligten Akteure ausgehen können.[551] Entsprechend ist die Datenschutz-Folgenabschätzung hinsichtlich der Dienstleistungsplattform und damit einem neuen Mobilitätskonzepts als solches von allen beteiligten Akteuren durchzuführen.

Denn, dass für ein derartiges innovatives Mobilitätskonzept eine Datenschutz-Folgenabschätzung durchzuführen ist, ergibt sich aus der von der Datenschutzkonferenz veröffentlichten Liste von Verarbeitungstätigkeiten nach Art. 35 Abs. 4 DSGVO, in der typische Einsatzfelder beschrieben werden. Datengetriebene Mobilitätskonzepte erfassen oftmals nicht nur umfangreich personenbezogene Daten über den Aufenthalt von natürlichen Personen, sondern setzen daneben auch weitere (mobile optisch-elektronische) Sensoren zur Erfassung personenbezogener Daten ein und führen diese in einer Dienstleistungsplattform zentral zusammen. Es werden aus unterschiedlichen Datenquellen (Infrastrukturdaten, Sensordaten und

---

550 *Datenschutzkonferenz*, Kurzpapier Nr. 5 – Datenschutz-Folgenabschätzung nach Art. 35 DS-GVO, https://www.datenschutzkonferenz-online.de/media/kp/dsk_kpnr_5.pdf, S. 5.

551 Siehe hierzu ausführlich unter B. IV. 3.

Kundendaten) Informationen zusammengeführt und sodann verarbeitet, sodass möglicherweise auch unbekannte Zusammenhänge zwischen den Daten für nicht im Vorhinein bestimmte Zwecke entdeckt werden. Deshalb ist eine Datenschutz-Folgenabschätzung für moderne datengetriebene Mobilitätskonzepte in der Regel notwendig.

In deren Rahmen sind sodann konkrete Datenschutzmanagementmaßnahmen umzusetzen, wobei das Kurzpapier Nr. 5 „Datenschutz-Folgenabschätzung nach Art. 35 DS-GVO" der Datenschutzkonferenz als Grundlage herangezogen werden sollte.[552] Für die einzelnen Verfahrensphasen (Vorbereitungs-, Durchführungs-, Umsetzungs- und Überprüfungsphase) sind die Folgen der vorgesehenen Verarbeitungsvorgänge zu bewerten. Das betrifft also zunächst die Datenquellen (Infrastrukturdaten, Sensordaten sowie Kundendaten) auf der untersten Ebene aber auch deren Zusammenführung in der Dienstleistungsplattform. Für jede dieser einzelnen Verarbeitungsvorgänge ist darzulegen, welche Risiken die Datenverarbeitung für die Betroffenen hat. Sind diese Folgen bestimmt, sind die erforderlichen Maßnahmen zur Minimierung des Risikos in technischer und organisatorischer Hinsicht zu treffen.

Da die Datenverarbeitung in modernen datengetriebenen Mobilitätskonzepten keinen statischen und einmaligen Vorgang darstellt, sondern fortlaufend geschieht, muss die Datenschutz-Folgenabschätzung für die gesamte Dauer der Verarbeitungsvorgänge kontinuierlich überwacht werden.

Die Heranziehung von Datenschutzmanagementexperten, die ein solches Mobilitätskonzept auf ihre Gesamtheit hin analysieren, ist hier also eindringlich zu empfehlen. Dabei sollte darauf geachtet werden, dies in regelmäßigen Abständen auf der Basis der zwischenzeitlich erfolgten technischen, rechtlichen und tatsächlichen Veränderungen und neuer Erkenntnisse durchzuführen und hierzu auch externen Sachverstand einzubeziehen.

552 *Datenschutzkonferenz*, Kurzpapier Nr. 5 – Datenschutz-Folgenabschätzung nach Art. 35 DS-GVO, https://www.datenschutzkonferenz-online.de/media/kp/dsk_kpnr_5.pdf.

6. Benennung eines Datenschutzbeauftragten (Art. 37 DSGVO)

a) Rechtssystematische Grundlagen der Norm

Art. 37 DSGVO enthält die grundlegenden Regelungen zur Bestellung von Datenschutzbeauftragten für den öffentlichen sowie den nicht-öffentlichen Bereich. So ist im öffentlichen Bereich stets ein Datenschutzbeauftragter zu bestellen (Art. 37 Abs. 1 lit. a) DSGVO), während im nicht-öffentlichen Bereich nur unter den Voraussetzungen des Art. 37 Abs. 1 lit. b) oder lit. c) DSGVO ein Datenschutzbeauftragter zu bestellen ist. Daneben können die Mitgliedstaaten aber auch abweichende Tatbestände für eine Bestellungspflicht vorsehen (Art. 37 Abs. 4 DSGVO). Von dieser Option hat Deutschland mit der Regelung in § 38 Abs. 1 BDSG Gebrauch gemacht. So ist ein Datenschutzbeauftragter auch dann zu bestellen, wenn Verarbeitungen getätigt werden, die einer Datenschutz-Folgenabschätzung unterliegen (§ 38 Abs. 1 S. 2 BDSG). Damit greift die Regelung weitestgehend die Vorgängerregelung auf, die die Benennung eines Datenschutzbeauftragten von einer Vorabkontrolle abhängig machte.[553]

b) Handlungsempfehlungen für moderne Mobilitätskonzepte im Öffentlichen Nahverkehr

Für moderne datengetriebene Mobilitätskonzepte ist in der Regel die Bestellung eines Datenschutzbeauftragten obligatorisch. Denn aufgrund der notwendigen Datenschutz-Folgenabschätzung[554] muss ein Datenschutzbeauftragter benannt werden (§ 38 Abs. 1 S. 2 BDSG). Der Datenschutzbeauftragte wird auf der Grundlage seiner beruflichen Qualifikation und insbesondere des Fachwissens, das er auf dem Gebiet des Datenschutzrechts und der Datenschutzpraxis besitzt, sowie auf der Grundlage seiner Fähigkeit zur Erfüllung der in Art. 39 DSGVO genannten Aufgaben ausgewählt (Art. 37 Abs. 5 DSGVO). Er kann Beschäftigter des Verantwortlichen – also des gesamten Konsortiums – sein oder seine Aufgaben auf der Grundlage eines Dienstleistungsvertrags erfüllen (Art. 37 Abs. 6 DSGVO). Schließlich müssen die Kontaktdaten des Datenschutzbeauftragten der Aufsichtsbehörde mitgeteilt werden (Art. 37 Abs. 7 DSGVO).

---

553 *Rücker/Dienst*, in: Gola/Heckmann (Hrsg.), BDSG, § 38 Rn. 37.
554 Siehe hierzu ausführlich unter B. IV. 5.

Es ist zu empfehlen, einen solchen Datenschutzbeauftragten gezielt im Hinblick auf besondere Kompetenzen auszusuchen und ihn aktiv einzubinden. Dies kann – z.B. bei Überprüfungen der Datenschutzaufsichtsbehörden – als Argument verwendet werden für einen bewussten, gezielt Rechtsprobleme in den Blick nehmenden Umgang mit der Ausgestaltung der Integration autonomer Fahrzeuge.

7. Zusammenfassung der wesentlichen Ergebnisse

Die in modernen datengetriebenen Mobilitätskonzepten und seinen einzelnen Anwendungsfeldern autonomes Fahren, Infrastrukturdaten und Nutzerdaten zu berücksichtigenden Pflichten des Datenverarbeiters bzw. der Datenverarbeiter sind umfangreich. Diese müssen zunächst geeignete technische und organisatorische Maßnahmen treffen, um sicherzustellen, dass die Datenverarbeitung den Anforderungen der DSGVO entspricht (vgl. dazu im Einzelnen ausführlich unter B. IV. 1.). Welche Maßnahmen das im Einzelnen für neue Mobilitätskonzepte im Öffentlichen Verkehr sind, bedarf einer eingehenden und systematischen Analyse (vgl. dazu im Einzelnen ausführlich unter B. IV. 2.). Zentral wird zu klären sein, wie mit Verantwortlichkeiten – sowohl im Innen- wie auch im Außenverhältnis – umzugehen ist (vgl. dazu im Einzelnen ausführlich unter B. IV. 3.). Ebenso sind umfangreiche Maßnahmen zur Gewährleistung von Datensicherheit zu erbringen (vgl. dazu im Einzelnen ausführlich unter B. IV. 4.). Für derartige intelligente Mobilitätskonzepte wird darüber hinaus eine Datenschutz-Folgenabschätzung durchzuführen sein (vgl. dazu im Einzelnen ausführlich unter B. IV. 5.). Ebenso bedarf es der Bestellung eines Datenschutzbeauftragten (vgl. dazu im Einzelnen ausführlich unter B. IV. 6.).

C. Zusammenfassung und Handlungsempfehlungen

Die vorgelegte Analyse, die ausschließlich zu datenschutzrechtlichen Fragen Stellung bezieht, analysiert die grundlegenden Anforderungen an moderne datengetriebene Mobilitätskonzepte im Öffentlichen Nahverkehr, der darin enthaltenen einzelnen Anwendungsfelder (autonomes Fahren, Infrastrukturdaten, Nutzerdaten) und deren datenschutzrechtliche Gestaltung. Weitere rechtliche Überlegungen, die beispielsweise dem Haftungsrecht im weiteren Sinne oder dem Wettbewerbsrecht entspringen können, werden nicht behandelt. Eine erhebliche Herausforderung besteht bereits darin, die szenarienimmanenten datenschutzrechtlichen Problembereiche zu beschreiben und hierfür erste Lösungsansätze zu entwickeln. Eine abschließende Bewertung derartiger Konzepte auf dieser Basis ist kaum möglich, sodass die Ausführungen nur als Rahmenbedingungen verstanden werden dürfen. Auf dieser Grundlage wurden Probleme und Rechtsfragen aufgezeigt und potentielle Lösungen vorgeschlagen, ohne damit eine verbindliche Empfehlung abgeben zu wollen.

In der Ausarbeitung wurde deshalb dargelegt, welche Rechtsquellen für welche Aspekte einer derartigen intelligenten Plattform grundsätzlich zu beachten sind (I.) und welche einzelnen Voraussetzungen bei der Verarbeitung erfüllt sein müssen. Hierbei wurden insbesondere das Erfordernis einer gesetzlichen Verarbeitungsgrundlage und die Einhaltung der Grundsätze der Verarbeitung personenbezogener Daten nach Art. 5 DSGVO (II.), die Wahrung der Betroffenenrechte (III.) sowie die Einhaltung der Pflichten des Datenverarbeiters (IV.) in den Mittelpunkt der Betrachtung gerückt.

Bei der Übertragung der grundlegenden Anforderungen auf die Anwendungsfelder wurden spezifische Handlungsempfehlungen für die datenschutzrechtliche Gestaltung von Mobilitätskonzepten abgleitet, die sich wie folgt zusammenfassen lassen:

I. Einschlägige Rechtsgrundlagen

1. Relevante Rechtsgrundlagen des autonomen Fahrens

In Abhängigkeit von der Art des beim autonomen Fahren verarbeiteten Datums kommt die Anwendbarkeit unterschiedlicher Rechtsgrundlagen in Betracht. So ist in Bezug auf Sensordaten, die steuerungsrelevante Fahrzeugkenngrößen verarbeiten und keinen Bezug zu Personen aufweisen, unter Umstände an die Einschlägigkeit des Geschäftsgeheimnisgesetzes zu denken. Sensordaten zum Fahrzeuginnenraum können oftmals einen Personenbezug aufweisen, was zur Anwendbarkeit der DSGVO und des BDSG führt. Nicht einschlägig hingegen ist das DSG-NRW, sofern das Betreiberunternehmen keine wesentliche Beteiligung der öffentlichen Hand aufweist. Ebenso ist der Anwendungsbereich des TMG eröffnet, solange zu der internetgestützten Datenübertragung kein weiterer Nutzen hinzutritt. Die Normen des TKG werden nicht berührt. In Bezug auf die Übergabe der Fahrverantwortung vom autonomen Fahrzeug an einen Fahrer ist zuletzt das StVG zu beachten.

2. Relevante Rechtsgrundlagen für Infrastrukturdaten

Im Bereich der Stadtinfrastruktur liegt der Focus weniger auf datenschutzrechtlichen Aspekten als vielmehr auf dem Schutz gesammelter und verarbeiteter, aber auch der kostengünstigen Beschaffung und Verwendung bereits existierender Daten. Für den Schutz gesammelter Daten erscheint in den vorliegend betrachteten Fällen eine Anwendung des Geschäftsgeheimnisgesetzes als nicht denkbar, wohl aber ein etwaiger Schutz durch das UrhG. Für die Beschaffung und Verwendung von Daten im Kontext der Stadtinfrastruktur, die der öffentlichen Hand vorliegen, kann auf der Grundlage gesetzlicher Regelung auf eine Vielzahl von Informationen zurückgegriffen werden. In Abhängigkeit vom konkreten Datum kommen dabei bei amtlichen Informationen das IFG-Bund und IFG-NRW in Betracht. Daten, die als Umweltinformationen zu klassifizieren sind, können über das UIG-Bund und UIG-NRW erlangt werden. Auf der Basis des GeoZG-Bund und GeoZG-NRW ist ein Zugang zu Geoinformationen möglich. Der Zugriff auf Wetterdaten wiederum fällt gegebenenfalls unter das DWD-Gesetz. Diese Gesetze regeln den Zugang zu Daten und Informationen. Bei ihrer Verwendung sind die Anforderungen des IWG zu beachten. Darüber hinaus besteht gemäß § 3a Abs. 1 PBefG eine Pflicht zur

Weitergabe bestimmter Mobilitätsdaten an den Nationalen Zugangspunkt MDM des Bundesamts für Straßenverkehr.

3. Relevante Rechtsgrundlagen für Nutzerdaten

Die Erfassung von Nutzerdaten, deren Analyse und die Ableitung von Metadaten zum Zweck des wirtschaftlichen Betriebs eines modernen Mobilitätskonzepts stellen die Verarbeitung personenbezogener Daten dar. Als zu beachtende Rechtsquellen für diese Verarbeitung von Daten mit Bezug zu Nutzerverhalten kommen in erster Linie das DSGVO und das BDSG in Betracht. Grundsätzlich sind auch die Normen des TMG zu beachten. Deren Anwendbarkeit hängt jedoch von der konkreten Verarbeitungssituation sowie einer Einzelfallbewertung der heranzuziehenden Norm ab.

II. Datenschutzrechtliche Grundlagen

1. Relevante Verarbeitungsgrundlage des autonomen Fahrens

Ebenso wie die anwendbaren Rechtsquellen im Bereich des autonomen Fahrens hängt auch die einschlägige Verarbeitungsgrundlage von der Art des Datums ab. Die Verarbeitung von technischen Maschinendaten ohne Personenbezug ist in der Regel auch dann möglich, wenn der Hersteller in den technischen Informationen ein ihm zuzuordnendes Geschäftsgeheimnis sieht. Sofern die Verarbeitung in der Beobachtung und Analyse der Daten besteht, wird dies jedoch durch § 3 Abs. 1 Nr. 2 GeschGehG erlaubt, solange damit nicht gegen eine vereinbarte Beschränkung zur Nutzung von Geschäftsgeheimnissen im Sinne des § 4 Abs. 2 Nr. 2 GeschGehG verstoßen wird. Die Verarbeitung von Sensordaten mit Bezug zum Umfeld des Fahrzeugs erfordert keine gesetzliche Verarbeitungsgrundlage, solange die Daten keinen Bezug zu einer natürlichen Person aufweisen. Sensordaten mit Bezug zu Personen, sowohl aus dem Umfeld als auch dem Innenraum des Fahrzeugs, benötigen einen solchen gesetzlichen Erlaubnistatbestand hingegen. Hierfür kommt, sofern die Eingriffsintensität durch frühzeitige Anonymisierung und weitere technischen datenschützende Maßnahmen möglichst geringgehalten wird, regelmäßig Art. 6 Abs. 1 lit. f) DSGVO in Betracht. Für Sensordaten, die Fahrzeuginsassen betreffen, wird hingegen empfohlen, die Verarbeitung auf die Grundlage einer Einwilligung der Betroffenen gemäß Art. 6 Abs. 1 lit. a) DSGVO zu stellen. Hierbei sind jedoch die strengen Anforderungen an eine wirksame datenschutzrechtliche Einwilligungserteilung zu beachten. Insbesondere müssen die Freiwilligkeit und Informiertheit der Einwilligung gewahrt werden. Geschieht dies, bietet die Erteilung einer Einwilligung gegenüber anderen gesetzlichen Verarbeitungsgrundlagen den Vorteil einer in Zweck und Umfang passgenauen Ermöglichung der Verarbeitung. Auf ihrer Grundlage können zudem besondere Kategorien personenbezogener Daten verarbeitet werden (Art. 9 Abs. 2 lit. a) DSGVO). Da nahezu jede Rechtsquelle die Einwilligung als mögliche Grundlage der Datenverarbeitung vorsieht, kann unabhängig von den einschlägigen Gesetzen ein für verschiedene personenbezogene Daten und Verarbeitungszwecke einheitliches Verarbeitungskonzept bzw. eine einheitliche Verarbeitungsgrundlage geschaffen werden.

2. Relevante Verarbeitungsgrundlage der Infrastrukturdaten

Die Anspruchsnormen für den Zugang zu Stadtinfrastrukturdaten unterscheiden sich je nach Rechtsquelle. Amtliche Informationen können auf der Basis des § 1 Abs. 1 S. 1 IFG-Bund bzw. § 4 Abs. 1 IFG-NRW erlangt werden. Der Zugang zu Umweltinformationen erfolgt auf der Grundlage des § 3 Abs. 1 S. 1 UIG-Bund bzw. des § 2 Abs. 1 UIG-NRW. Ein Anspruch auf den Zugang zu Geodaten ergibt sich aus § 11 Abs. 1, 2 GeoZG-Bund oder § 11 GeoZG-NRW. Die kommerzielle Weiternutzung dieser von der öffentlichen Hand erlangten Daten ist auf der Basis von § 2a IWG erlaubt.

3. Relevante Verarbeitungsgrundlagen bei Nutzerdaten

Unabhängig von der Möglichkeit einer Verarbeitung von Nutzerdaten, insbesondere zu Zwecken des Profiling, auf der Grundlage des Art. 6 Abs. 1 lit. f) DSGVO, sollte als Rechtsgrundlage vorliegend die Einholung einer datenschutzrechtlichen Einwilligung erwogen werden. Wie zuvor im Zusammenhang mit der Verarbeitungsgrundlage für personenbezogene Sensordaten dargelegt, kann die nutzerbezogene Datenverarbeitung des gesamten Mobilitätskonzepts auf diese Weise auf eine einheitliche datenschutzrechtliche Grundlage gestellt werden. Zudem ermöglicht sie die Verarbeitung besonderer Kategorien personenbezogener Daten und bietet bei Einhaltung der gesetzlichen Anforderungen, insbesondere in Bezug auf die Freiwilligkeit und Informiertheit, die Möglichkeit einer echten Ausübung des Rechts auf informationelle Selbstbestimmung für die Datensubjekte.

III. Betroffenenrechte

1. Transparente Information, Kommunikation und Modalitäten für die Ausübung der Rechte der betroffenen Person (Art. 12 DSGVO)

In digitalen Umgebungen wie bei datengetriebenen Mobilitätskonzepten bietet sich zur Vermittlung der relevanten Informationen an die betroffene Person ein Mehrebenen-Ansatz an, sodass die notwendigen Informationen in einer jeweils angemessenen Detail- und Verfahrenstiefe übermittelt werden. Dabei ist die Gestaltung und Gliederung so zu wählen, dass auf der obersten Ebene den betroffenen Personen ein klarer Überblick über die ihr hinsichtlich der Verarbeitung ihrer personenbezogenen Daten zur Verfügung stehenden Informationen liefern und aufzeigen, wo und wie sie die einzelnen Informationen auf den jeweiligen tieferen Ebenen finden können. Es ist ratsam, dass sich ein durchgängiges Formulierungskonzept konsequent durch den gesamten Text zieht, um eine angenehme Lesbarkeit zu ermöglichen. Idealerweise werden die notwendigen Informationen leicht zugänglich an einer einzigen Stelle oder in einem Gesamtdokument zur Verfügung gestellt.

Um Informationen leicht zugänglich zu machen, könnten etwa digitale Displays genutzt werden. Ebenso wäre denkbar, die notwendigen Informationen per Smartphone-App zugänglich zu machen. Aber auch klassische Informationsbroschüren kommen in Betracht. Darüber hinaus kann es ebenfalls sinnvoll sein, die Informationen in anderen Landessprachen – etwas englisch, französisch, polnisch, dänisch etc. – zu präsentieren, sofern das neue Mobilitätskonzept eine Nähe zu Nachbarländern Deutschlands aufweist. Gleiches gilt für das Anwendungsfeld der Infrastrukturdaten sowie der Nutzerdaten.

2. Informationspflicht bei Erhebung von personenbezogenen Daten bei der betroffenen Person (Art. 13 DSGVO)

Die Informationspflichten nach Art. 13 DSGVO sind im Anwendungsfeld autonomes Fahren gegenüber dem Fahrer zu erfüllen. Gleiches gilt, wenn etwa durch weitere Sensoren wie Kameras Daten von betroffenen Personen – beispielsweise auf dem Gehweg befindliche Personen – aufgenommen und verarbeitet werden. Im Anwendungsfeld Infrastrukturdaten werden die Informationspflichten nach Art. 13 DSGVO nur dann ausgelöst, wenn personenbezogene Daten unmittelbar bei den betroffenen Personen erhoben werden. Im Anwendungsfeld Nutzerdaten folgt die Informationspflicht unmittelbar aus Art. 13 DSGVO.

3. Informationspflicht, wenn die personenbezogenen Daten nicht bei der betroffenen Person erhoben werden (Art. 14 DSGVO)

Im Anwendungsfeld autonomes Fahren spielt Art. 14 DSGVO in der Regel keine Rolle, wenn die Daten insbesondere bei der Gruppe der Fahrzeuginsassen direkt erhoben werden. Allerdings kann etwas anderes dann gelten, wenn der Datenverarbeiter gezielt Informationen von Mitreisenden – die nicht selbst Fahrzeugführer sind – erhebt und verarbeitet. Im Anwendungsfeld Infrastrukturdaten kommt Art. 14 DSGVO vorrangig zur Anwendung, wenn Daten aus öffentlich zugänglichen Quellen verarbeitet werden und somit keine Direkterhebung bei den betroffenen Personen stattfindet. Darum ergeben sich die notwendigen Informationspflichten unmittelbar aus Art. 14 DSGVO. Allerdings ist dann zu prüfen, ob eine Übermittlung aufgrund unverhältnismäßigen Aufwandes entbehrlich ist. Im Anwendungsfeld Nutzerdaten spielt Art. 14 DSGVO grundsätzlich keine Rolle, da die Daten unmittelbar bei den betroffenen Personen erhoben werden.

4. Auskunftsrecht der betroffenen Person (Art. 15 DSGVO)

In allen drei Anwendungsfeldern – autonomes Fahren, Infrastrukturdaten, Nutzerdaten – können die betroffenen Personen ihr Auskunftsrecht nach Art. 15 DSGVO aktiv in Anspruch nehmen. Der Umfang ergibt sich dabei direkt aus dem Katalog nach Art. 15 DSGVO, sodass der Verantwortliche verpflichtet ist, alle Daten, die zum Zeitpunkt des Auskunftsverlangens vorhanden sind, dem Betroffenen mitzuteilen.

5. Recht auf Löschung (Art. 17 DSGVO)

In allen drei Anwendungsfeldern – autonomes Fahren, Infrastrukturdaten sowie Nutzerdaten – können die Betroffenen ihr Recht auf Löschung geltend machen, sofern die gesetzlichen Anforderungen nach Art. 17 Abs. 1 DSGVO einschlägig sind. In Betracht kommen hier insbesondere die Fallgruppe der „Zweckerreichung" sowie – und das gilt insbesondere bei der Verarbeitung von Nutzerdaten – der Widerruf der Einwilligung. Im Rahmen moderner datengetriebener Mobilitätskonzepte ist dem Verantwortlichen deshalb zu empfehlen, dass bereits von Beginn an auch technische Maßnahmen ergriffen werden, um das Löschungsrecht effektiv zu ermöglichen und wirksam um- sowie durchzusetzen.

6. Recht auf Datenübertragbarkeit (Art. 20 DSGVO)

In neuen umfangreichen Mobilitätskonzepten im Öffentlichen Verkehr kommen für einen Datenportabilitätsanspruch nach Art. 20 DSGVO zunächst generell alle personenbezogenen Daten in Betracht, die in einem der jeweiligen Anwendungsfelder – autonomes Fahren, Infrastrukturdaten oder Nutzerdaten – anfallen und vom Verantwortlichen verarbeitet werden. Der Schwerpunkt liegt dabei gleichwohl auf dem Anwendungsfeld der Nutzerdaten. Die dort vom Betroffenen bereitgestellten personenbezogenen Daten – etwa der Name und eine Kontaktadresse – können Gegenstand eines Datenportabilitätsgesuchs sein. In welchem Umfang personenbezogene Daten in den Anwendungsfeldern autonomes Fahren und Infrastrukturdaten durch den Betroffenen bereitgestellt worden sind – also inwiefern hier ein aktives Handeln zugrunde liegt – muss für den Einzelfall spezifisch geprüft werden.

Daneben kommen als mögliche Daten aber auch die in der Dienstleistungsplattform – aufgrund der drei Anwendungsfelder autonomes Fahren, Infrastrukturdaten und Nutzerdaten – selbst generierten Daten in Betracht, sofern diese einen Personenbezug aufweisen und von den Betroffenen bereitgestellt worden sind. Die Übertragung von personenbezogenen Auswertungsergebnissen kann grundsätzlich nicht verlangt werden, da der Verantwortliche diese erst überhaupt mithilfe der bereitgestellten Daten gewonnen hat. Insofern ist gleichwohl bei modernen datengetriebenen Mobilitätskonzepten besonders kritisch zu prüfen, inwiefern die neu generierten Daten durch den Betroffenen „bereitgestellt" worden sind.

IV. Pflichten des Datenverarbeiters

1. Verantwortung des für die Verarbeitung Verantwortlichen (Art. 24 DSGVO)

In neuen modernen Mobilitätskonzepten ist in der Regel zunächst jeweils für die einzelnen spezifischen Anwendungsfelder autonomes Fahren, Infrastrukturdaten sowie Nutzerdaten eine umfassende Bestandsaufnahme der einzelnen Datenverarbeitungsschritte notwendig. Außerdem sind bereits vorhandene Schutzmaßnahmen zu prüfen. Gleiches gilt sodann aber auch für das Gesamtsystem als solches, da die Infrastruktur-, Sensor- und Nutzerdaten in der Dienstleistungsplattform zusammenlaufen und dort zu neuen Daten und Informationen verarbeitet werden.

Es ist eine entsprechende Risikobewertung durchzuführen, die beispielsweise anhand des Standard-Datenschutzmodells[555] erfolgen kann, sodass die Risiken der einzelnen Verarbeitungsschritte spezifiziert und bewertet werden. Dabei dürften insbesondere die verarbeiteten Nutzerdaten sowie die in der Dienstleistungsplattform erzeugten Daten gegenüber den Daten aus den Bereichen des autonomen Fahrens sowie der Infrastruktur zu einem höheren Risiko für Betroffene führen, da in diesen beiden Anwendungsfeldern personenbezogene Daten verarbeitet werden.

2. Datenschutz durch Technikgestaltung und durch datenschutzfreundliche Voreinstellungen (Art. 25 DSGVO)

In modernen datengetriebenen Mobilitätskonzepten nimmt Art. 25 Abs. 1 DSGVO und das dort verankerte Grundprinzip „Datenschutz durch Technikgestaltung“ eine besonders exponierte Stellung ein.

Adressat der Verpflichtungen ist der rechtliche Verantwortliche eines derartigen Mobilitätskonzepts. Dabei kommt es entscheidend auf die organisatorische Struktur an. So kann – und das hängt von der konkreten Ausgestaltung der Plattform ab – eine alleinige verantwortliche Stelle agieren, etwa dann, wenn eine natürliche oder juristische Person allein über die Zwecke und Mittel der Datenverarbeitung von personenbezogenen Daten

555 *Datenschutzkonferenz*, Das Standard-Datenschutzmodell – Eine Methode zur Datenschutzberatung und -prüfung auf der Basis einheitlicher Gewährleistungsziele, Version 2.0b, https://www.datenschutzkonferenz-online.de/media/ah/SDM-Methode_V20b.pdf.

entscheidet oder aber eine gemeinsame Verantwortlichkeit mehrerer rechtlich Verpflichteter begründet werden, wenn zwei oder mehr Verantwortliche gemeinsam die Zwecke der und die Mittel zur Verarbeitung festlegen.

Insofern ist zu klären, wie die rechtlichen Verantwortungsstrukturen innerhalb eines solchen datengetriebenen Mobilitätskonzepts festgelegt sind. Sodann hat der Verantwortliche bzw. haben die Verantwortlichen die notwendige Abwägung im Rahmen von Art. 25 DSGVO selbst vorzunehmen.

Als wesentliche zu berücksichtigende Faktoren bei der Implementierung von Datenschutz durch Technikgestaltung sind die Art, der Umfang, die Umstände sowie die Zwecke der Verarbeitung, der Stand der Technik, die Implementierungskosten sowie die Eintrittswahrscheinlichkeiten und die Schwere der möglichen Risiken heranzuziehen und zu bewerten, um ableitend hieraus die geeigneten technischen und organisatorischen Maßnahmen zu treffen.

Hinsichtlich der Art der Datenverarbeitung wird zunächst zu differenzieren sein zwischen der Verarbeitung personenbezogener Daten sowie der Verarbeitung nicht-personenbezogener Daten, da die datenschutzrechtlichen Anforderungen nur für die Verarbeitung personenbezogener Daten gelten. Um den Stand der Technik bei der Bewertung solcher Mobilitätskonzepte zu berücksichtigen, sollte auf Standards wie die ISO 27001, das Standard-Datenschutzmodell[556] oder den Privacy by Design-Bericht der European Agency for Cybersecurity[557] zurückgegriffen werden. Ebenso sollte der Leitfaden des Europäischen Datenschutzausschusses herangezogen werden.[558]

Hinsichtlich der Implementierungskosten dürfen zwar wirtschaftliche Aspekte berücksichtigt werden, gleichwohl ist der Verantwortliche bzw. sind die Verantwortlichen verpflichtet, nur solche Maßnahmen zu ergreifen, die auch effektiv und wirksam sind.

Schließlich müssen für derartige Mobilitätskonzepte die ermittelten Risiken berücksichtigt werden, wobei sich eine Klassifizierung hinsichtlich

---

556 *Datenschutzkonferenz*, Das Standard-Datenschutzmodell – Eine Methode zur Datenschutzberatung und -prüfung auf der Basis einheitlicher Gewährleistungsziele, Version 2.0b, https://www.datenschutzkonferenz-online.de/media/ah/SDM-Methode_V20b.pdf.

557 *ENISA*, Privacy and Data Protection by Design – from policy to engineering, https://www.enisa.europa.eu/publications/privacy-and-data-protection-by-design/at_download/fullReport, S. 33 f.

558 *European Data Protection Board*, Guidelines 4/2019 on Article 25 Data Protection by Design and by Default, https://edpb.europa.eu/our-work-tools/public-consultations-art-704/2019/guidelines-42019-article-25-data-protection-design_en.

der Datenverarbeitung zwischen „geringem Risiko“, „mittlerem Risiko“ und „hohem Risiko“ anbietet. Als Grundlage lässt sich mit dem von der ENISA empfohlenen LINDDUN-Modell arbeiten.[559] Anzuraten ist insofern, zunächst anhand eines Datenflussdiagramms die konkreten Datenströme innerhalb der Plattform nachzuvollziehen, um sowohl hinsichtlich der einzelnen Bestandteile der Plattform sowie schließlich auch der gesamten Plattform die möglichen Risiken zu bewerten.

Welche konkreten Schutzmaßnahmen für die Plattform schließlich in Betracht kommen, hängt von der zuvor durchgeführten eingehenden Analyse ab. Denkbar sind die Anonymisierung, Pseudonymisierung oder Aggregation von personenbezogenen Daten. Ebenso sollten über die ganze Dienstleistungsplattform betrachtet Zugriffsmöglichkeiten begrenzt und ggf. getrennt sowie ein schlüssiges Löschungskonzept vorhanden sein. Außerdem sind regelmäßige Überprüfungen durchzuführen und auch gezielt neue Entwicklungen zu integrieren.

3. Gemeinsam für die Verarbeitung Verantwortliche (Art. 26 DSGVO)

Für moderne datengetriebene Mobilitätskonzepte und die darin integrierten Anwendungsfelder Infrastrukturdaten, Sensordaten und Kundendaten sowie die Bereitstellung der Dienstleistungsplattform ist der organisatorische Aufbau des dazugehörigen Geschäftsmodells von Relevanz, um hieraus entsprechende Verantwortungs- und Haftungsbereiche abzugrenzen und abzuschichten sowie daraus entweder eine alleinige Verantwortlichkeit oder eine gemeinsame Verantwortlichkeit mehrerer für die Verarbeitung Verantwortlicher herzuleiten. Dabei kommt es entscheidend darauf an, wer über die Zwecke der Verarbeitung sowie über die Mittel zur Verarbeitung entscheidet.

Letztendlich ist abzuklären, ob und wie die beteiligten Akteure in welcher Art und Weise überhaupt über die Zwecke und Mittel der Datenverarbeitung entscheiden. In Anlehnung an die Rechtsprechung des EuGHs und dessen weiter Interpretation der datenschutzrechtlichen Verantwortlichkeit spricht derzeit jedenfalls vieles dafür, dass für die separierten Datensilos auf unterster Ebene jeweils die beteiligten Akteure alleine verantwortlich sind, wohingegen für die Dienstleistungsplattform mehrere Akteure gemeinschaftlich verantwortlich sind. Entsprechend einer gemeinsamen Verantwortlichkeit in Bezug auf die Dienstleistungsplattform sollten

559 https://linddun.org.

die beteiligten Akteure eine Vereinbarung treffen, die die wesentlichen Punkte eines solchen modernen datengetriebenen Mobilitätskonzepts betrifft. Dabei sind folgende Regelungspunkte zu empfehlen:

- eine detaillierte Beschreibung der Datenverarbeitungen,
- basierend darauf die verschiedenen Phasen, Funktionen und Beziehungen der verschiedenen gemeinsam Verantwortlichen,
- eine generelle Beschreibung der datenschutzrechtlichen Verantwortlichkeiten,
- ggf. eine Festlegung der jeweiligen Rechtmäßigkeitsvoraussetzungen, insbesondere dann, wenn eine übergreifende Zusammenarbeit bei der Umsetzung erforderlich ist,
- Betroffenenrechte I: wer erteilt wie die Informationen nach Art. 13, Art. 14, z.B. wer erteilt Auskünfte, die die Dienstleistungsplattform betreffen,
- Betroffenenrechte II: soll es einen gemeinsamen Ansprechpartner für Anfragen und Ausübung der Betroffenenrechte geben?,
- Betroffenenrechte III: eine Vereinbarung über die interne praktische Umsetzung und die technische Verwirklichung der Betroffenenrechte treffen,
- eine Vereinbarung über die Vornahme von technisch-organisatorischen Maßnahmen nach Art. 32 DSGVO unter Berücksichtigung des Grundsatzes von Privacy by Design und Privacy by Default nach Art. 25 DSGVO
- ggf. notwendige Zusammenarbeit und gegenseitige Unterstützung im Rahmen einer möglichen Datenschutz-Folgenabschätzung nach Art. 35 DSGVO,
- Zusammenarbeit bei der Feststellung, Behandlung und Meldung von Datenschutzverletzungen,
- Nennung von gegenseitigen Ansprechpartnern für den Datenschutz und Vereinbarung von Notfall- und Eskalationsmechanismen,
- gegenseitige Pflichten zur Information soweit dies erforderlich ist, z.B. für die Erstellung von Verarbeitungsverzeichnissen,
- Bestimmung über den Umgang mit Änderungen, die Auswirkungen auf den Datenschutz und die anderen Verantwortlichen haben können, z.B. neuartige und verbesserte Tools zur Datenanalyse,
- Regelungen über den Haftungsausgleich.

Über diese Regelungspunkte müssen datengetriebene Mobilitätskonsortien diskutieren, entsprechende Handlungsempfehlungen erörtern und Maßnahmen festlegen. Diese müssen gegebenenfalls angepasst werden, insbesondere wenn sich rechtlich weitere Konkretisierungen zur Ausgestaltung der gemeinsamen Verantwortlichkeit ergeben.

4. Sicherheit der (Daten-)Verarbeitung (Art. 32 DSGVO)

Für moderne Mobilitätskonzepte und darin integrierte Anwendungsfelder wie Infrastrukturdaten, Sensordaten und Kundendaten sowie die Bereitstellung der Dienstleistungsplattform sind die Vorgaben über die Sicherheit der Datenverarbeitung und damit die Sicherheit personenbezogener Daten in jeder einzelnen Datenverarbeitungsstufe mit Nachdruck umzusetzen.

Der jeweilige Verantwortliche hat entsprechend geeignete technische und organisatorische Maßnahmen zu treffen. So liegt für die durch einen Akteur verarbeiteten Kundendaten sowie die durch einen anderen Akteur verarbeiteten Sensordaten – sofern diese Personenbezug aufweisen – ein höheres Risiko vor als durch die von einem weiteren Akteur verarbeiteten Infrastrukturdaten, sofern diese ohne Personenbezug auskommen.

Da die zunächst separiert erhobenen Daten in der Dienstleistungsplattform zusammengeführt und kombiniert werden, ist das mit dieser Datenverarbeitung verbundene Risiko höher zu gewichten als die Ausgangsdaten, zumal auch die Datenverarbeitung in der Dienstleistungsplattform der Datenverarbeitung in einer Black-Box ähnelt. Um die konkrete Schutzbedarfsfeststellung zu bestimmen kann auf das IT-Grundschutz-Kompendium[560] oder das Standard-Datenschutzmodell[561] sowie das Kurzpapier Nr. 18 „Risiko für die Rechte und Freiheiten natürlicher Personen“ der Datenschutzkonferenz[562] zurückgegriffen werden.

Es sind sodann entsprechende Maßnahmen zur Gewährleistung der Verfügbarkeit (z.B. die Anfertigung von Sicherheitskopien), der Integrität (z.B. elektronische Siegel und Signaturen) und der Vertraulichkeit (z.B.

560 Siehe https://www.bsi.bund.de/DE/Themen/ITGrundschutz/ITGrundschutzKompendium/itgrundschutzKompendium_node.html;jsessionid=6C0CAD2754B3E45145FBD5268BA6C744.1_cid501.

561 *Datenschutzkonferenz*, Das Standard-Datenschutzmodell – Eine Methode zur Datenschutzberatung und -prüfung auf der Basis einheitlicher Gewährleistungsziele, Version 2.0b, https://www.datenschutzkonferenz-online.de/media/ah/SDM-Methode_V20b.pdf.

562 *Datenschutzkonferenz*, Kurzpapier Nr. 18 – Risiko für die Rechte und Freiheiten natürlicher Personen, https://www.datenschutzkonferenz-online.de/media/kp/dsk_kpnr_18.pdf.

die Implementierung eines sicheren Authentifizierungsverfahrens) zu treffen. Daneben sollte ein umfassendes Informationssicherheitsmanagement etabliert werden, das die einzelnen Datensilos als auch die ganzheitliche Dienstleistungsplattform betrifft. Dabei gilt für moderne datengetriebene Mobilitätskonzepte, dass keine überhöhten Anforderungen zu stellen sind, da grundsätzlich keine besonders sensiblen Daten betroffen sind.

Insgesamt ist sicherzustellen, dass die Umsetzung dieser Maßnahmen konsequent dynamisch erfolgt, d.h. dass regelmäßige Überprüfungen stattfinden und Aktualisierungen der technischen, rechtlichen und tatsächlichen Grundlagen vorgenommen werden.

5. Datenschutz-Folgenabschätzung (Art. 35 DSGVO)

Für moderne datengetriebene Mobilitätskonzepte und die darin integrierten Anwendungsfelder Infrastrukturdaten, Sensordaten und Kundendaten sowie die Bereitstellung der Dienstleistungsplattform ist grundsätzlich eine Datenschutz-Folgenabschätzung durchzuführen.

Adressaten der Datenschutz-Folgenabschätzung sind zunächst die datenschutzrechtlich Verantwortlichen. Das betrifft auf der unteren Ebene diejenigen Akteure, die für die Infrastrukturdaten, die Sensordaten und die Kundendaten verantwortlich sind. Dabei wird jedoch zu berücksichtigen sein, ob für die Datensilos auf dieser Ebene überhaupt personenbezogene Daten anfallen, da nur dann eine Datenschutz-Folgenabschätzung durchzuführen ist. Hinsichtlich der Dienstleistungsplattform wird man für diese Ebene von einer gemeinsamen Verantwortlichkeit der beteiligten Akteure ausgehen können. Entsprechend ist die Datenschutz-Folgenabschätzung hinsichtlich der Dienstleistungsplattform und damit dem Gesamtkonzept als solches von allen beteiligten Akteuren durchzuführen.

Dass für ein derartiges innovatives Mobilitätskonzept eine Datenschutz-Folgenabschätzung durchzuführen ist, ergibt sich aus der von der Datenschutzkonferenz veröffentlichten Liste von Verarbeitungstätigkeiten nach Art. 35 Abs. 4 DSGVO, in der typische Einsatzfelder beschrieben werden. Moderne datengetriebene Mobilitätskonzepte erfassen nicht nur umfangreich personenbezogene Daten über den Aufenthalt von natürlichen Personen, sondern setzen daneben auch weitere (mobile optisch-elektronische) Sensoren zur Erfassung personenbezogener Daten ein und führen diese in einer Dienstleistungsplattform zentral zusammen. Es werden aus unterschiedlichen Datenquellen (Infrastrukturdaten, Sensordaten und Kundendaten) Informationen zusammengeführt und sodann verarbeitet, sodass möglicherweise auch unbekannte Zusammenhänge zwischen den Daten für nicht im Vorhinein bestimmte Zwecke entdeckt werden. Deshalb ist eine Datenschutz-Folgenabschätzung bei intelligenten Mobilitätskonzepten notwendig.

Die Heranziehung von Datenschutzmanagementexperten, die solche Mobilitätskonzepte auf ihre Gesamtheit hin analysieren, ist hier dringend zu empfehlen. Dabei sollte darauf geachtet werden, dies in regelmäßigen Abständen auf der Basis der zwischenzeitlich erfolgten technischen, rechtlichen und tatsächlichen Veränderungen und neuer Erkenntnisse zu überprüfen und hierzu auch externen Sachverstand einzubeziehen.

6. Benennung eines Datenschutzbeauftragten (Art. 37 DSGVO)

Für moderne datengetriebene Mobilitätskonzepte ist die Bestellung eines Datenschutzbeauftragten obligatorisch. Aufgrund der notwendigen Datenschutz-Folgenabschätzung muss ein Datenschutzbeauftragter benannt werden (§ 38 Abs. 1 S. 2 BDSG). Es ist zu empfehlen, einen solchen Datenschutzbeauftragten gezielt im Hinblick auf besondere Kompetenzen auszusuchen und ihn aktiv einzubinden. Dies kann – z.B. bei Überprüfungen der Datenschutzaufsichtsbehörden – als Argument für einen bewussten, gezielt Rechtsprobleme in den Blick nehmenden Umgang mit der Ausgestaltung derartiger Konzepte verwendet werden.

Literaturverzeichnis

Albrecht, Jan-Phillip, Das neue EU-Datenschutzrecht - von der Richtlinie zur Verordnung, CR 2016, 88.

Albrecht, Jan-Phillip/Jotzo, Florian, Das neue Datenschutzrecht der EU, Teil 3, Baden-Baden 2017.

Artikel-29-Datenschutzgruppe, Die Zukunft des Datenschutzes, 02356/09/DE, Workingpaper 168.

Artikel-29-Datenschutzgruppe, Leitlinien zum Recht auf Datenübertragbarkeit, 16/DE, Workingpaper 242 rev. 01.

Artikel-29-Datenschutzgruppe, Leitlinien in Bezug auf Datenschutzbeauftragte („DSB"), 17/DE, Workingpaper 243 rev. 01.

Artikel-29-Datenschutzgruppe, Leitlinien zur Datenschutz-Folgenabschätzung (DS-FA) und Beantwortung der Frage, ob eine Verarbeitung im Sinne der Verordnung 2016/679 „wahrscheinlich ein hohes Risiko mit sich bringt", 17/DE, Workingpaper 248 Rev. 01.

Artikel-29-Datenschutzgruppe, Leitlinien für Transparenz gemäß der Verordnung 2016/679, 17/DE, Workingpaper 260 rev. 01.

Artikel-29-Datenschutzgruppe, Stellungnahme 4/2007 zum Begriff „personenbezogene Daten", 01248/07/DE, Workingpaper 136.

Artikel-29-Datenschutzgruppe, Stellungnahme 1/2010 zu den Begriffen „für die Verarbeitung Verantwortlicher" und „Auftragsverarbeiter", 00264/10/DE, Workingpaper 169.

Artikel-29-Datenschutzgruppe, Stellungnahme 5/2014 zu Anonymisierungstechniken, 0829/14/DE, Workingpaper 216.

Artikel-29-Datenschutzgruppe, Stellungnahme 06/2014 zum Begriff des berechtigten Interesses des für die Verarbeitung Verantwortlichen gemäß Artikel 7 der Richtlinie 95/46/EG, 844/14/DE, Workingpaper 217.

Auer-Reinsdorff, Astrid/ Conrad, Isabell, Handbuch IT- und Datenschutzrecht, 3. Auflage, München 2019.

Auer-Reinsdorff, Astrid, Transparente Datenschutzhinweise - den inhärenten Widerspruch auflösen!, ZD 2017, 149.

Becker, Carina, Das Recht auf Vergessenwerden, Tübingen 2019.

Benecke, Alexander/Spiecker gen. Döhmann, Indra, Der Schutz öffentlicher Unternehmen im Informationsfreiheitsrecht, insbesondere in mehrpoligen Verhältnissen, JZ 2015, 1018.

Bernd, Stephan, Der Gesetzentwurf zur Änderung des Straßenverkehrsgesetzes - ein Überblick, SVR 2017, 121.

Bieker, Felix, Die Risikoanalyse nach dem neuen EU-Datenschutzrecht und dem Standard-Datenschutzmodell, DuD 2018, 27.

Bier, Christoph/Spiecker gen. Döhmann, Indra, Intelligente Videoüberwachungstechnik: Schreckensszenario oder Gewinn für den Datenschutz?, CR 2012, 610.

Bizer, Johann, Sieben Goldene Regeln des Datenschutzes, DuD 2007, 350.

Buchner, Benedikt, Grundsätze und Rechtmäßigkeit der Datenverarbeitung unter der DS-GVO, DuD 2016, 155.

Bretthauer, Sebastian, Intelligente Videoüberwachung - Eine datenschutzrechtliche Analyse unter Berücksichtigung technischer Schutzmaßnahmen, Baden-Baden 2017.

Bretthauer, Sebastian, Mobilität 4.0 - Informationsrechtliche Herausforderungen und Restriktionen am Beispiel der Optimierung und Effektivitätssteigerung von Verkehrsflüssen, PinG 2018, 66.

Bretthauer, Sebastian/Schmitt, Amancaya Andrea, Privatsphährengerechte intelligente Mobilitätssteuerung im Straßenverkehr - Einsatz von Big Data zur Stauvermeidung, ZD 2020, 341.

Bygrave, Lee A., Data Privacy Law - An International Perspective, 2014, 146.

Calliess, Christian/Ruffert, Matthias, EUV/AEUV, 5. Auflage, München 2016.

Cormack, Andrew, Is the Subject Access Right Now Too Great a Threat to Privacy?, EDPL 2016, 15.

Dreier, Thomas/Schulze, Gernot, Urheberrechtsgesetz, 6. Auflage, München 2018.

Durmus, Erdem, Praktische Umsetzung von Transparenzpflichten, RDV 2018, 297.

Eckhardt, Jens, Wann ist ein IoT-Gerät datenschutzrelevant?, DuD 2021, 107.

Ehmann, Eugen/Selmayr, Martin, Datenschutz-Grundverordnung Kommentar, 2. Auflage, München 2018.

Eisele, Jörg/Nolte, Henrik, Reform des strafrechtlichen Schutzes von Informationssystemen, CR 2020, 488.

European Union Agency for Network and Information Security, Privacy and Data Protection by Design – from policy to engineering, December 2014.

European Data Protection Board, Guidelines 4/2019 on Article 25 Data Protection by Design and by Default.

European Data Protection Board, Guidelines 1/2020 on processing personal data in the context of connected vehicles and mobility related applications.

Europäischer Datenschutzausschuss, Stellungnahme 5/2018 zu der von den zuständigen Aufsichtsbehörden Deutschlands entworfenen Liste der Verarbeitungsvorgänge, für die eine Datenschutz-Folgenabschätzung durchzuführen ist (Artikel 35 Absatz 4 DSGVO) v. 25.9.2018.

ENISA, Pseudonymisation techniques and best practices, 2019.

Finck, Michèle, Blockchains and Data Protection in the European Union, EDPL 2018, 17.

Franck, Lorenz, Das System der Betroffenenrechte nach der Datenschutz-Grundverordnung (DS-GVO), RDV 2016, 111.

Geppert, Martin/Schütz, Raimund, Beck'scher TKG-Kommentar, 4. Auflage, München 2013.

Gersdorf, Hubertus/Paal, Boris P., BeckOK Informations- und Medienrecht, 27. Edition, München.

Gola, Peter/Heckmann, Dirk, Bundesdatenschutzgesetz, 13. Auflage, München 2019.

Gola, Peter, Datenschutzgrundverordnung, 2. Auflage, München 2018.

Gola, Peter, Bundesdatenschutzgesetz, 11. Auflage, München 2012.

Goldhammer, Michael, Geschäftsgeheimnis-Richtlinie und Informationsfreiheit, NVwZ 2017, 1809.

Götze, Roman/Engel, Gernot-Rüdiger, Umweltinformationsgesetz Kommentar, Berlin 2017.

Heckmann, Dirk, juris PraxisKommentar, Internetrecht, Telemediengesetz, E-Commerce, E-Government, 6. Auflage, Passau 2019.

Heinemann, Daniela, Praxiskommentar Transparenzgesetz, Wiesbaden 2019.

Helfrich, Marcus/Forgó, Nikolaus/Schneider, Jochen, Betrieblicher Datenschutz, 3. Auflage, München 2019.

Hennemann, Moritz, Datenportabilität, PinG 2017, 5.

Hoeren, Thomas/Sieber, Ulrich/Holznagel, Bernd, Multimedia-Recht, 50. EL Oktober 2019.

Hoeren, Thomas, Ein Treuhandmodell für Autodaten? - § 63 a StVG und die Datenverarbeitung bei Kraftfahrzeugen mit hoch- oder vollautomatisierter Fahrfunktion, NZV 2018, 153.

Hornung, Gerrit, Datenschutz durch Technik in Europa - Die Reform der Richtlinie als Chance für ein modernes Datenschutzrecht, ZD 2011, 51.

Hunzinger, Sven, Das Löschen im Datenschutzrecht, Baden-Baden 2018.

Islam, Mohammad Badiul, Privacy by Design for Social Networks, Brisbane 2014.

Jandt, Silke/Kieselmann, Olga/Wacker, Arno, Recht auf Vergessen im Internet, DuD 2013, 235.

Jandt, Silke, Spezifischer Datenschutz für Telemedien und die DS-GVO, ZD 2018, 405.

Jarass, Hans D., Charta der Grundrechte der Europäischen Union, 3. Auflage, München 2016.

Jülicher, Tim/Röttgen, Charlotte/v. Schönfeld, Max, Das Recht auf Datenübertragbarkeit - Ein datenschutzrechtliches Novum, ZD 2016, 358.

Katko, Peter/Knöpfle, Kornel/Kirschner, Teresa, Archivierung und Löschung von Daten, Unterschätzte Pflichten in der Praxis und ihre Umsetzung, ZD 2014, 238.

Keppeler, Lutz Martin, Was bleibt vom TMG-Datenschutz nach der DS-GVO? Lösung und Schaffung von Abgrenzungsproblemen im Multimedia-Datenschutz, MMR 2015, 779.

Keppeler, Lutz Martin/Berning, Wilhelm, Technische und rechtliche Probleme bei der Umsetzung der DS-GVO-Löschpflichten, ZD 2017, 314.

Kilian, Wolfgang, Personenbezogene Geschichte des Datenschutzrechts, CR 2021, 10.

Kingreen, Thorsten/Kühling, Jürgen, Gesundheitsdatenschutzrecht, Baden-Baden 2015.

Klink-Straub, Judith/Straub, Tobias, Nächste Ausfahrt DS-GVO - Datenschutzrechtliche Herausforderungen beim automatisierten Fahren, NJW 2018, 3201.

Klöpfer, Michael/Greve, Holger, Das Informationsfreiheitsgesetz und der Schutz von Betriebs- und Geschäftsgeheimnissen, NVwZ 2011, 577.

Knyrim, Rainer, Das neue Datenschutzrecht in Österreich und in der EU, Wien 2016.

Kranig, Thomas/Sachs, Andreas/Gierschmann, Markus, Datenschutz-Compliance nach der DS-GVO, 2. Auflage, Köln 2019.

Konferenz der unabhängigen Datenschutzbehörden des Bundes und der Länder, Datenübermittlung an Drittländer, Kurzpapier Nr. 4.

Konferenz der unabhängigen Datenschutzbehörden des Bundes und der Länder, Datenschutz-Folgenabschätzung nach Art. 35 DS-GVO, Kurzpapier Nr. 5.

Konferenz der unabhängigen Datenschutzbehörden des Bundes und der Länder, Auskunftsrecht der betroffenen Person, Kurzpapier Nr. 6.

Konferenz der unabhängigen Datenschutzbehörden des Bundes und der Länder, Maßnahmenplan „DS-GVO" für Unternehmen, Kurzpapier Nr. 8.

Konferenz der unabhängigen Datenschutzbehörden des Bundes und der Länder, Informationspflichten bei Dritt- und Direkterhebung, Kurzpapier Nr. 10.

Konferenz der unabhängigen Datenschutzbehörden des Bundes und der Länder, Recht auf Löschung/ „Recht auf Vergessenwerden", Kurzpapier Nr. 11.

Konferenz der unabhängigen Datenschutzbehörden des Bundes und der Länder, Datenschutzbeauftragte bei Verantwortlichen und Auftragsverarbeitern, Kurzpapier Nr. 12.

Konferenz der unabhängigen Datenschutzbehörden des Bundes und der Länder, Videoüberwachung nach der Datenschutzgrundverordnung, Kurzpapier Nr. 15.

Konferenz der unabhängigen Datenschutzbehörden des Bundes und der Länder, Gemeinsam für die Verarbeitung Verantwortliche, Art. 26 DSGVO, Kurzpapier Nr. 16.

Konferenz der unabhängigen Datenschutzbehörden des Bundes und der Länder, Risiko für die Rechte und Freiheiten natürlicher Personen, Kurzpapier Nr. 18.

Konferenz der unabhängigen Datenschutzbehörden und des Bundes und der Länder und des Verbandes der Automobilindustrie (VDA), Datenschutzrechtliche Aspekte bei der Nutzung vernetzter und nicht vernetzter Kraftfahrzeuge, 2016.

König, Carsten, Die gesetzlichen Neuregelungen zum automatisierten Fahren, NZV 2017, 123.

Krüger, Philipp L., Datensouveränität und Digitalisierung - Probleme und Lösungsansätze, ZRP 2016, 190.

Kugelmann, Dieter, Datenfinanzierte Internetangebote, Regelungs- und Schutzmechanismen der DSGVO, DuD 2016, 566.

Kühling, Jürgen/Seidel, Christian/Sivridis, Anastasios, Datenschutzrecht, 3. Auflage, Heidelberg 2015.

Kühling, Jürgen/Buchner, Benedikt, Datenschutz-Grundverordnung Bundesdatenschutzgesetz, 2. Auflage, München 2018.

Kühling, Jürgen/Martini, Mario, Die Datenschutz-Grundverordnung: Revolution oder Evolution im europäischen und deutschen Datenschutzrecht?, EuZW 2016, 448.

Laue, Philip/Nink, Judith/Kremer, Sascha, Das neue Datenschutzrecht in der betrieblichen Praxis, Baden-Baden 2016.

Lüdemann, Volker, Connected Cars - Das vernetzte Auto nimmt Fahrt auf, der Datenschutz bleibt zurück, ZD 2015, 247.

Lutz, Lennart S., Datenschutzrechtliche Herausforderungen auf dem Weg zum automatisierten Fahren - Verarbeitung von Daten aus dem öffentlichen Verkehrsraum zur Algorithmenentwicklung, ZD 2020, 450.

Marsch, Nikolaus, Das europäische Datenschutzgrundrecht, Tübingen 2018.

Menzel, Hans-Joachim, Datenschutzrechtliche Einwilligungen, DuD 2008, 400.

Meyer, Jürgen/Hölscheidt, Sven, Charta der Grundrechte der Europäischen Union, 5. Auflage, Baden-Baden 2019.

Mondschein, Christopher F., Simplified Notices and Icons for Informing Individuals, EDPL 2016, 507.

Müllmann, Dirk, Auswirkungen der Industrie 4.0 auf den Schutz von Betriebs- und Geschäftsgeheimnissen, WRP 2018, 1177.

Müllmann, Dirk, IWG, Informationsweiterverwendungsgesetz, Kommentar, GRURInt. 2019, 523.

Nebel, Maxi/Richter, Phillip, Datenschutz bei Internetdiensten nach der DS-GVO. Vergleich der deutschen Rechtslage mit dem Kommissionsentwurf, ZD 2012, 407.

Nehm, Kay, Autonomes Fahren - Bremsen Ethik und Recht den Fortschritt aus?, JZ 2018, 398.

Nolte, Norbert, Zum Recht auf Vergessen im Internet, ZRP 2011, 236.

Oppermann, Bernd/Stender-Vorwachs, Jutta, Autonomes Fahren - Rechtsprobleme, Rechtsfolgen, technische Grundlagen, 2. Auflage, München 2020.

Paal, Boris P./Pauly, Daniel A., Datenschutz-Grundverordnung - Bundesdatenschutzgesetz, 2. Auflage, München 2018.

Patki, Neha/Wedge, Roy/Veeramachaneni, Kalyan, The Synthetic data vault, 2016.

Payerl, Christian/Schmidt, Daniel/Hrassnig, Peter/Bernsteiner, Stefan, Absicherung automatisierter Fahrfunktionen mithilfe von Fahrzeug- und Infrastrukturdaten, ATZelektronik, 2019 (14), 44.

Plath, Kai-Uwe, Kommentar zu DSGVO, BDSG und den Datenschutzbestimmungen von TMG und TKG, 3. Auflage, Köln 2018.

Pollmann, Maren/Kipker, Dennis-Kenji, Informierte Einwilligung in der Online-Welt, DuD 2016, 378.

Polenz, Sven, Betriebs- und Geschäftsgeheimnisse der öffentlichen Hand, DÖV 2010, 350.

Rehbinder, Manfred/Peukert, Alexander, Urheberrecht und verwandte Schutzrechte, 18. Auflage, München 2018.

Richter, Frederick, Aus Sicht der Stiftung Datenschutz - Wir brauchen mehr Brücken!, PinG 2017, 65.

Richter, Heiko, Informationsweiterverwendungsgesetz, München 2018.

Richter, Phillip, Big Data, Statistik und die Datenschutz-Grundverordnung, DuD 2016, 581.

Roßnagel, Alexander, Handbuch Datenschutzrecht, München 2003.

Roßnagel, Alexander/Pfitzmann, Andreas/Garstka, Hansjürgen, Modernisierung des Datenschutzrechts, DuD 2001, 253.

Sackmann, Florian, Datenschutz bei der Digitalisierung der Mobilität, Baden-Baden 2020.

Schaffland, Hans-Jürgen/Wiltfang, Noeme, Datenschutz-Grundverordnung (DS-GVO)/ Bundesdatenschutzgesetz (BDSG).

Schantz, Peter/Wolff, Amadeus Heinrich, Das neue Datenschutzrecht, Datenschutz-Grundverordnung und Bundesdatenschutzgesetz in der Praxis, München 2017.

Schneider, Jochen/Härting, Niko, Wird der Datenschutz nun endlich internettauglich? - Warum der Entwurf einer Datenschutz-Grundverordnung enttäuscht, ZD 2012, 199.

Seibel, Mark, Abgrenzung der „allgemein anerkannten Regeln der Technik“ vom „Stand der Technik“, NJW 2013, 3000.

Simitis, Spiros/Hornung, Gerrit/Spiecker gen. Döhmann, Indra, Datenschutzrecht, Baden-Baden 2019.

Specht, Louisa/Mantz, Reto, Handbuch Europäisches und deutsches Datenschutzrecht, München 2019.

Specht, Louisa, Konsequenzen der Ökonomisierung informationeller Selbstbestimmung, Köln 2012.

Spiecker gen. Döhmann, Indra, Digitale Mobilität: Plattform Governance, GRUR 2019, 341.

Spindler, Gerald, Schritte zur europaweiten Datenwirtschaft - der Vorschlag einer Verordnung zur europäischen Data Governance, CR 2021, 98.

Spindler, Gerald/Schmitz, Peter, Telemediengesetz, 2. Auflage, München 2018.

Spindler, Gerald/Schuster, Fabian, Recht der elektronischen Medien, 4. Auflage, München 2019.

Steege, Hans, Ist die DS-GVO zeitgemäß für das autonome Fahren?, MMR 2019, 509.

Steege, Hans, Künstliche Intelligenz und Mobilität, SVR 2021, 1.

Sydow, Gernot, Europäische Datenschutzgrundverordnung, 2. Auflage, Baden-Baden 2018.

Taeger, Jürgen/Gabel, Detlev, DSGVO BDSG, 3. Auflage, München 2019.

Thoma, Florian, Risiko im Datenschutz - Stellenwert eines systematischen Risikomanagements in BDSG und DS-GVO-E, ZD 2013, 578.

Veil, Winfried, DS-GVO: Risikobasierter Ansatz statt rigides Verbotsprinzip - Eine erste Bestandsaufnahme, ZD 2015, 347.

Wagner, Manuela, Das neue Mobilitätsrecht, Baden-Baden 2021.

Wagner, Bernd/Goeble, Thilo, Freie Fahrt für das Auto der Zukunft?, ZD 2017, 263.

Walter, Stefan, Die datenschutzrechtlichen Transparenzpflichten nach der Europäischen Datenschutz-Grundverordnung, DSRITB 2016, 367.

Wendt, Kai, Autonomes Fahren und Datenschutz - eine Bestandsaufnahme, ZD-aktuell 2018, 06034.

Weisser, Ralf/Färber, Claus, Rechtliche Rahmenbedingungen bei Connected Car - Überblick über die Rechtsprobleme der automobilen Zukunft, MMR 2015, 506.

Werkmeister, Christoph/Brandt, Elena, Datenschutzrechtliche Herausforderungen für Big Data, CR 2016, 233.

Wichtermann, Marco, Einführung eines Datenschutz-Management-Systems im Unternehmen - Pflicht oder Kür? Kurzüberblick über die Erweiterungen durch die DS-GVO, ZD 2016, 421.

Wiebe, Andreas/Ahnefeld, Elisabeth, Zugang zu und Verwertung von Informationen der öffentlichen Hand - Teil II, Weiterverwendung von Informationen - Open Government und Open Data, CR 2015, 199.

Wolff, Heinrich Amadeus/Brink, Stefan, BeckOK Datenschutzrecht, 32. Edition, München.

Wolff, Heinrich Amadeus, Der verfassungsrechtliche Schutz der Betriebs- und Geschäftsgeheimnisse, NJW 1997, 98.

Worms, Christoph/Gusy, Christoph, Verfassung und Datenschutz, Das Private und das Öffentliche in der Rechtsordnung, DuD 2012, 92.

FSC
www.fsc.org
MIX
Papier | Fördert
gute Waldnutzung
FSC® C083411

Kolibri 360 GmbH
Ferdinand-Jühlke-Straße 7
99095 Erfurt, Deutschland
produktsicherheit@kolibri360.de